디 지 털 P R   이 론 과   실 제

DIGITAL PR THEORY AND PRACTICE

이 도서의 국립중앙도서관 출판예정도서목록(CIP)은 서지정보유통지원시스템 홈페이지(http://seoji.nl.go.kr)와
국가자료종합목록 구축시스템(http://kolis-net.nl.go.kr)에서 이용하실 수 있습니다.
CIP제어번호: CIP2019045809(양장), CIP2019045778(무선)

디지털 **PR**

이론과 실제

김석·김수진·김여진·김장열·김장현·박노일·이선영
정은화·정지연·최준혁·하진홍·황성욱 지음

Digital PR
Theory and Practice

한울
아카데미

인터넷을 기반으로 한 디지털미디어 기술과 서비스의 발달은 초기부터 진정한 쌍방향소통을 견인해 줄 것이라는 기대를 낳았다. 이러한 디지털 사회에 대해 조직과 공중, 공중과 공중 간의 호혜적인 관계 형성과 관리를 담당하고 있는 PR 커뮤니케이터들은 더 큰 기대감을 가졌던 것이 사실이다. 그러나 디지털 기술과 이를 사용하는 공중 커뮤니케이션 행동의 변화 속도는 너무 빠르고, 초기의 낙관론자들이 예측한 것과는 다르게 늘 쌍방향소통과 공중 참여가 용이한 상황이 전개되지만은 않았다. 이러한 상황은 현장에서 전략적 의사결정을 해야 하는 실무자들과 다양한 PR 상황들에 대한 이해와 해석을 하고자 하는 학자들, 그리고 PR 영역 진출을 앞둔 학생들을 혼란스럽게 했다. 하지만 디지털 시대의 PR에 대한 이해를 돕는 정보와 개념을 제공하며, 나아가야 할 방향에 대한 실마리를 제시해 주는 마땅한 PR 전문서적은 찾을 수가 없는 것이 2019년 봄의 현실이었다.

과연 디지털 사회 속에서 PR은 어떻게 변화할 것이며, 또 어떻게 변화해야 하는가? PR학자와 실무자, PR전공자들이 직면하게 될 새로운 도전들은 무엇인가? 이론적, 방법론적, 그리고 실무적 차원에서 디지털 사회에 부합하는 새로운 PR의 목표와 가치, 교육 방법은 무엇인가? 한국PR학회는 이런 질문들에 대한 답을 구하고자 『디지털PR 이론과 실제』의 발간 작업을 시작했다. 2019년 3월 첫 저술위원회의를 시작으로, 공모를 통해서 총 열두 분의 집필진이 참여해 약 반년 동안의 작업을 거쳐 디지털PR의 '이론과 방법론', '기술, 공중, 플랫폼', '전략과 사례' 총 세 개의 부로 구성된 원고가 완성되었다. 이 책이 PR커뮤니케이션을 공부하는 학생과 PR학자 및 실무자들이 한 번은 거쳐야 할 필독서와 참고도서가 될 것이라 믿는다. 기술 발전과 변화의 빠른 속도를 고려하더라도, 디지털PR 영역의 고전으로 남을 것으로 생각한다.

이 책의 완성을 위해 초여름부터 열중하여 옥고를 집필해 주신 열두 분의 필자들께 깊은 감사를 드린다. 특히 저술 기획 단계부터 출판까지 모든 과정을 영도해 주신 차희원 저술위원장님과 세심하고 꼼꼼하게, 그리고 따뜻하게 챙겨주신 김수진 연구이사님께도 깊이 감사드린다.

올해도 어김없이 한국PR학회의 기획도서 출간 사업을 전폭 지원해 주신 프레인글로벌의 여준영 대표님과 김동욱 대표님, 프레인앤리의 김석 소장님께도 학회원들을 대표해 감사의 마음을 전한다. 끝으로, 편집과 출판 작업을 맡아 빡빡한 일정 중에도 성심으로 도와주신 한울엠플러스(주) 담당자분들의 노고에도 감사드리고 싶다.

향후에도 한국PR학회가 PR커뮤니케이션 영역의 성장과 발전에 기여할 수 있는 양서 출간을 지속할 수 있도록 독자 여러분의 많은 관심과 성원을 바란다.

제20대 한국PR학회장 이유나

머리말

4차 산업혁명이라 불리는 디지털 혁명은 이제 더 이상 되돌리거나 멈출 수 없는 것이다. 디지털 혁명은 이미 우리 일상생활 속에 깊숙이 스며들어 와 곳곳에 영향을 미치고 있다. 디지털이 더 이상 독립된 존재가 아니라 인간의 일상에 통합되는 존재이며 인간의 삶을 근본적으로 바꾸고 새로운 세계를 만들어내는 것이다. 디지털 시대 테크놀로지의 발전과 미디어 변화, 컨버전스 플랫폼의 가속화 등으로 가장 큰 영향을 받은 것 중 하나는 바로 소통과 커뮤니케이션의 변화일 것이다.

미디어 플랫폼을 기반으로 공중과의 소통을 통해 관계 증진을 추구하는 PR은 디지털 테크놀로지와 미디어 변화에 따라 다양한 변화를 일궈내고 있다. 여러 PR학자들은 "PR은 혁명을 겪는 중"이라거나 "독백에서 대화로 변화하고 있다"라는 표현을 통해 디지털 시대와 함께 PR의 변화가 시작되었음을 주장한다.[*] 맥나마라 등은 웹2.0 환경의 개방

* Macnamara, J. and A. Zerfass, "Social Media Communication in Organizations: The Challenges of Balancing Openness, Strategy, and Management," *International Journal of Strategic Communication*, Vol.6, No.4(2012), pp.287~308.

성은 발언권을 민주화하고 공중 참여와 대화, 그리고 커뮤니티 수립을 제공한다고 주장했다. 후앙 등*은 PR패러다임의 전환이 시작되었다고 주장한다. 인터넷 기술의 특성은 상호작용성이나 대화성, 그리고 쌍방 커뮤니케이션을 촉진해 조직 중심이 아닌 공중 중심의 패러다임으로 전환되고 있다는 것이다. 디지털 시대의 PR에서는 지난 20년 동안 PR 분야를 지배해 온 조직 중심의 기능주의적 시각functional perspective에서 벗어나 공중과 관계 중심의 공동창조적 시각co-creational perspective으로 패러다임이 전환된 것이다.

이러한 상황에서 디지털 시대 PR의 패러다임은 무엇이며, PR은 어떤 변화를 추구해야 할 것인가에 대해서 오랜 시간 PR연구자들과 실무자들의 고민이 있어왔다. PR학회에서는 이러한 고민과 논의에 부응하여 미래 세대에게 필요한 기초 역량을 갖출 수 있는 디지털PR 관련 저서를 발간해야 한다는 공감대를 이루었고, 이에 2019년 『디지털PR: 이론과 실제』를 기획하기에 이르렀다. 2019년 3월부터 총 4회의 저술위원회와 저자 회의를 통해 챕터 구성과 필진 섭외에 대한 논의가 있었다. 저술위원회에서는 챕터별 구성에 대한 개략적인 논의가 있었고 해당 분야에서 학술적 성과를 쌓아온 연구자들을 초빙하기로 합의를 이루고 섭외를 시작했다. 대부분의 저자분들은 책의 취지에 공감하고 저술작업에 흔쾌히 참여해 주셨다.

저술에 앞서, 이 책이 누구를 대상으로 할 것이며, 어떤 내용을 어떤 수준으로 담아낼 것인지를 놓고 고민이 있었다. 디지털PR의 이론과 실제를 다룬 책이 거의 없다는 문제 때문에 아주 기초적이고 원론적인 저

---

* Huang, Yi-Hui, F. Wu, and Q. Huang. "Does Research on Digital Public Relations Indicate a Paradigm Shift? An Analysis and Critique of Recent Trends," *Telematics and Informatics*, Vol.34(2017) pp.1364~1376.

서도 필요하지만, 실무자나 대학원생이 전문적 수준에서 의문을 갖는 부분도 담아내야 한다는 점에 공감했다. 즉, PR을 공부하고자 하는 학부생을 중심에 놓고 책을 구성하지만, 실무자나 학자, 전문가가 고민해 왔던 요소도 간과하지는 말자는 의견이 모아지면서 PR을 공부하는 학생을 비롯해 실무자나 대학원생도 관심을 가질 수 있는 전문성을 충족시킬 수 있도록 기술했다.

저술위원회 및 저자 회의를 거치는 동안 디지털PR 저서 기획의 필요성에 대한 공감대나 방향성에 대해서는 저자들의 동의가 빠르게 이루어졌다. 하지만 디지털PR이라는 것이 무엇인지 개념 정의가 불명확하거나 서로 다른 의견을 가질 수밖에 없다는 어려움을 안고 출발했다. 회의 과정에서 디지털PR에 대한 규정은 추후 저자들의 의견을 모아 이 책에서 담아내기로 했다.

디지털PR에 대한 저자들의 공통 정의에 근거해 보면, 디지털PR이란 디지털 수단이나 디지털미디어를 활용한 PR활동이라고 규정할 수 있다. 또한 디지털 기술을 활용한 최근 인터넷 및 모바일 환경에서 이루어지는 소통의 대표적인 특징에 대해서는 대부분의 저자들이 공통적으로 상호작용성, 연결성, 공중 참여와 대화, 신속성, 개방성, 투명성, 공유와 확산, 무한 복제와 확장성 등을 제시하고 있다.

이러한 디지털 시대 테크놀로지와 미디어 변화, 그리고 소통의 특성은 디지털PR의 변화를 빠르게 이끌어내고 있다. 디지털미디어의 특성으로 나타나는 상호작용성이나 공중 참여와 대화 등은 PR 패러다임을 조직 중심의 기능주의에서 벗어나 공중과 관계 중심의 공동창조적 패러다임으로 변화시키고 있다. 맥나마라가 주장한 것처럼, 다양한 목소리를 가진 공중의 참여와 상호작용, 개방성과 투명성 등이 사회의 민주화를 가속화할 것이라는 낙관적인 주장만은 아니더라도 이러한 소통방식의 변화가 PR의 실행과 전략, 나아가 패러다임의 변화를 가져오고 있음을 명확한 사실이다. 하지만 디지털PR의 특성과 변화가 사회 전반에 긍정적인 결과로 귀결될 것인지, 또는 부정적인 결과를 초래할지는 PR을 실행하고 가르치는 학자와 실무자, 그리고 미래 PR전문가를 꿈꾸며 이 책을 읽는 독자들의 가치와 신념에 달려 있다.

이 책은 총 3부 10개 장으로 구성된다. 제1부 "디지털PR: 이론과 방법론"에서는 디지털PR의 이론과 방법론, 디지털 시대의 PR교육과 미래 PR산업에 대해 다루며, 제2부 "디지털PR: 기술, 공중, 플랫폼"에서는 디지털 기술과 PR, 디지털 공중의 분류, 그리고 디지털PR 미디어/플랫폼에 대해 소개한다. 마지막 제3부는 "디지털PR: 전략과 사례"로 마케팅PR, 공공PR, 그리고 위기PR의 전략과 사례를 다룬다.

제1부 제1장 "디지털PR 이론"에서는 디지털PR 연구에서 사용된 8개 주요 이론을 소개하고 디지털PR에 관한 연구 결과를 정리했다. 주요 이론인 대화적 커뮤니케이션, 상호작용성, 프레이밍이론, 해석수준이론, 상황적 위기커뮤니케이션 이론, 개혁확산이론, 이용과 충족 이론, 그리고 조직-공중 관계성 이론에 대해 소개하고, 이들 연구가 디지털 PR 분야에 접목되어 활용된 연구 결과 등을 제시한다. 제2장인 "디지털PR의 방법론적 전환"에서는 디지털PR의 특성과 활용 기법, 새로운 방법론에 대해 모색하고 있다. 특히 디지털PR의 특성으로 스피드, 발화자와 메시지의 조작 가능성, 빅데이터를 활용한 PR효과의 구조적 평가와 PR활동의 실천, 대화적 커뮤니케이션으로서의 PR활동 등에 대해 설명하고, 이러한 특성을 디지털PR 방법론에서 어떻게 활용할 수 있는지 소개한다. 제3장 "디지털 시대의 PR교육"에서는 디지털 및 4차 산업혁명 시대에 PR을 주도적으로 기획하고 실행하기 위한 PR교육 과정을 제안한다. 특히 디지털 시대에 요구되는 PR교육의 핵심 과정을 데이터

에 관한 이해, 공중 간 연결성에 관한 이해, 테크놀로지에 관한 이해, 갈등에 관한 이해, 윤리에 관한 이해 등 다섯 가지로 소개하면서, 이것이 디지털 시대를 선제적으로 준비하고 주도하는 PR교육에 꼭 필요하다고 제안한다. 제4장 "디지털 시대의 미래 PR산업"에서는 PR실무자와의 인터뷰를 통해 미래 PR산업의 의미와 특징, 관심사 등을 제시한다. 특히 미래 PR산업에서 PR실무자들이 주목하는 요소로 Z세대의 특성을 디지털네이티브, 자기중심적 성향, 개념소비자 등으로 분석하고 있다. 또한 디지털 영역의 여론형성 활동공간의 특성 등을 분석하며 타깃과 영향력 집단의 변화 추이에 더욱 관심을 가져야 할 것으로 미래 PR산업의 향방을 제안하고 있다.

제2부 제5장 "디지털 기술과 PR"에서는 디지털 시대 기술의 발전에 따라 PR에서 가장 중요한 소통방식이 변화해 왔음을 주목한다. 디지털 기술을 활용한 소통의 대표적 특징으로 상호작용성, 참여, 영상콘텐츠화 등을 소개하고, 소셜미디어와 가상현실, 인공지능과 사물인터넷, 그리고 소셜 로봇 등 디지털 기술에 따라서 조직과 공중이 소통하는 방식의 변화가 어떻게 이루어지는지 논의하고 다양한 사례를 제시한다. 또한 이론적 관점을 적용해 디지털미디어 이용과 소통의 방향에 대해서 분석하고 있다. 제6장 "공중 상황이론의 진화와 디지털 공중 분류"에서는 공중 세분화의 이론적 흐름을 종합하고 전통적인 공중 분류 모형의 한계를 명시하는 동시에 대안적인 세분화 모형을 제시함으로써 디지털 공중 유형화에 대한 학술적이고 실무적인 지침을 제공한다. 이러한 모형을 통해 미래 디지털 시대에 부합하는 디지털 공중 분류의 이론적 토대와 접근법을 제공함으로써 공중 세분화 연구의 가치를 미래지향적으로 논의하고 있다. 제7장 "디지털PR 미디어/플랫폼"에서는 디지털 시대 미디어의 발전과 진화에 따라서 PR학자들이 예견하는 PR모델의 변

화와 패러다임 변화에 대해 논의한다. 저자는 디지털PR 미디어 플랫폼의 종류와 특성에 대해 설명하고 미디어 플랫폼으로서 소셜미디어의 유형과 특징에 주목한다. 또한 소셜미디어 활동의 특성을 정체성, 대화, 공유, 실재감, 관계, 명성, 그룹 등으로 구분하면서 디지털PR 미디어의 새로운 소통방식과 기회, 그리고 도전에 대해 논의한다.

제3부 제8장 "디지털 마케팅PR"에서는 여러 가지 전략과 사례를 이론을 기반으로 다양하게 소개하고 있다. 저자는 디지털 시대에 활용 가능한 마케팅PR 전략으로, 소비자 참여형 전략, 인플루언서 마케팅, 사회적 가치 창출 등에 대해 상세히 소개하고, 근거 이론과 사례를 통해 마케팅PR 전략의 성공 포인트를 명료하게 짚어내고 있다. 제9장 "디지털 공공PR"에서는 디지털 시대 매체환경의 변화에 따라서 공공PR이 어떻게 변화되어 왔는지 소개하고, 디지털 기술을 활용한 공공PR의 특징으로 상호작용성, 대화와 투명성 등에 대해 논의한다. 또한 성공적인 디지털 공공PR을 위한 이론으로 미디어 효과모델, 설득이론, 행동변화이론, 변화단계모델 등을 제시하고, 다양한 디지털 공공PR 사례를 소개하면서 성공적인 캠페인을 끌어내기 위한 구체적인 방안과 전략을 논의한다. 제10장 "디지털 위기PR"에서는 디지털 시대에 발생하는 위기의 특성에 대해 소개하면서 과거의 위기와 어떤 차이가 있는지 보이고 이에 대해 어떻게 대응할 것인지 논하고 있다. 특히 디지털 시대 위기 발생 시 이에 대한 대응 방식과 성공 비결을 사례와 함께 구체적으로 제시하며, 디지털 위기의 대응 전략을 신속 대응, 과학적 기술의 활용, 인플루언서 활용 등 여덟 가지로 제시한다.

이 책은 디지털 시대에 PR이 관심을 기울여야 할 다양한 분야에 대한 고민과 논의를 담고 있지만, 그러한 고민은 현재진행 중이며 결론을 내린 것은 아니다. 이 책에서 저자들은 현상에 대한 고찰과 함의, 그리고 생각할 거리 등을 다루고 있다. 디지털PR은 PR에 대한 변화뿐 아니라 디지털 시대가 우리를 바꾸고 PR을 바꾸고 나아가 세상을 바꿀 것임을 보여준다. 결국 미래 디지털PR의 긍정적 결과를 만드는 것은, 이 책을 읽고 미래의 PR 전문가를 꿈꾸는 독자의 몫이라고 할 수 있다. 이 책이 디지털PR 전문가를 꿈꾸는 여러분에게 미래에 대한 희망과 변화에 대한 도전, 그리고 불확실하지만 미개척 분야에 대한 흥미와 관심을 불러일으킬 수 있는 역할을 할 수 있기를 바란다. 또한 이 저서를 통해 디지털PR에 대한 연구와 토론이 활성화되어 보다 풍성한 저작들이 나오기를 기대한다.

이 책의 기획부터 출판에 이르기까지 감사해야 할 많은 분들이 있다. 기획 단계에서부터 탈고까지 정신적·물질적으로 지원을 아끼지 않은 이유나 한국PR학회장님께 진심으로 큰 감사를 드린다. 저자와 출판사 간 소통과 일정 조정 등 여러 역할을 마다하지 않고 애써준 김수진 연구이사님과 한국외국어대 강형미, 박대우 간사에게도 감사하며, 교정 작업과 디자인 등을 꼼꼼히 마무리해 주신 한울엠플러스(주)의 윤순현 차장님과 최규선 편집팀장님께도 감사드린다. 그리고 무엇보다 미래의 디지털PR이라는 낯설고 불확실한 분야에 도전해 새로운 이론과 전략 등을 잘 정리해 주신 저자 여러분의 노고에 큰 감사를 드린다.

2019년 11월
저술위원장 차희원

차례

Digital PR
Theory and Practice

디지털PR:
이론과 방법론

제1장

디지털PR
이론

디지털PR을 논하려면 먼저 아날로그와 디지털의 개념을 살펴보아야
한다. 니컬러스 네그로폰테Nicholas Negroponte에 따르면, 아날로그란 자연,
물질적인 인공물, 그리고 비물질적인 문화적 산물로 구성되며, 디지털
이란 물질의 특징을 0과 1의 기호로 조합해 정보를 생산·유통하는 과
정이자 결과를 의미한다(네그로폰테, 1995). 아날로그의 기초적인 단위
가 원자atom인 반면, 디지털은 이 원자를 비트bit로 이동·변화시킨다.
즉, 인간은 자연을 이용해 물질적 인공물을 만들고 기호와 상징을 이용
해 비물질적인 문화적 산물도 만들어내 왔는데, 거기서 더 나아가 이
같은 아날로그의 구성요소들인 자연, 인공물, 문화적 산물을 컴퓨터를
이용해 디지털로 전환할 수 있게 된 것이다.

미디어로 눈을 돌려볼 때 과거 신문과 잡지 등이 대표적인 아날로그
매체였지만 이제 인터넷·모바일 서비스를 통해 신문과 잡지는 디지털

매체로 널리 활용되고 있으며, 이 같은 디지털 매체를 통한 정보 습득과 소비는 우리에게 너무나도 익숙하게 일상화되어 있다. 즉, 디지털미디어란 정보를 디지털화하여 송신자와 수용자가 상호 전달·공유할 수 있도록 만드는 모든 미디어를 통칭한다고 볼 수 있다. 구체적으로 컴퓨터 네트워크로의 접속을 통한 정보 공유를 가능하게 하는 매체로서 하드웨어적인 형태로는 컴퓨터, 모바일폰, 스마트워치, 태블릿PC, 사물인터넷 등을 열거할 수 있고, 기능적인 서비스로는 고전적인 인터넷 홈페이지부터 시작해 다양한 소셜미디어*와 가상현실virtual reality, 그리고 인공지능AI: artificial intelligence과의 소통에 이르기까지 그 영역이 나날이 넓어지고 있다.

획기적으로 변화를 거듭하는 이 같은 매체 환경 속에서 디지털PR을 정의하기 위해 우선 PR에 대한 정의를 먼저 살펴볼 필요가 있다. 한국 PR학회에서 기획·발간한 『PR학 원론』에서 대표 저자인 한정호는 기존 정의들을 모두 참고하면서 "조직체가 다양한 공중들, 특히 중요 이해당사자들을 대상으로 공중의 이익과 호혜, 쌍방 커뮤니케이션을 바탕으로 그들로부터 이해와 신뢰, 호의, 좋은 이미지를 얻어 궁극적으로 공중관계성을 잘 유지하려는 의도적이고도 계획된 관리적 노력"으로 정의했다(한정호 외, 2014: 7). 따라서 상술한 디지털 매체의 개념과 PR에 대한 정의를 참고해 디지털PR을 정의하면, 개인이나 조직체가 여러 공중들과 신뢰, 호의, 좋은 이미지를 구축하여 공중관계성을 잘 유지하고자 다양한 디지털미디어를 통해 컴퓨터 네트워크상의 쌍방향 커뮤니

• 소셜미디어는 가장 기본적으로 이메일로부터 시작해 블로그, 인트라넷, 팟캐스트, 유튜브, 플리커, 위키피디아, 마이크로블로깅서비스(예: 트위터), 소셜네트워크서비스(예: 페이스북), PDA, 비디오 컨퍼런스, 문자메시지, 소셜캘린더 시스템 등 수십여 개의 매체로 구성된다(Eyrich, Padman and Sweetser, 2008).

케이션을 기획·수행하는 전략적인 노력으로 정의할 수 있다.

이 장에서는 이러한 디지털PR의 영역에서 과연 어떠한 이론들이 주로 현상을 관찰·분석·해석하고 나아가 예측하는 데 학술적 기준이 되고 있는지 요약·설명한다. 난(Nan, 1976)에 따르면, 이론이란 어떤 현상을 구성하는 개념들 사이의 관계에 대한 내적 일관성을 갖춘 개념·정의·명제로 구성된 진술이다. 김영석(2012)은 이러한 정의에 부가적으로 이론이 서로 관련 있는 명제들로 구성되고, 경험적으로 검증(실증)이 가능하며, 궁극적으로 사회 현상을 예측하고 통제하는 데 도움이 되어야 한다고 주장했다. 이를 참고하며 디지털PR 이론을 정의하면 디지털미디어를 통한 컴퓨터 네트워크상에서의 다양한 PR현상을 설명할 수 있는 개념·정의·명제 사이의 관계에 대한 검증 가능하고 예측력을 내포한 일관성 있는 진술이라고 말할 수 있다.

주요 디지털PR 이론이 무엇인지 살펴보고자 이 장에서는 귀납적인 접근법을 선택했다. 즉, 국내외 PR학 분야의 대표 학술지에서 주로 다루어온 디지털PR 연구에서 기준이 된 이론들을 리뷰하고 8개의 주요 이론을 선정해 이에 대해서 설명하고자 한다. 이를 위해 해외 우수 SSCISocial Science Citation Index 학술지인 *Journal of Public Relations Research*, 그리고 우리나라의 우수 등재학술지인 ≪홍보학연구≫에서 2000년 이래로 약 20년간 게재된 디지털PR, 온라인PR 연구들 중에서 다수 관찰되는 주요 이론들을 주목했다. 이들 이론들을 유목화하면 먼저 매체나 인터페이스의 특징을 다룬 대화적 커뮤니케이션dialogic communication 원칙, 디지털 매체에서의 기능적 상호작용성과 상황적 상호작용성이 있으며, 메시지에 대한 이론으로는 프레이밍이론, 해석수준이론, 그리고 상황적 위기커뮤니케이션 이론SCCT: Situational Crisis Communication Theory이 있다. 또한 수용자의 미디어 이용 행위에 대한 개혁확산이론과 이용과 충족 이론이 관찰된다. 아울러 송신자의 평판관리PR을 위한 조직-공중 관계성 이론이 부각되었으며 해당 이론들을 이하에서 설명하고 이해를 돕고자 한다.

1. 대화적 커뮤니케이션

켄트와 테일러(Kent and Taylor, 2002)는 PR학을 연구하는 데 있어서 대화의 개념을 주목했다. 그들은 PR학자들과 실무자들이 PR에 대해 논할 때 윤리적이고 실용적인 접근을 시도하고 이때 '대화적인dialogic' 또는 '대화dialogic'의 용어를 주로 이용함을 인지했다. 그들은 대화의 개념을 통해 어떻게 조직이 조직과 공중의 이익 모두를 만족시키는 관계성을 구축할 수 있을 것인지 이해하고자 노력했다. 켄트와 테일러(Kent and Taylor, 1998)는 서로 주고받는 대화가 이루어질 때 대체로 두 가지 원칙이 존재한다고 주장했다. 먼저 대화에 참여하는 두 주체들이 무조건적으로 동의를 할 필요는 없지만 서로 어느 정도 만족에 도달하기 위해서 노력할 필요가 있다고 보았다. 또한 대화커뮤니케이션이 객관적 진실이나 주관적인 내용보다 상호주관성에 기초한다고 간주했다.

켄트와 테일러(Kent and Taylor, 2002)는 이러한 대화의 특징을 다섯 가지로 요약했다. 첫 번째, 상호성mutuality은 조직과 공중이 함께 서로 긴밀하게 연결되어 있음을 의미한다. 이러한 상호성은 상호 동등한 관계성을 유지하고자 하는 자세와 두 주체의 상호 협력이 전제될 때 구현된다. 두 번째로 대화적 근접성propinquity이 있는데 상대방에 대해 영향을 미치는 현재의 이슈에 대해 논의하는 것 또는 상대방에 대한 요청을 기꺼이 제기하고 분명하게 논의할 수 있는 상태를 의미한다. 세 번째, 공감empathy은 대화가 성공적일 때 발생하는 지지와 신뢰의 분위기를 뜻한다. 공감대를 형성한 대화는 서로의 지지, 상호지향성, 타자의 가치에 대한 인정이나 확인을 수반하는 특징을 보여준다. 네 번째, 위험risk은 대화를 할 때 늘 예측하지 못한, 그리고 위험한 결과를 낳을 수 있는 잠재적 요소들이 있음을 지적한다. 즉, 대화 시 발생할 수 있는 불확실성이나 오해를 최소화하기 위해 노력할 필요가 있다. 대화의 마지막 특징은 헌신commitment이다. 이는 대화의 주체가 진실하게 서로 소통해야 하고, 대화 자체에 헌신적이어야 하며, 대화 내용의 의미를 해석하는 데도 헌신적이어야 함을 의미한다.

대화의 특징에 부가적으로 켄트와 테일러(Kent and Taylor, 1998)는 대화커뮤니케이션의 다섯 가지 원칙을 또한 제시했다. 이를 열거하면 대화적 시스템 구축, 유용한 정보 제공, 재방문 유도, 이용이 편리한 인터페이스, 그리고 방문자 보존이다. 이러한 원칙들은 최초에 웹사이트를 기준으로 제시되었다. 그러나 웹사이트 이후 등장하는 대부분의 인터넷 기반 미디어들이 시간이 갈수록 쌍방향 커뮤니케이션을 더욱 강화하는 형태로 진화되어 왔기에, 이 같은 원칙들은 웹사이트에만 한정되어 적용되는 것이 아니라 이후 등장한 블로그, 소셜미디어 등 다양한 새로운 매체에도 계속 적용되고 있다. 이들 대화커뮤니케이션의 다섯 원칙과 그 주요 내용을 요약하면 표 1-1과 같다.

학자들은 이러한 대화커뮤니케이션의 다섯 가지 원칙들을 주목하고 다양한 디지털미디어에서의 PR연구에 적용해 그 효과를 조사했다. 예를 들어, 웹사이트에서 다섯 가지 대화커뮤니케이션 원칙들을 충분히 구현할 경우 해당 웹 공간에서의 이용만족도에 긍정적 영향을 미치고 나아가 이렇게 해서 높아진 웹 공간 이용만족도는 해당 기관이나 조직에 대한 명성, 즉 평판에도 긍정적인 영향을 미치는 것으로 나타났다

표 1-1 **대화커뮤니케이션의 다섯 원칙**

원칙	내용	구성 요소의 예	매체별 측정 기준
대화 시스템	• 공중으로부터 피드백 도출 • 궁금증을 해소하고 이슈와 문제에 대해 질문과 응답 • 운영자의 소통 기술과 프로 의식이 요청됨 • 피드백을 위한 기술적 지원 포함	직통전화, 다이렉트 메일, 게시판 이용, 채팅, 쪽지, 이슈 투표, 서베이	시공간의 제한 없이 다른 이용자와 메시지를 주고받을 수 있는가? 시공간에 구애받지 않은 실시간 소통이 가능한가?
유용한 정보 제공	• 일반고객, 잠재고객, 충성고객 각각의 관심사를 만족시키는 가치 있고 유익한 정보의 제공 • 실제 고객만 사용 가능한 특별 페이지 존재 • 정보를 찾기 쉽도록 돕는 헤드라인 배치와 디자인	조직의 역사, 로고, 조직 정보, 제품(또는 정책) 정보, 보도자료, 스피치, 다운로드 가능 그래픽, 오디오파일, VOD, 아카이브 뉴스, 회원 특별페이지, 정보게시판, 리크루팅	공중의 관심을 충족시키고 가치 있고 유익한 정보를 제공하고 있는가? 매체 내에서 조직에 대해 필요한 정보를 알 수 있는가?
재방문 유도	• 재방문을 위한 매력적인 콘텐츠나 장치의 준비 • 매일 업데이트되는 소식/정보, 주제를 바꾼 특별 포럼 • 꾸준한 사이트 관리와 유지	Q&A, 뉴스 업데이트, 재미있는 이벤트, 초대 메일링, 북마크 기능, 전문가 답변, 다른 사이트로의 링크, 이벤트 캘린더	이용자들이 그 매체를 다시 찾을 만한 요인을 갖고 있는가? 공중에게 재방문을 유도하는 콘텐츠를 갖고 있는가?
인터페이스 편이성	• 사용하기 쉬운 내비게이션 기능(빠르고 쉬운 검색) • 사이트 이해를 돕는 그래픽과 텍스트의 적절한 배치 • 그래픽을 옵션으로 선택하도록 구성	사이트 맵, 검색창, 도움말 페이지, 페이지별 링크, 접근하기 쉬운 디자인, 그래픽에 대한 낮은 의존	화면 구성이 이용자에게 편리한가? 필요한 정보를 쉽게 찾을 수 있는가?
방문자 보존	• 이용자들이 지속적으로 방문하도록 유도할 만한 요인	첫 페이지상에 유용한 중요한 정보, 방문자를 유지할 (4초 이내) 로딩 시간, 타 페이지로의 링크 상태(새로운 창의 오픈), 업데이트 날짜 표시, 업데이트 시간 표시	다른 사이트로부터 원래의 사이트로 회귀 가능한가?(다시 돌아올 수 있는 요인을 갖추고 있는가?) 업데이트 시간·날짜는 정확히 표시되어 있는가?

자료: 남화정과 차희원(2011)이 켄트와 테일러(Kent and Taylor, 1998) 등의 기존 문헌들을 인용해 제시한 표에 부가적으로 켄트 등(Kent, Taylor and White, 2003)이 열거한 대화적 커뮤니케이션 요소들을 함께 고려하여 수정·보완.

(권예지·차유리·유현재, 2014). 웹사이트보다 대화커뮤니케이션 요소가 더욱 높게 나타나는 경향을 보여주는 블로그(Seltzer and Mitrook, 2007)를 살펴보면, 기업 블로그 내 대화커뮤니케이션의 다섯 요소들이 고객만족도에 영향을 미침은 물론, 이를 매개로 고객충성도에도 긍정적인 영향을 미침이 관찰되었다(남화정·차희원, 2011). 또한 지방자치단체 소셜미디어에서의 대화커뮤니케이션을 연구한 바에 따르면(김귀옥·차희원, 2016), 이용자들은 페이스북에 비해 트위터가 더욱 대화커뮤니케이션 특성이 높다고 인식했으며 무엇보다 소셜미디어상에서 대화커뮤니케이션 특성을 강하게 인식할수록 조직과 공중 사이의 관계성을 더욱 긍정적으로 인식하는 결과를 보여주었다. 이러한 결과들을 종합해 봤을 때 대화커뮤니케이션의 특성을 구현하는 것은 다양한 긍정적 PR효과(만족, 평판, 관계성 등)를 야기한다. 따라서 실무자들은 어떻게 이러한 특성을 수용자들이 더 잘 이용하고 인지하게 할 것인지, 그리고 학자들은 이러한 원칙들이 새로이 등장하는 다양한 매체들에서 여전히 효과적인지, 그 효과의 범위는 어디까지인지 지속적으로 살펴볼 필요가 있을 것이다.

2. 상호작용성

디지털미디어와 관련한 논의를 할 때 빼놓을 수 없는 가장 중요한 개념을 꼽으라면 역시 상호작용성interactivity을 들 수 있을 것이다. 컴퓨터를 매개로 한 커뮤니케이션computer-mediated communication: CMC에서 상호작용성을 둘러싼 논의와 연구는 방대한 영역을 차지하고 있다. 스토이어(Steuer, 1992)는 상호작용성을 매체의 이용자가 매개된 환경의 형식과 내용에 대해 영향을 미칠 수 있는 정도라고 정의했다. 이 외에도 상호작용성에 대해 많은 정의들이 존재하지만 일반적으로 송신자(정보원)와 수신자 (수용자) 사이의 쌍방향 커뮤니케이션(Pavlik, 1996)을 가장 명쾌한 정의 라고 말할 수 있다.

학자들은 이러한 상호작용성을 더욱 구체화하여 기능적인 상호작용 성과 상황적인 상호작용성으로 구분하는데, 먼저 기능적인 상호작용성 은 "이용자들과 인터페이스 사이에 대화 또는 정보 교환을 수행하게 하 는 인터페이스의 능력과 범위"라고 정의한다(Sundar et al., 2003: 33). 쉽 게 말하면, 상호작용을 가능하게 하는 매체 내의 여러 기능이나 메뉴와 같은 기술적 특징을 일컫는다. 기존 CMC 연구자들은 기능적 상호작용 성을 크게는 인간과 메시지의 상호작용 그리고 인간 대 인간의 상호작 용으로 구분했다. 조창환과 전홍식(Cho and Cheon, 2005)은 기존 문화 이론들을 고려하면서 다시 수용자와 메시지의 상호작용성, 정보원과 수용자의 상호작용성, 수용자와 수용자 사이의 상호작용성으로 기능적 상호작용성을 더욱 세분화했다. 이 같은 분류는 이후 서로 다른 문화권 의 온라인PR에 나타난 기능적 상호작용성을 비교·연구하는 데 크게 기여했다. 표 1-2는 기능적 상호작용성의 유형별 예를 잘 보여준다.

상호작용성의 기능적 관점이 인터페이스 내 기능적 특징을 강조한다 면, 상황적 관점은 이용자, 미디어, 그리고 메시지 사이의 행위적 상호 작용을 강조한다(Sundar et al., 2003). 즉, 상황적 관점의 상호작용성은 메시지가 어느 정도까지 서로 연결되어 있는지를 중요시한다(Sundar et al., 2003). 쉽게 말하면 포스팅에 대한 댓글 그리고 댓글과 댓글 사이에 이어지는 상호작용을 의미한다. 2000년대 초까지만 해도 온라인 공간 에서의 상호작용성 연구들은 대체로 기능적 상호작용성에 집중되는 경 향을 보였지만 이용자의 행위에 대한 중요성을 연구자들이 깊이 인식

표 1-2 **기능적 상호작용성**

분류	웹사이트 내 기능의 예	설명
수용자와 메시지의 상호작용	키워드 검색, 소프트웨어 다운로드, 뉴스레터 정기 구독, 언어별 텍스트 변환, 사이트맵, VOD, 게임	두 주체가 소통 시점에 공유하는 기존 맥락(context)이 충분할 때는 정보를 최소화하는 고맥락 커뮤니케이션을, 맥락이 부족할 때는 정보를 구체화하는 저맥락 커뮤니케이션을 선호한다는 홀(Edward T. Hall)의 분류에 기초해 웹사이트 내 정보 추구 기능들이 많을수록 이를 저맥락 커뮤니케이션 문화로 간주함
수용자와 정보원의 상호작용	서베이, 전자양식, 아이디어 제안, 리크루팅, 온라인 토론창, 기부, 자주 묻는 질문(FAQ)	정보를 가진 자와 정보를 가지지 못한 자의 힘의 차이를 인지하면서 이들 사이의 소통을 원활하게 하는 기능적 메뉴들이 많을 경우 이를 홉스테드(Geert Hofstede)의 권력거리 용인의 정도가 낮은 문화로 간주함
수용자와 수용자의 상호작용	자유게시판, 사이버 커뮤니티, 친구 찾기, 친구(회원)에게 이메일 보내기, 그룹 채팅	수용자들끼리 상호 소통할 기회를 많이 제공할 경우 이를 홉스테드가 제기한 문화차원 중 개인주의-집단주의 차원의 집단주의 성향이 강한 문화로 간주함

자료: 황성욱(2009a)의 연구에 나타난 기능적 메뉴들을 중심으로 열거.

하고 행위적 상호작용을 더욱 용이하게 하는 새로운 소셜미디어가 연이어 등장하고 활성화되면서 상황적 상호작용성에 대한 학술연구는 이후 크게 늘어나는 추세이다.

상호작용성을 설명하면서 또 하나 빼놓을 수 없는 연결 개념은 텔레프레즌스telepresence(원격현실)이다. 스토이어(Steuer, 1992)에 따르면, 현존감presence은 어떤 환경에서 존재한다는 감각을 의미하는 반면, 원격현실은 커뮤니케이션 매체라는 수단에 의해 어떤 환경 내에 존재하는 경험을 의미한다. 이는 실제 경험이 아닌 매개된 경험을 말하며, 디지털 매체가 점점 발전하고 고도화되면서 이러한 텔레프레즌스는 점점 세련된 형태로 진화하게 된다. 학문적으로 이러한 원격현실을 구성하는 두 가지 요소는 앞서 설명한 상호작용성 그리고 생생함vividness의 요소들이며, 이러한 원격현실을 경험하고 느끼는 정도는 매체별로 매우 상이하다

(Steuer, 1992). 활기차고 생생함을 구현하는 기술적 요소들의 예로는 오디오 파일, VOD, 그리고 애니메이션 등이 있다. 디지털 공간에서의 PR을 연구하고 기획하는 많은 이들에게 이 같은 원격현실은 상호작용성에 부가적으로 중요한 개념이라고 강조할 수 있다.

상호작용성을 주목한 온라인PR 연구들을 살펴보면 다음과 같다. 조삼섭과 김영욱(Jo and Kim, 2003)은 조직과 공중 사이의 관계성을 형성·구축하는 데 상호작용성이 매우 유의미한 영향을 미침을 관찰했다. 이러한 중요한 효과에도 불구하고 우리나라 기업들은 2010년 즈음까지도 전반적으로 온라인 뉴스룸의 상호작용성을 충분히 활용하지 못하는 등 웹사이트를 해외PR 도구로 활발하게 이용하지 못하는 약점을 보여주었다(윤영민·김경진·문백학, 2010). 다음으로, 기업 블로그 내에서의 인지된 상호작용성은 고객만족도와 충성도에 대해 유의미한 정적 영향을 나타냈다(남화정·차희원, 2011). 기업의 SNSSocial Network Service를 중심으로 한 PR을 주목한 학자들(Sung and Kim, 2014)은 일반적으로 공중들이 기업의 SNS 플랫폼을 개인적인 공간으로 인식할 때 그 공간에서의 기업활동에 대해 대체로 부정적임을 관찰했다. 하지만 이들 기업SNS를 개인적 공간으로 인식하는 공중들이라 해도 해당 기업이 활발한 상호작용성을 보여주고 프로모션과 직접 상관없는 메시지들을 주로 송출할 때 그 기업에 대해 더 긍정적인 태도를 나타낸다는 결과를 관찰했다. 위와 같이 상호작용성은 국내외 PR학자들에 의해 활발히 연구되고 있는 중요한 개념이며 앞으로 개념과 개념 사이의 관계를 다루는 예측력을 갖춘 하나의 정제된 이론으로 발전할 높은 가능성을 내포하고 있다.

3. 프레이밍이론

언론홍보학을 전공하는 학자들이나 학생들 중 사실 프레이밍이론을
들어보지 않은 경우는 거의 없을 정도로 프레이밍은 커뮤니케이션학의
기초가 되는 이론이다. 기존의 신문·잡지로부터 디지털 매체들에 이르
기까지 결국 메시지를 분석하거나 메시지의 영향력을 조사하는 많은
시도와 연구들이 존재하기에 프레이밍이론은 매우 고전적인 커뮤니케
이션 이론이라고 볼 수도 있지만 여전히 디지털 영역에서도 폭넓게 조
사와 분석의 틀로 각광받고 있다. 프레임이 학문적 개념으로 주목받기
시작한 시점은 고프먼(Goffman, 1974)의 프레임 분석Frame Analysis으로 알
려져 있다(송용회, 2006). 엔트먼(Entman, 1993)은 프레임이 선택selection을
통해 메시지의 특정 속성을 두드러지게 만드는 것salience이라고 정의했
다. 그는 프레임을 통해 문제를 정의하고 그 원인이 무엇인지 진단하며
필요한 도덕적 판단을 하고 나아가 개선책을 제시할 수 있다고 강조했
다. 팬과 코시키(Pan and Kosicki, 1993)는 뉴스나 메시지를 만드는 이들
이 어떤 사건을 보도하기 위한 해석의 스키마scheme를 프레임이라고 정
의했다. 즉, 뉴스 생산자들은 어떤 사건 또는 정보를 구성하고, 사람들
에게 인지시키며, 그 정보를 정의하고 이름을 붙이기 위해 프레임을 이
용한다. 팬과 코시키는 이러한 뉴스 프레임의 유형을 구문론적 구조,
이야기 구조, 주제 구조, 수사적 구조로 구분했다.

엄밀히 말해 프레임frame과 프레이밍framing은 다른 용어인데 프레임은
쉽게 말해 틀, 프레이밍은 틀짓기라고 말할 수 있다. 즉, 두드러진 메시
지의 특정 속성은 프레임이고 메시지의 특정 속성을 선택·강조해 현저
하게 인지시키는 과정은 프레이밍이라고 볼 수 있다. 이러한 프레이밍
은 크게 세 영역에서 발생하는데 정보원, 미디어, 그리고 수용자이다.

일반적으로 정보원인 PR인들의 프레임은 정도에 차이는 있겠지만 보도자료 등을 통해 미디어의 프레임에 영향을 미치고 미디어의 프레임은 특정 이슈에 대한 수용자의 프레임 인식에 영향을 미칠 수 있다. 반드시 일방향적이고 순차적이지는 않을 수 있지만 과거의 경우 이 같은 영향관계를 쉽게 관찰해 볼 수 있었다. 하지만 디지털미디어 시대에 이 같은 영향력은 매우 복잡한 영향관계로 바뀌었다. 예를 들어, 1인 디지털 저널리스트, 유튜버 등을 떠올려 볼 때 과거에는 수용자였던 이들이 그 자체로 1인 미디어가 되고 이들의 프레임이 오히려 과거 정보원이던 기업의 PR실무자들이나 전통적인 미디어 내 언론인들의 메시지 프레임 형성과 인식에 영향을 미칠 수도 있게 된 것이다. 이처럼 변화된 미디어 환경 내에서 프레이밍 영향관계는 일방향적이라기보다 쌍방향성을 보여주어 그물망처럼 서로 얽히는 관계로 나아간다고 볼 수 있다. 아마도 새로이 등장하는 매체 환경 속에서 프레이밍 영향관계가 어떻게 변화하는지 실증적으로 조사하는 노력은 앞으로 지속될 것이라 예상한다.

체계적인 프레임의 분석을 위해 널리 이용되는 또 하나의 차원들로는 가넴(Ghanem, 1997)의 네 가지 속성들이 있다. 첫째는 메시지를 특정 방향으로 인식하도록 이끄는 인지적 속성cognitive attribute이 있는데, 대표적인 하위 유형으로는 주제를 강조하는 주제적 프레임thematic frame과 스토리라인을 강조하는 일화적 프레임episodic frame이 있다. 흔히 주제적 프레임이 일화적 프레임보다는 더 진지한 미디어 프레임이라고 알려져 있다. 다음으로, 메시지의 어조를 다루는 정서적 속성affective attribute이 있다. 이는 쉽게 말해 메시지 내 대상을 묘사·설명하는 데 있어서 어조가 긍정적인지, 중립적인지, 부정적인지로 나누어 볼 수 있다. 세 번째, 소주제subtopics는 메시지 내에서 주로 다루어지는 이슈들을 유형별로 구분한 것이다. 네 번째, 프레이밍 메커니즘framing mechanism은 프레임의 형식적 속성으로서 미디어 프레임을 어디에 위치시키는지, 그 크기는 어떠한지, 누구의 목소리인지 등을 주로 다룬다.

이해를 돕기 위해 디지털PR 연구에서 프레임 유형들을 조사한 예를 열거하면 다음과 같다. 장애리와 황성욱(2012)은 정치인의 트위터 메시지 프레임을 분석했는데, 먼저 인지적인 차원에서 그들은 트위터의 메시지가 이성적인 정보 소구를 하는지 감성적인 정서표현 소구를 주로 하는지 분석했다. 또한 트윗의 주제를 정책/정치적 이슈, 활동 보고, 개인적 이야기/흥미, 단순 응답으로 분류했고 이들 주제를 다시 하위 정책이나 하위 개인적 이야기의 주제로 나누기도 했다. 트윗의 프레이밍 메커니즘은 혼잣말 트윗, 리트윗, 멘션, 리플라이, 리트윗 & 리플라이로 구분해 분석했다. 보건의료 PR커뮤니케이션 영역에서도 프레임 분석 연구는 활발했는데, 좌보경과 동료들(좌보경·서필교·백혜진, 2014)은 금연정책과 관련한 온라인 뉴스와 댓글 유형을 분석했다. 기존 서구의 연구를 바탕으로 그들은 뉴스 프레임을 갈등, 인간적 흥미, 경제적 중요성, 도덕성, 책임 프레임으로 나누어 조사했고 이들 프레임은 인지적 속성의 예라고 간주할 수 있다. 또한 그들은 뉴스에 나타난 정보원을 전문적 정보원과 비전문적 정보원으로 나누어 분석했는데 이 같은 정보원 프레임은 가넴의 분류에서는 프레이밍 메커니즘에 해당한다. 위와 같이 콘텐츠를 분석하는 프레임 내용분석 연구와 더불어 디지털PR 학자들은 프레이밍 영향관계를 조사하는 실험연구 또한 다수 수행해 왔다. 예를 들어, 김지은과 홍혜현(2015)은 페이스북을 통해 전해지는 건강 증진 메시지 프레임을 이득의 프레임과 손실의 프레임으로 구분해 질병에 대한 메시지 수용자의 위험 인식 정도와 더불어 해당 질병의 예방 행동 및 관련 정보를 공유하는 행동에 미치는 영향을 실험했다.

이 외에도 프레임 분석 그리고 프레이밍 효과에 대해 전통적 미디어에 이어 디지털PR 영역에서도 매우 활발하게 연구가 수행되고 있다. 무수히 축적된 연구들을 상기할 때 후속 연구자들은 프레이밍이론을 접목한 디지털PR 연구들의 성과를 일목요연하게 요약·제시하고 특히 미흡한 분야를 중심으로 앞으로의 연구 방향을 제안할 필요가 있다.

4. 해석수준이론

해석수준이론은 심리학에서 태동해 광고학, 마케팅, PR학 등에서 활발히 연구되는 이론이다. 리베르만과 트로프(Liberman and Trope, 1998)는 한 개인이 의사결정을 할 때 사물이나 대상에 대해 자신이 느끼는 심리적인 거리감에 따라 표상을 달리한다고 주장하며 이를 해석수준이론이라 칭했다. 이러한 심리적 거리는 크게 네 가지 차원으로 구분되는데, 대표적인 것이 시간적 거리이고, 이어서 공간적 거리, 사회적 거리, 발생 가능성이 있다. 해석수준이론에 따르면 사람들은 사물이나 사건을 심리적으로 가깝다고 느낄 때 이를 하위 수준의, 매우 구체적이고 종속적이며 사건적인 특징의 측면에서 해석하는 경향이 있고, 반면에 같은 사물이나 사건이라 해도 심리적으로 멀다고 느낄 때 이들을 상위 수준의, 보다 추상적이고 안정적인 특징의 측면에서 해석하는 경향이 있다(Trope and Liberman, 2000).

거리감의 네 가지 차원별로 부연 설명하면 먼저 시간적 거리감에 있어서 시간적으로 먼 거리의 미래라고 생각할 때 사람들은 상위 수준의 속성을 더 주목하고 미래를 예측하며, 시간적으로 가까운 미래라고 느낄 때는 하위 수준의 속성을 더욱 주목하고 미래를 예측한다. 또한 공간적으로 먼 거리에서 발생한 사건이라고 느낄 때는 상위 수준으로, 가까운 거리에서 발생한 사건이라고 생각할 때는 하위 해석수준으로 해석한다. 어떤 대상, 사람, 사건에 대해 친숙하게 잘 안다고 느낄 때 예를 들어 내집단 구성원에 대해서는 하위 수준으로 인식하고, 친숙하지 못한 대상이나 사건, 예를 들어 외집단 구성원에 대해서는 상위 수준으로 해석하는 경향이 커진다. 아울러 사건 발생가능성이 낮을 경우 거리감을 크게 느껴 상위 수준으로 해석하지만, 발생가능성이 높을 경우 가까운 거리감으로 인해 하위 수준으로 해석하는 경향이 커진다(Wakslak, Trope, Limberman and Alony, 2006). 이를 보다 쉽게 설명하면, 먼 거리감의 경우 상위 수준에 해당하는 '왜why'의 속성을 강조해 사건이나 프로그램의 목적, 목표 등의 추상적 이미지를 강조하는 것이 적절하고, 가까운 거리감의 경우 하위 수준에 해당하는 '어떻게how'의 측면을 강조해 해당 사건에 대한 구체적이고 실행 가능한 방법과 정보를 제시하는 것이 바람직하다는 것이다.

이처럼 거리감에 따른 해석수준의 차이가 발생하는 이유에 대해서 학자들은 예를 들어 먼 미래의 일을 떠올릴 때는 구체적인 실현가능성을 거의 생각하지 않기 때문에 추상적인 속성에 더 집중하게 되고, 사건이 발생할 시간이 점점 다가올 때 마침내 사건의 구체적인 특징과 여러 관련 정보에 민감하게 반응한다고 추론했다(Liberman, Sagristano and Trope, 2002). 이러한 다차원적 심리적 거리감의 원근 정도에 따라 추상성과 구체성의 해석과 추구는 달라지게 되는데, 이를 적용한 연구들은 점점 늘어나고 있다.

국내 디지털PR 분야 연구에서 해석수준이론을 접목한 예를 찾아보면 김재휘와 동료들(김재휘·부수현·김희연, 2012)의 연구가 눈에 띈다. 그들은 공공 캠페인의 효과를 높이기 위한 SNS 커뮤니케이션 전략을

표 1-3 해석수준이론의 주요 요인을 포함한 메시지의 예

주말드라마 〈사랑과 우정〉에 출연 중인 인기 연예인 원빈 씨는 요즘 또 하나의 일에 많은 관심을 쏟고 있다. 바로 "원빈과 함께 하는 나눔 확산 캠페인"이 바로 그것이다. 이 캠페인은 독거노인, 소년소녀 가장, 고아 등 빈곤층 및 불우이웃을 돕는 사회봉사활동 캠페인이다.

[메시지 속성 삽입]

[시간 또는 공간 거리감 조건문 삽입]

원빈 씨는 동료 연예인, 팬클럽 회원들, 그리고 특히 이 캠페인을 함께 할 관심과 동참을 통해 나눔의 온기가 더욱더 퍼져나갈 수 있으면 좋겠다고 포부를 밝혔다. 원빈 씨의 웹사이트(www.astar.com), 팬클럽 블로그(blog.naver.com/iloveastar)의 '나눔' 메뉴를 클릭하면 캠페인 참여에 대한 보다 자세한 내용을 알 수 있다.

○ ○ ○기자

구체적 속성(어떻게)
그는 독거노인들이 사는 집, 소년소녀 가장의 집, 고아원 등을 매월 방문해 그들의 몸을 씻겨주고, 아이들에게 책을 읽어주며, 밥과 요리를 만들어 제공하고, 작은 콘서트를 여는 등의 다양한 봉사활동들을 계획하고 있다.

추상적 속성(왜)
세상의 발전된 모습에 비해 어둡고 소외된 곳이 너무나 많다고 지적하면서 원빈 씨는 자신의 캠페인을 통해 사회 극빈층, 구조적으로 소외된 사람들을 돕고 그들에게 희망을 불어넣어 궁극적으로 모두가 건강한 세상을 만드는 데 도움이 되고 싶다고 말했다.

먼 시간
원빈 씨는 이러한 나눔 캠페인을 내년 봄부터 본격적으로 펼쳐나갈 예정이라고 밝혔다.

가까운 시간
원빈 씨는 이러한 나눔 캠페인을 이번 주말부터 펼쳐나갈 예정이라고 밝혔다.

먼 거리
원빈 씨는 이러한 나눔의 캠페인을 아프리카 지역 불우이웃들을 대상으로 펼쳐나갈 예정이라고 밝혔다.

가까운 거리
원빈 씨는 이러한 나눔의 캠페인을 우리나라 각 지역의 불우이웃들을 대상으로 펼쳐나갈 예정이라고 밝혔다.

연구했다. 공공 캠페인의 설득 대상 집단에 대한 사회적 거리감이 가까운 경우와 먼 경우 그리고 제시된 메시지의 추상성과 구체성이라는 상이한 메시지 조건들을 통해 사회적 거리감과 메시지 유형이 캠페인 참여의도에 미치는 영향을 실증적으로 연구한 것이다. 그 결과 상호작용 효과를 관찰해 설득 대상과의 사회적 거리감이 가까울 때는 구체적인 메시지가 효과적이고, 사회적 거리감이 멀 때는 추상적인 메시지가 더욱 효과적이라는 점이 확인되었다. 이는 해석수준이론을 더욱 지지하는 결과라고 말할 수 있다. 하지만 이 같은 해석수준이론을 접목한 연구들이 대체로 안고 있는 문제점은 일반적으로 단일 거리감 차원과 메시지 구체성 정도의 상호작용효과를 연구해 설득커뮤니케이션 영역에서 수용자들이 느낄 수 있는 다차원적 거리감의 영향력 지형을 포괄적으로 살피는 데 미흡했다는 것이다. 따라서 후속 연구들은 이를 고려한 보다 다차원적이고 종합적인 해석수준이론 연구들을 기획할 필요가 있다. 표 1-3은 거리감과 메시지의 구체성을 포함하는 가상의 명사 기부 PR메시지(박재진·황성욱·조윤용, 2018 참고)로서 이를 통해 실제적인 이해를 돕고 있다.

5. 상황적 위기커뮤니케이션 이론(SCCT)

SCCT Situational Crisis Communication Theory는 위기관리PR 분야에서 대표적인 이론인데 디지털PR 메시지가 위기와 관련되는 경우 그 대응 메시지를 기획하거나 분석하는 데 매우 유용한 토대가 될 수 있다. SCCT의 창시자인 쿰스(Coombs, 2007)는 기존의 귀인이론을 주목하고 그 이론이 조직 위기와 연결될 수 있음을 인지했다. 귀인이론에 따르면 어떤 현상이 발생할 때 사람들은 그 현상이나 행동의 원인을 찾고 이해하고자 하는 경향이 있으며, 이는 부정적인 사건일 경우에 더욱더 강화된다(Weiner, 1985)고 알려져 있다. 귀인은 크게 두 가지 유형으로 구분되는데, 하나는 개인이나 행위의 주체가 갖는 본래의 속성을 탓하는 내적 귀인과 상황과 환경에서 원인을 찾는 외적 귀인이 있다(Heider, 1958). 이러한 귀인에 영향을 미치는 정보의 세 가지 차원으로는 행위자가 얼마나 장시간에 걸쳐 꾸준하게 행동했는지에 대한 일관성consistency, 특정 상황에서 어떤 행동이 얼마나 두드러지는지에 대한 독특성distinctiveness, 행위자의 행동이 타인의 행동과 어느 정도까지 동조하는지에 대한 조화로움 consensus이 있다(Kelley, 1973). 통상 위기의 원인이 내부에 있다고 생각할 때 사람들은 책임성이 높다고 생각하고, 그 원인이 외부에 있다고 간주할 때 책임성이 낮다고 판단한다.

쿰스와 홀러데이(Coombs and Holladay, 1996)는 위기를 다시 몇 가지 유형으로 구분하는데, 위기 발생의 책임(내부적 대 외부적)과 통제가능성(의도적 대 비의도적)에 따라 네 가지로 이를 나누었다. 즉, 책임이 외부에 있고 의도적인 경우 이를 테러리즘으로 보았고, 책임이 조직 외부에 있고 비의도적인 경우 과실로 보았으며, 책임이 내부에 있고 의도적인 경우 위반과 범죄로, 그리고 책임이 내부에 있고 비의도적인 경우 (우연한) 사건으로 구분했다. 더 나아가 쿰스(Coombs, 1999)는 위기에 대한 책임성이 낮은 경우로부터 높은 경우에 이르기까지 그 정도를 고려하며 위기를 루머, 자연재해, 악의, 사고, 범죄의 순으로 보다 세분화해서 열거했다.

SCCT에 따르면 위기가 발생할 때 위기에 대한 커뮤니케이션 전략은 유형별로 달라져야 하며, 특히 위기에 대한 책임성이 낮은 상황에서는 방어적인 전략을 이용하고 책임성이 높아질수록 수용적 전략을 이용해

그림 1-1 **SSCT 전략**

자료: Coombs and Holladay(2003).

야 조직의 평판 훼손을 최소화할 수 있다고 권고(Coombs and Holladay, 2003)한다. 여기서 부인 전략은 위기가 존재하지 않거나 위기에 대한 책임이 없음을 주장하는 것이다. 공격자 공격은 비난을 제기하는 사람들이나 그룹의 신뢰도를 떨어뜨리는 전략이다. 책임 전가는 책임을 타인의 탓으로 돌리는 것을 의미한다. 변명은 위기에 대한 행위자의 책임을 최소화하는 전략이다. 정당화는 위기로 인해 발생한 피해가 그다지 심각하지 않다는 것을 강조한다. 고통 감수는 자신들도 피해자임을 인지시키는 것이다. 입지 강화는 국면 전환을 위해 행위자가 이전에 긍정적인 평가를 받을 만한 좋은 행위를 한 것을 부각시키는 것이다. 타인 칭찬은 이해관계자들을 칭찬하는 것이다. 보상은 위기로 인해 발생한 손실에 대해 물질적 보상을 하는 것이다. 개선행위는 위기로 입은 피해에 대한 회복 방법을 찾거나 위기의 재발을 방지하기 위한 방안을 강구하는 것이다. 사과는 책임을 통감하고 용서를 구하는 메시지이다. 그림 1-1은 SCCT 전략을 이해하기 쉽게 요약한다.

디지털PR 분야에서 SCCT를 접목한 연구의 예를 살펴보면 일부 학자들은 SCCT에 따른 위기커뮤니케이션 전략이 실제 관찰되는지 조사했다. 자오빙난과 동료들(자오빙난·황성욱·조윤용, 2018)은 SCCT가 서구에서 태동된 이론임을 상기하면서 해당 이론이 중국의 연예인 SNS PR 상황에서도 적용되는지 조사했다. 즉, SCCT를 바탕으로 중국 연예인의 커뮤니케이션 전략과 그에 대한 공중의 반응을 조사한 것이다. 그 결과 연예인들의 위기에 대한 책임성과 영향력이 높을수록 수용적 전략을, 반대로 책임성과 영향력이 낮을수록 방어적 전략을 취했음을 관찰했다. 또한 책임성과 영향력이 높은 경우임에도 수용적 전략이 아닌 공격성 축소와 같은 변명을 시도할 때 공중이 부정적·감성적 댓글로 반응함을 관찰했다. 나아가 위기 책임성과 영향력이 낮은 경우 적절한 방어적 전략을 취할 때 공중들이 이성적이고 긍정적인 반응을 보임을 관찰해 대체로 SCCT에 입각해서 볼 때 중국 연예인들의 PR전략이 쿰스의 제안대로 위기 이후 평판의 손상을 최소화할 가능성이 높음을 보여주었다.

한편, SCCT와 심리학의 영역인 감정 유형을 연결해 학제 간 연결을 시도하는 노력도 관찰된다. 서구 기업인 마텔Mattel의 위기사례를 바탕으로 최윤형과 린(Choi and Lin, 2009)은 내용분석을 통해 마텔 위기 시 온라인 게시판에 투영된 소비자들의 다양한 감정을 유형화했다. 통계 분석 결과, 위기의 책임성은 분노, 두려움, 놀람, 걱정, 경멸, 안도의 감정에 대해 유의미한 예측요인인 것으로 나타났다. 연구자들은 이들 감정을 귀인종속적 감정attribution dependent emotions이라 명명했다. 또 경계심과 혼란스러움은 가장 자주 표현된 귀인독립적 감정attribution independent emotions임을 관찰했다. 이처럼 심리학과 같은 타 학문 분야와의 연결을 토대로 한 조사의 노력은 PR학의 깊이를 더하기에 권장할 만한 시도라고 평가할 수 있다.

다양한 온라인 분야 SCCT 연구를 지면의 한계로 모두 소개할 수는 없지만, 그래도 앞으로 디지털PR 분야에서 예상되는 SCCT 연구의 방향에 대한 논의는 마지막으로 강조하는 것이 바람직하다고 보인다. SCCT를 통찰한 이현우와 최윤형(2014)은 아마도 미래에 꾸준히 등장할 새로운 매체들을 염두에 두면서, 조직의 위기를 전하는 매체 유형이 위기 관련 조직의 책임성에 대한 공중 인식 그리고 조직의 사과 메시지에 대한 공중의 수용성에 미치는 영향을 조사하는 것이 향후 각광받는 연구주제가 되리라 예상했다. 이 같은 전망과 제안은 디지털PR 영역에서의 SCCT에 관심을 갖는 다수의 후속연구자들에게 적지 않은 지적 자극이 될 것으로 보인다.

6. 개혁확산이론

디지털미디어 세상에 살고 있는 우리는 자고 일어나면 또 다른 새로운 기술의 발전과 변화에 직면하게 되고, 많은 경우 그것을 수용하고 활용하면서 변화에 적응해 살아간다. 이처럼 새로운 기술적 변화와 그것을 받아들이는 사람들의 사고 과정을 연구하는 이론들 중 개혁확산이론diffusion of innovation theory은 그 중요성을 인정받고 있다. 에버렛 로저스 Everett M. Rogers가 1950년대에 개혁확산이론을 주창한 이래로 해당 이론을 중심으로 한 국제적 연구는 수천 건에 달한다. 1940년대 미국에서 품종이 개량된 옥수수 씨앗을 농부들이 선택하고 이를 통해 농사를 짓는 것이 점점 확대되었는데, 이는 개혁확산이론을 적용해 설명한 최초의 사례로 알려져 있다. 이후 새로운 기술, 예를 들어서 현대 수학, 스노모빌, 항생제, 에이즈 예방 방안 등 다양한 영역에 걸친 생각과 기술의 발전·채택·확산을 해석하는 데 이론적 토대가 되었다(Rogers, 1995). 나아가 인터넷 기반의 새롭고 다양한 기술 발전이 관찰될 때마다 해당 이론을 바탕으로 한 해석과 연구는 지속적으로 이루어지고 있다(Rogers, 2003).

개혁이란 한 개인이나 또 다른 선택의 주체가 새롭다고 인식하는 생각, 행동, 또는 물체라고 정의할 수 있다(Rogers, 1983). 이어 확산의 개념을 살펴보면 로저스(Rogers, 1983: 10)는 "① 하나의 개혁이 ② 특정 채널들을 통해서 ③ 시간을 두고 ④ 한 사회적 시스템 내 구성원들 사이에서 소통(공유)되는 과정"이라 정의했다. 이러한 개혁의 확산은 시간을 두고 점점 늘어나고, 일반적으로 시각화하면 지금까지 다양한 영역의 개혁에 걸쳐 S자형의 누적 채택률 곡선을 보여주었다(그림 1-2 참고). 하지만 2000년대 기업의 인터넷 홈페이지 개설(박재진·박종민·캐머런, 2005), 한국 사회에서의 방송을 통한 각막 기증 확산(황성욱, 2009b) 현상 등과 같이 역L자형의 급격한 확산 양상을 보인다는 연구도 관찰된다. 이처럼 2000년대 초중반 이후 다양한 개혁의 확산 속도는 빨라지고 있으며 특히 모바일미디어 시대의 개혁 확산은 완만한 S자형뿐만 아니라 더 급격한 형태의 그래프를 나타낼 가능성도 매우 높다.

한편, 그림 1-2가 보여주듯이 개혁 수용자들을 채택 시기를 중심으로 구분할 때 순서대로 개혁자, 조기 채택자, 조기 다수자, 후기 다수자, 지체자로 나누어 볼 수 있다. 이들 단계별 수용자들을 특성에 따라 구분하면 개혁자의 경우 도전 정신이 강하고, 조기 채택자는 변화의 수용 정도 측면에서 존경할 만하며, 조기 다수자는 심사숙고하는 특징을 보여주며, 후기 다수자는 의구심이 많으며, 끝으로 지체자는 가장 보수적이라고 볼 수 있다(Rogers, 2003).

전체 구성원들이 아닌 개혁을 수용하는 한 개인의 개혁 결정 과정은 크게 지식knowledge, 설득persuasion, 결정decision, 실행implementation, 확인confirmation

그림 1-2 **개혁 확산의 과정**

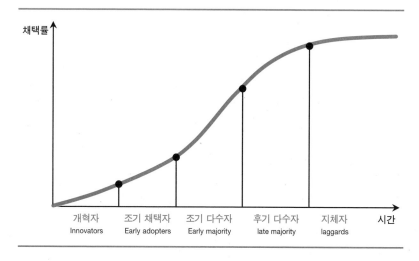

의 다섯 단계로 나누어진다(Rogers, 2003). 이를 설명하면, 먼저 한 개인
이 개혁의 존재를 인지하고 어떻게 그것이 수행되는지를 이해하게 된
다(지식). 그리고 그는 개혁에 대해 긍정적인 또는 부정적인 태도를 형
성하게 된다(설득). 대체로 대중매체는 지식 단계에서 더 영향력이 있
고, 대인 커뮤니케이션 채널은 설득 단계에서 더 힘을 발휘한다(Rogers,
2003)고 알려져 있다. 다음으로, 태도를 형성한 개인은 그 개혁을 수용
할 것인지 말 것인지 결정을 하게 된다(결정). 개혁을 수용하겠다고 마
음먹은 사람은 다음으로 그 개혁을 실제로 이용한다(실행). 개개인은
이러한 채택과 실행의 단계에서 때때로 개혁을 변화시키거나 수정해
이용하기도 하는데 이를 재창조reinvention라 부른다. 개혁을 이용한 사람
은 다음으로 주변 환경으로부터의 긍정적 지지를 바탕으로 개혁에 대
한 자신의 결정이나 실제 행동을 더욱 공고히 하기도 하고, 때로는 부
정적인 주변 메시지로 인해 자신의 개혁 수용 행동을 번복하기도 한다

(확인). 사람들이 관심을 가질 만한 새로운 제품, 즉 최신 모바일폰 구매에 위의 과정을 적용해 보면 그것의 출시를 알게 되고, 그것의 긍정적인 특징을 고려하며 태도를 형성하고, 구매를 결심하고, 이용하며, 나아가 주변 지인을 통해 자신의 구매가 잘된 결정인지 아닌지를 확인한 뒤 재구매나 환불을 하는 것으로 이해해 볼 수 있다.

다음으로, 디지털PR 분야의 개혁확산이론에 대한 국내외의 주요 연구들을 일부 열거하면 다음과 같다. 먼저 켈러허와 스위처(Kelleher and Sweetser, 2012)는 대학의 PR실무자들이 소셜미디어를 왜 채택하는지 그 이유를 주목했다. 이들은 인터뷰를 통해 대학의 실무자들이 소셜미디어의 상대적 이점, 적합성, 시행성이라는 개혁적 속성을 주로 고려하면서 그것을 선택·이용한다는 점을 관찰했다. 이처럼 개혁의 인지적 특징들인 상대적 이점relative advantage, 적합성compatibility, 복잡성complexity, 시행성trialability, 관찰가능성observability은 개혁 결정 과정에서 설득을 이끄는 주요 요인들로서 지목(Rogers, 2003)되었고 다양한 개혁 사례를 중심으로 이러한 특징들의 영향력을 살피는 다수의 연구들이 관찰된다. 에이버리와 동료들(Avery, Lariscy, Amador, Ickowitz, Primm and Taylor, 2010)은 다양한 규모의 커뮤니티 내 보건의료부서 PR실무자들 사이의 소셜미디어 확산 현상을 연구했다. 개혁확산이론을 바탕으로 조사를 수행한 결과 그들은 해당 실무자들 사이의 낮은 소셜미디어 채택률과 지역 규모별로 상이한 채택률을 관찰했다. 그들은 당시 미국의 특수성으로서 집에서의 인터넷 접근이 취약했음을 원인으로 강조하면서 이로 인한 보건의료정보 접근의 불균형을 문제점으로 지적했다. 위 개혁 속성의 영향력 그리고 개혁의 장애물로 인한 문제점 등에 더해서 일부 연구는 개혁이 확산되는 경로, 즉 채널의 유형이나 차이를 연구했다. 에이즈 지식 확산을 위한 온라인 채널 이용의 차이를 살펴본 신경아와 동료들(신경아·오현정·이병관, 2014)은 Hug AIDS 캠페인 참여자의 콘텐츠 확산 경로가 상이함을 관찰했다. 즉, 개혁자들은 자신과 가까운 이들에게 자신이 보유한 블로그나 홈페이지와 같은 사적 네트워크를 통해 정보를 확산한 반면, 다른 이들은 온라인 커뮤니티와 같은 공적 네트워크를 통해 정보를 확산시키는 차이를 보여주었다. 따라서 그들은 타깃을 고려한 접근 채널의 차별화라는 함의를 자연스럽게 제안했다. 이 밖에도 해당 이론을 적용한 연구들이 너무나 많은 점을 상기할 때 연구주제나 유형을 유목화하는 독립적인 메타연구가 추후 필요하리라 예상한다.

7. 이용과 충족 이론

카츠(Katz, 1959)는 매체 효과에 대해 커뮤니케이션 연구가 집중됨을 인지하면서, 그보다 수용자의 측면에서 매체를 선택·이용할 수 있다는 능동적인 관점으로 연구주제를 다양화할 필요성을 제기했다. 이후 카츠와 동료들(Katz, Blumler and Gurevitch, 1974)은 수용자들이 매체를 이용하기 전 기대욕구를 갖고 매체를 이용하며 실제 이용을 통해 그 욕구를 충족하기도 하고 때로는 의도와 다른 결과를 낳기도 한다고 주장했다. 그들은 이를 '이용과 충족 이론'이라 명명했다. 카츠와 동료들이 이 이론을 제기한 이후 커뮤니케이션학 분야의 연구자들은 새로운 매체가 등장할 때 왜 수용자들이 그 매체를 이용하는지 능동적 이용 동기의 유형을 살피는 많은 연구들을 수행해 왔다. 오래전 전통적인 매체들(예: 라디오, 텔레비전 등)이 등장했을 때는 물론 인터넷 기반의 미디어들이 등장한 이후에도 이 같은 이용과 충족 이론의 연구 사조는 꾸준히 이어져 오고 있다.

인터넷 이후로 한정시켜 국내 주요 연구들을 살펴보면 먼저 이은미(2003)는 인터넷 신문 사이트의 이용 동기를 조사했다. 연구 결과, 해당 매체의 이용 동기는 정보성, 편의성, 경제성으로 요약되었고 특히 정보성 동기는 정보적 콘텐츠의 이용, 경제성 동기는 오락적 콘텐츠의 이용에 각각 유의미한 영향을 미침을 관찰했다. 최영과 박성현(2011)은 전반적인 소셜미디어의 이용 동기를 조사했고 이들 이용 동기가 정보 추구, 자긍심 표출, 추억의 공유, 사회적 상호작용, 기분 전환과 여가 활동, 정체성의 표현, 유행성으로 구성됨을 확인했다. 일부 학자들은 소셜미디어를 더욱 구체화해 트위터만을 중심으로 그 이용 동기를 분석하기도 했다. 예를 들어, 심홍진과 황유선(2010)은 신속한 정보 확산에 매우 용이한 트위터를 이용하는 이유를 다음과 같이 열거했다. 해당 연구의 응답자들은 정보 교환을 통해 사회적 이슈에 참여하고자, 상호작용을 바탕으로 다수의 팔로어 그룹을 형성하고자, 편리하게 소통하고자, 정보 전달을 더 용이하게 하고자, 휴식과 오락을 위해서, 사적 기록의 공간을 마련하기 위해서, 140자 글쓰기가 유용하므로 트위터를 이용한다고 밝혔다. 여기서 트위터를 더 많이 이용하는 중이용자 그룹은 경이용자들에 비해 정보 전달의 용이성과 140자 글쓰기의 유용성을 제외한 모든 요인들에 걸쳐 더 긍정적으로 인식하는 특징을 보이기도 했다. 다음으로 김유정(2011)은 페이스북의 이용 동기를 조사했다. 엄밀히 말해 마이크로블로깅 서비스인 트위터와 달리 소셜미디어 중 소셜네트워크서비스sns로 분류되는 페이스북을 이용하는 이유로는 정체성의 표현, 사회적인 상호작용, 유용함, 친구들과의 교류, 친구 정보 검색, 여가의 활용, 인맥 관리, 현실 도피, 동참하기, 외로움으로부터의 탈피가 관찰되었다.

이처럼 새로운 매체들이 등장할 때마다 그 이용 동기를 조사하는 많은 연구들이 지속되지만, 전반적으로 기존에 수행된 많은 연구들은 이용 동기를 유형화하는 데 주력했고 그 이용 동기에 영향을 미치는 선행 요인이나 이용 동기가 낳는 파생 효과를 종합적으로 살피는 데는 미흡했다.

이러한 부족함을 인지한 듯 다수의 국내 PR학자들은 디지털미디어를 매개로 한 PR을 연구하면서 이용과 충족 이론을 PR학의 주요 개념들이나 이론들과 연결시켜 이론의 확장과 통합을 시도했다. 이주희와 동료들(이주희·고경아·하대권, 2018)은 유튜브와 같은 1인 미디어의 성장세를 주목하고 1인 미디어의 이용 동기와 파생 효과를 조사했다. 그 결과 1인 미디어의 미디어적인 특성, 상황적인 특성, 그리고 내용적인 특성의 세 요인이 미디어에 대한 긍정적인 태도를 형성하고, 몰입도를 높이며, 신뢰도를 제고하고, 지불 의사 또한 높임을 관찰했다. 즉, 1인 미디어의 방송 시청 동기 요인들이 기대 충족 및 인지된 유용성을 경유해 만족도와 지속적인 사용 의도에 긍정적인 영향을 미침을 확인했다. 정세훈 외(정세훈·염정윤·최인호·최수정·정민혜, 2017)는 일종의 폭넓은 메타연구를 통해 개인 심리적인 요인이 미디어 멀티태스킹 행동에 미치는 영향을 정리했다. 그들의 연구에 따르면 미디어의 오락성 이용 동기, 정보적(학습적) 동기, 습관, 관계적 동기가 여러 미디어를 동시에 이용하는 행동을 증가시키는 데 영향을 미치는 것으로 나타났다. 위와 같은 연구들이 주요 개념들과의 연결을 시도했다면 박가빈과 이형민 (2018)은 다른 이론과의 연결을 시도해 더욱 눈길을 끈다. 이용과 충족 이론과 이 장의 뒷부분에서 소개할 조직-공중 관계성 이론을 함께 주목하면서 그들은 스포츠마케팅 연구를 온라인PR의 관점에서 체계적으로 통합하고자 노력했다. 팬들이 프로야구팀 페이스북을 이용할 때 정보성, 상호작용성, 유희성의 이용 동기를 갖고 이러한 이용 동기가 팀과 팬 사이의 조직-공중 관계성인 친밀감, 헌신, 만족, 교환적 관계성에 영향을 미치며 특히 헌신의 관계성이 팀 동일시, 경기 관람 의도, 관람 추천 의도에까지 긍정적인 영향을 미침을 관찰했다. 이와 같은 개념이나 이론과의 통합은 이용과 충족 이론을 바탕으로 한 디지털PR 연구에서 바람직한 연구 방향으로 권장할 만하며, 아마도 새로운 디지털미디어의 꾸준한 등장과 함께 아직 다루어지지 못한 PR학의 주요 개념 및 이론들과의 통합적 연구들이 이어질 것으로 전망한다.

8. 조직-공중 관계성 이론

퍼거슨(Ferguson, 1984)은 1984년에 미국의 유명 언론학회인 AEJMC Association for Education in Journalism & Mass Communication에서 미국 주요 PR학술지의 연구 동향을 분석한 결과를 토대로 PR학이 조직, 공중, 커뮤니케이션 과정과 같이 분리된 개념을 조사할 것이 아니라 조직과 공중 사이의 관계성organization-public relationship: OPR을 연구하는 데 관심을 기울여야 한다고 주장했다.

관계성 연구가 늘어난 계기는 해당 개념을 측정하는 지표가 개발되기 시작하면서라고 볼 수 있다. 후앙(Huang, 1997)은 OPRAorganization-public relationship assessment를 개발했고, 관계성을 구성하는 하위 차원으로 신뢰, 상호통제, 헌신, 그리고 만족을 열거했다. 여기서 신뢰는 관계를 이루는 두 주체가 서로에 대해 얼마나 확신을 갖고 있으며 얼마나 자신을 개방적으로 보여주는가를 의미한다. 이러한 신뢰는 다시 진실성, 의존할 만함, 능력의 차원으로 세분화된다. 상호통제성은 관계성에 있어서 두 주체가 서로 갖는 통제의 정도에 얼마나 만족하는가를 다루고 있다.

표 1-4 **OPR의 구성 요인**

논문		구성 요인
미국 학술지	Ledingham and Bruning(1998)	개방성, 신뢰, 관여, 헌신, 투자
	Huang(1997)	신뢰(진실성, 의존할 만함, 능력), 상호통제, 헌신, 만족
	Hon and Grunig(1999)	신뢰, 상호통제, 헌신, 만족, 교환적 관계성, 상호호혜적 관계성
	Kim(2001)	헌신, 평판, 공동체, 신뢰, 상호호혜적 관계성
	Jo(2006)	신뢰, 상호통제, 헌신, 만족, 체면, 인맥
한국 학술지	한정호(2000)	신뢰, 상호통제, 헌신, 만족, 교환적 관계성, 상호호혜적 관계성, 친밀/친숙성, 사회기여성
	한정호·정지연(2002)	신뢰, 상호통제, 헌신, 만족, 교환적 관계성, 상호호혜적 관계성, 친밀/친숙성, 사회기여성, 정
	김형석·이현우(2008)	유대감, 커뮤니케이션 균형성, 공동체 관여
	문빛·이유나(2011)	신뢰, 상호통제, 헌신, 만족, 불만, 불신, 지배통제, 관계 해지

자료: 김효숙·양성운(2014)에서 발췌.

헌신은 관계성의 두 주체가 관계성을 유지·발전시키는 것이 얼마나 가
치 있는지에 대해 생각하는 정도를 뜻한다. 그리고 만족은 두 주체가
상호 느끼는 호의의 정도로 정의할 수 있다. 이 같은 네 가지 구성요소
를 중심으로 후앙(Huang, 1997)은 OPR을 조직과 공중이 서로 신뢰하고,
상호 영향을 미치며, 서로에게 헌신하고, 만족하는 정도라고 정의했다.
다음으로, 브룸과 동료들(Broom, Casey and Ritchey, 2000: 94)은 폭넓은
다학제적 리뷰를 거쳐 OPR을 공중들 사이의 "상호교환, 거래, 커뮤니
케이션 및 다른 서로 관련 있는 행위적 속성"으로 정의했다. 그동안 많
은 학자들이 OPR 개념을 연구하고 그것을 측정하는 지표를 개발하는
일련의 연구를 수행했으며 표 1-4는 그 대표적인 예를 요약·제시하고
있다.

OPR에 대한 메타연구를 수행한 김효숙과 양성운(2014)은 향후 관계성 연구의 미래와 방향성을 전망하는 과정에서 일대일이 아닌 복수의 공중과의 관계성을 동시에 고려하는 연구의 필요성을 강조했고, 관계성의 하위 요인 각각에 대한 보다 깊이 있는 조사와 분석이 필요함을 주장했다. 아울러 김효숙과 양성운(2014)은 기존 연구 사조를 종합적으로 고려하면서 관계성 연구모형을 ① 관계성 선행변수로부터 ② 관계성(유지전략), ③ 1차 결과인 관계성 결과물(예: 신뢰, 만족, 헌신, 상호통제 등의 인식), 그리고 ④ 2차 결과인 관계성 후행변수(예: 목적 달성, 자율성 의존 또는 손실, 일상적 행동, 제도화된 행동 등 태도와 행동)로 이어지는 4단계로 크게 간주했다. 또한 이러한 모형에 대한 타당성 검증이 지속적으로 필요하다고 주장했다.

디지털PR 분야에서의 OPR 연구들도 다수 수행되었는데, 예를 들어 소셜미디어상에서 정보 공개의 부족은 전달된 관계적 헌신communicated relational commitment, 대응 및 고객서비스responsiveness/customer service, 긍정성/낙관주의positivity/optimism, 그리고 비평주의에 대한 대응responsiveness to criticism과 같은 관계유지 전략 측면에서 OPR에 대해 부정적인 영향을 미쳤다(Sweetser, 2010). 이는 관계성 배양 측면에서 소셜미디어에서의 정보 공개의 중요성을 대체로 강조한 것이었다. 소셜미디어상에서 형성된 OPR은 공중의 갈등 해소 의지에도 긍정적인 영향을 미쳤다. 김효숙과 최혜민(2011)은 트위터 활동을 통한 지각된 커뮤니케이션의 양방향성이 긍정적으로 OPR을 형성하고 이러한 우호적인 OPR이 위기상황에서 공중의 갈등해소 의지를 높이는 데 기여하는지 조사했다. 그 결과 대학생 트위터들을 대상으로 한 연구에서 트위터 양방향 커뮤니케이션의 지각, 학교와 학생들의 관계성, 위기 시 갈등을 해소하고자 하는 응답자의 의지 사이에 유의미한 긍정적 영향관계를 확인했다. 소셜미디어 유형별로 OPR의 차이를 비교하는 연구(김귀옥·차희원, 2016)도 관찰되는데, 대화커뮤니케이션의 특성이 강한 트위터는 대화커뮤니케이션의 특성이 상대적으로 낮은 편인 페이스북에 비해 높은 OPR을 보여주었다. 이처럼 OPR에 미치는 선행요인의 영향력, OPR의 영향력, 다양한 상황에서의 OPR의 차이 등에 대해 다수의 연구들이 수행되고 있지만 앞으로 디지털PR 영역에서 더 정제된 OPR 연구를 수행하고자 한다면 앞서 언급한 김효숙과 양성운(2014)의 미래 연구 방향에 대한 여러 제안들을 염두에 두면서 조사를 기획하는 것이 바람직할 것이다.

　지금까지 국내외 유력 PR학술지의 디지털PR 분야 연구에 등장한 주요 PR이론들을 요약하고 짧게나마 해당 영역의 연구들을 리뷰했다. 미력하지만 이러한 논의가, 향후 이 영역을 점점 더 넓히고 다변화할 것으로 예상되는 디지털PR 분야의 연구 및 현상들을 체계적으로 조사하고 분석하는 데 토대가 될 수 있기를 소망하며 이 장을 맺고자 한다.

생각할 거리
❶ 한 조직의 디지털PR 현상을 선정해 위 이론 중 하나를 연결하여 그것을 해석해 보자.
❷ 명사(정치인, 기업인, 연예인)의 디지털PR을 기획하는 데 위 이론 중 가장 유용한 이론은 무엇이라고 생각하며 그 이유는 무엇인가?
❸ 상기 이론을 제외하고 디지털PR을 설명할 수 있는 이론이 있다면 무엇이 있는가?

제2장

디지털PR의
방법론적 전환

1. 디지털PR: 이 장에서의 정의

사실 아날로그에서 디지털로의 이행은 이미 20여 년 전부터 논의된
꽤 익숙한 주제이다. 니컬러스 네그로폰테Nicholas Negroponte가 1995년 출
간한 『디지털이다Being Digital』에서 언급한 "일간 나Daily Me"는 극도로 개인
화된 매체의 소비행태를 예견했고, 넷플릭스Netflix와 포털의 개인화된
페이지들은 이미 그런 형태를 보여주고 있다(네그로폰테, 1995). 매체는
개인화되어 가지만 PR은 여전히 대중을 향해, 대중매체를 주 타깃으로
이뤄지고 있는 것은 아닌가 하는 비판이 가능하다(Hutton, 1999).

여기서 PR이 무엇인가 하는 정의를 한 번쯤은 언급해야 할 것 같다.
할로(Harlow, 1976)가 1970년대 중반 이전의 PR을 정의한 내용을 분석
해 공통 요인을 뽑아낸 바에 의하면, PR은 "한 조직과 관련된 공중 사

이의 소통, 이해, 수용, 협력의 상호 연결을 만들고 유지하는 것을 돕는 특유의 관리 기능a distinctive management function which helps establish and maintain mutual lines of communication, understanding, acceptance and cooperation between an organization and its publics"이라고 정의할 수 있다. 이러한 정의는 이슈 관리, 여론을 이해하고 반응하기 위한 관리, 공중의 이익에 부합하기 위한 관리의 책임, 변화 관리, 미래 대비, 연구활동과 윤리적 소통의 활용 등을 포함한다고 할로는 설명한다. 허턴(Hutton, 1999)은 할로의 정의를 포함한 기존의 정의가 유일무이한 합의에 이르지는 못했지만, 옹호활동advocacy, 정보 제공public information, 인과관계 중점cause-related, 이미지/명성관리image/reputation management, 관계관리relationship management 또는 전략적 관계관리managing strategic relationships 등의 공통 주제를 추출하는 데 무리가 없다고 정리한다.

하지만 디지털PR은 앞서 언급한 『디지털이다』에 언급되었듯이, 0과 1의 비트로 표현 가능한 모든 정보들이 수용자의 편의를 위해 디지털의 형태를 취하게 되고, 심지어 수용자 자신도 미처 깨닫지 못한 자신의 취향을 반영해 문자, 이미지, 동영상과 같은 다양한 형태로 메시지를 전달할 뿐만 아니라 수용자가 종종 공급자로 변신하는 '프로슈머prosumer'의 경지까지 허용하는, 그러니까 이전과는 전혀 다른 방식의 PR을 가능케 한다는 점에서 PR실무자들에게는 전혀 다른 환경을 제공한다고 하겠다.

이러한 디지털PR의 단계는 먼저 월드와이드웹의 보급(1990년대 중반~2000년대 중반)과 아이폰이 본격적으로 문을 연 스마트폰의 보급(2000년대 중반~현재)에 이르는 두 시기로 나눠볼 수 있겠다. 전자는 주로 개인용 컴퓨터에 의해서 매개되고 후자는 스마트폰에 의해 매개되는데, 후자의 경우 언제 어디서나 활용 가능한 휴대용 매체portable medium라는 점에서 일상을 지배하는 힘이 PC를 압도한다는 측면이 다르다고 할 수 있다. 이번 장에서는 디지털PR에서 활용되는 다양한 채널의 특성과 그것을 활용한 PR활동을 위한 새로운 방법론의 예를 들어 살펴보기로 한다.

본론에 들어가기 앞서 디지털PR은 무엇인지 자체적 정의를 해야 이어지는 논의가 더 분명해질 것이다. 이 장에서는 디지털PR을 디지털 수단을 이용한 PR활동뿐만 아니라 디지털 수단을 이용하는 이용자를 위한 비非디지털 또는 디지털 기반 PR활동을 모두 포괄하는 것으로 간주한다. 예를 들어, 이른바 '파워블로거'를 위한 오프라인 제품설명회 같은 활동 등도 디지털PR이라고 할 수 있는 것이다. 요즘은 수백만의 구독자를 가진 유튜버들이 '인플루언서influencer'라는 이름으로 불리며 강력한 영향력을 뽐내고 있다. 신문사, 방송국, 거리의 시민을 상대로 이뤄지던 모든 온라인·오프라인 퍼블리시티 활동이 이들 인플루언서들에게도 이뤄지고 있다. 따라서 디지털PR은 디지털 수단을 이용하는 공중(또는 이용자)을 상대로 한 모든 PR활동을 포괄하는 것으로 정의해야 한다.

2. 디지털PR의 특성별 활용 기법

1) 속도

첫 번째로, 디지털PR의 속성 중 가장 두드러진 것은 속도speed이다. 정보의 유통은 기존 대중매체 시대보다 훨씬 빠르면서도 동시에 다양한 채널을 통해 다양한 방향으로 이뤄지고 있다. 두얼리와 가르시아(Doorley and Garcia, 2010)에 따르면 소셜미디어 시대의 PR활동은 다음과 같은 시간 제약을 염두에 두어야 한다고 한다.

- 45분: 루머가 기사화되는 시간. 기자를 설득할 수 있는 시간.
- 6시간: 루머가 인터넷 블로그, 소셜미디어에 퍼지는 시간.
- 3일: 루머에 관한 보도가 대중매체로 확산·추가보도·재생산되는 시간.
- 2주: 주간지, 격주간지, 신문 주말판, 시사토론 프로그램 등이 루머를 다루게 되는 시간.

사실 신문 대응이 홍보활동의 핵심을 차지하고, 가판-중간판-아침 배달판 등 신문이 하루에 세 번 이상 서로 다른 버전으로 발행되던 시기(2000년대 초반까지)에는 PR활동을 하는 사람들이 기자들을 상대로 보도자료를 배포하거나 기사의 방향에 영향을 주려고 노력하는 것이 PR활동의 주요 부분이었다. 여기에 방송 매체를 위한 대응으로 전 국민을 상대로 방영되는 지상파 뉴스에서 긍정적 사례로 소개되는 것이 PR담당자 최고의 목표였던 시절도 있었다. 그러나 이제는 신문이나 방송이 다루기 전에 이미 인터넷신문이라 불리는 온라인 매체들, 유튜버, 인스타그램, 트위터 등이 특정 이슈나 대상을 다루는 경우가 정말 흔하다. 이에 따라 두얼리와 가르시아(Doorley and Garcia, 2010)는 소셜미디어 시대의 PR활동이 적어도 한 시간 내에 가닥을 잡지 않으면 결정적 효과를 얻지 못할 것이라고 보았다.

특히 루머나 이른바 '가짜 뉴스'에 대한 대응이야말로 분초를 다투는 일인 경우가 많다. 소셜미디어상에 잠시 올라왔다가 사라진 내용이 기자의 눈에 띄어 바로 기사화되는 경우는 정말 흔하다. 2019년 9월에 있었던, 전직 스포츠 선수의 전 연인이 아주 잠시 올렸던 사진과 글귀가 바로 기사화되어 본인이 강력한 법적 대응의지를 보였던 경우가 그런 사례라고 하겠다.

루머나 가짜 뉴스는 메시지가 겨냥한 대상 인물이나 기관의 명성을 단시간에 훼손할 수 있다는 점에서 방어적 PR활동에 있어서 시간을 다투게 만드는 대상이라고 할 수 있다. 사실 기획 홍보나 클라이언트에 의해 미리 시기가 정해져 있는 홍보활동은 분초를 다투는 경우가 거의 없다. 하지만 루머나 가짜 뉴스 대응, 위기관리에 해당하는 PR활동은 당연히 속도가 중요하다.

2) 발화자 및 메시지의 조작 가능성: 가짜 뉴스와 딥페이크

2016년 미국 대선까지만 해도 페이스북은 이용자들의 뉴스 공유가 활발할 뿐만 아니라 페이스북을 통해 공유되는 뉴스는 다른 매체에 의한 것보다 더 신뢰받고 클릭률도 높은 것으로 알려져 있었다. 하지만 허위 사실을 담은 많은 가짜 뉴스들이 유포되면서 선거 결과에까지 영향을 주었고, 심지어 특정 정치세력이 외국과 결탁해 그런 가짜 뉴스를 유포했다는 의심까지 받았다. 페이스북의 뉴스피드는 부정적인 정보, 스캔들에 관한 정보, 또한 비슷한 정치 성향을 가진 친구 사이에 공유될 만한 정보들이 주로 유통되면서, 차츰 태도가 유사한 사람들이 유사한 정보를 공유하는 동류선호homophily 연결망이 되어가고 있었다. 그러자 페이스북은 온라인 친구들의 정보보다 가족이나 친지의 정보가 더 높은 우선순위를 갖도록 알고리즘을 수정하는 등 다양한 노력을 기울였으나, 여전히 가짜 뉴스에 취약한 플랫폼으로 평가받고 있다.

여기에 인공지능과 머신러닝Machine Learning의 발달로 동영상에 등장하는 특정 인물의 얼굴 등을 정말 감쪽같이 교체해 마치 특정인이 말하고 행동하는 것처럼 조작 가능한 기술이 등장했다. 이를 '딥페이크deepfake'라고 한다. 딥페이크는 딥러닝deep learning과 가짜를 의미하는 '페이크fake'

의 복합어로서, 유명인의 얼굴과 심지어 목소리까지 삽입해 그가 하지 않은 말과 행동을 마치 그 사람이 한 것처럼 완벽에 가깝게 조작해 내는 기술이다. 지금까지 딥페이크에 등장한 사람으로는 힐러리 클린턴Hillary R. Clinton, 도널드 트럼프Donald Trump 대통령과 같은 정치인뿐 아니라, 케이팝이나 케이드라마에 등장하는 유명인까지 망라되어 있다. 그러나 이런 유명인뿐만 아니라 예전 애인의 얼굴을 삽입해서 가짜 성행위 장면을 공개하는 이른바 '리벤지 포르노revenge porn' 등으로 인해 엄청나게 많은 사람이 불의한 피해를 입게 되는 경우가 속속 나타나고 있다.

이러한 첨단 기술은 기업과 기업인에 관한 평판에도 막대한 영향을 끼치고 있다. 영국의 예술가 빌 포스터Bill Poster, 다니엘 하우Daniel Howe, 인공지능 스타트업 캐니AICannyAI는 2019년 6월부터 소셜미디어에 '스펙터 프로젝트spectre project'라는 이름의 프로젝트를 통해 마크 저커버그Mark E. Zuckerberg, 도널드 트럼프 미국 대통령, 킴 카다시안Kim Kardashian 등의 유명인들이 직접 하지도 않은 발언과 행동을 합성해서 공개했다. 특히 저커버그가 "수십억 명의 데이터와 그들의 비밀, 생명을 통제하는 자가 미래를 완전히 통제하는 사람"이라고 말하는 비디오는 많은 이들에게 충격과 공포를 주었다. 일종의 풍자를 위해 만들어진 비디오이지만, 페이스북을 둘러싼 프라이버시 침해 논란 등이 그 비디오의 진정성을 의심하기 어렵게 한 것이다.

물론 PR담당자들이 가짜 뉴스와 딥페이크 자체를 활용해 대중을 속이면 당연히 윤리적으로 큰 문제가 될 것이다. 그러나 특정 고객과 기업, 또는 CEO가 딥페이크와 가짜 뉴스의 희생자가 된다면 어떻게 될까? 그런 일이 벌어진다면 PR담당자, 특히 위기관리 전문가들은 앞서 말한 속도의 원칙을 고려해 즉시 반박 메시지를 공개하거나 진위 여부를 확인해 주지 않으면 안 될 것이다. 이러한 기술적 발전은 위기관리

PR을 중심으로 PR의 패러다임 자체를 바꿔놓을지도 모른다. 딥페이크나 가짜 뉴스를 만드는 AI 소프트웨어나 그것들이 공유되는 소셜미디어 공간은 때때로 PR담당자에게는 공중을 위한 새로운 메시지를 만드는 데 부분적이고 윤리적인 범위 내에서 활용될 수도 있을 것이다. 예를 들면, 풍자나 유머를 위해 해당 인물의 사전 허락을 얻은 경우에 한정해서 가능하겠다. 하지만 이런 경우일 때조차도 수용자가 해당 메시지를 풍자나 유머가 아닌 진짜로 받아들일 여지는 조금도 남겨두어서는 안 된다.

3) 빅데이터를 활용한 PR효과의 구조적 평가와 PR활동의 실천

2012년 전 세계를 뒤흔들었던 싸이의 〈강남스타일〉 유튜브 비디오는 대중문화의 핵심 매체로서 유튜브의 화려한 등장을 보여주는 사례였다. 쉬와 그 동료들(Xu et al., 2015; Xu et al., 2016)은 미국의 남성팬들이 싸이의 비디오를 적극적으로 소개했고 한국과 문화적으로 유사한 아시아권, 특히 영어를 사용하는 아시아 국가의 한류 문화 팬들이 그 비디오의 전 세계적 확산에 크게 기여했음을 댓글(코멘트) 내용 분석과 해당 비디오를 링크하거나 댓글을 단 사람들의 속성을 분석함으로써 밝혀냈다. 유튜브 비디오라는 새로운 채널은 수많은 풍자와 즐거움의 콘텐츠를 담아내는 일종의 밈meme 유통망으로서 기능하고 있으며, 이 글을 쓰는 2019년에는 검색 엔진 역할까지 대체하는 문화의 주류 매개체로 부상하고 있다.

이러한 전환은 대중매체, 각종 이벤트를 활용한 PR활동의 효과 측정에도 근본적인 변화를 일으키고 있다. 예전에는 특정한 프로그램이 방영되는 시간을 분 단위로 쪼개서, 얼마나 많은 사람들이 해당 프로그램을 시청하고 있었는지 시청률이나 시청점유율을 분석함으로써 광고나 홍보활동의 효과를 측정하고는 했다. 인쇄신문 시절에는 특정 클라이언트 관련 PR활동을 소개하는 기사의 글자 수나 면적, 지면의 종류가 곧 PR활동의 성과인 것처럼 간주되는 것이 당연했다.

하지만 지금은 '본방' 시청률과 '재방' 시청률을 모두 고려해야 하는 시대가 되었다. 그뿐인가. 유튜브상에서 해당 콘텐츠의 일부 또는 전체 내용이 얼마나 공유되었는지, 패러디는 얼마나 많이 올라왔는지, 그런 콘텐츠에 달린 댓글은 얼마나 되며 비디오에 달린 '좋아요'는 몇 개이고 비디오를 올린 아이디의 구독자는 몇 명이나 되는지 등을 복합적으로 고려해야 한다. 심지어 유튜브뿐만 아니라 인스타그램, 트위터, 페이스북상에서의 시청자 반응도 추적해 보아야 하고, 온라인 팬 커뮤니티가 있다면 그곳의 반응도 고려해 (드라마의 경우) 줄거리를 바꾸는 경우까지 있다. 이러한 온라인상의 반응과 오프라인상의 반응을 전체적으로 고려해 일종의 '화제성'으로 묶어 보는 관점도 있다. 전반적으로, 이제 PR활동의 평가는 단일 지표가 아닌 다양한 지표를 동시에 고려해야 하는 단계에 이르렀다.

궁극적으로 PR활동가는 장기적인 명성reputation을 추적해서 관리해야 하는 상황에도 직면해 있다. RIReputation Institute 같은 곳에서 매년 발표하는 명성지표는 단기적·위기관리적 대응만으로는 성취할 수 없는 명성의 변화를 장기적으로 추적·공표한다. 상황에 따라 반응하는 즉흥적 홍보 방식으로는 명성지표를 장기적·안정적으로 관리할 수 없다. 장기적 관점에서 브랜드와 기업, 공공 기관의 명성 관리를 위한 핵심 메시지를 선정하고, 그에 따라 미리 계획된 온라인·오프라인 수단을 통해 매체 관리, 이벤트 관리, 퍼블리시티 관리 등을 병행해야만 명성의 방향과 지표를 의도한 대로 이끌어갈 수 있게 된 것이다.

PR효과의 구조적 평가를 위해서는 소셜네트워크의 두 가지 원리를 잘 이해해야 한다. 첫째는 6단계 분리 법칙six degrees of separation이다(Christakis and Fowler, 2009). 인터넷 등장 이전의 많은 실험에서 전 인류 중 무작위로 뽑은 두 사람이 서로를 찾아내는 데는 여섯 사람만 거치면 된다는 확률적 발견이 이뤄졌다. 인구가 많이 늘어난 현 상황에서도 이 법칙은 안정적으로 검증되고 있으며, 전 세계 인구의 60% 이상이 인터넷 또는 스마트폰에 연결되어 있는 2019년 현재, 이 법칙의 6이라는 숫자는 2~3으로 줄어든 것으로 추정되고 있다. 둘째는 3단계 영향 법칙three degrees of influence이다. 크리스태키스N. A. Christakis와 파울러J. H. Fowler는 그들의 책 『커넥티드Connected』에서 비만, 행복감, 우울감, 흡연이 '친구의 친구의 친구'(3단계)까지 영향을 준다는 연구 결과를 보고했다(Christakis and Fowler, 2009). 그들의 분석은 미국 보스턴 근처 프레이밍햄 마을에서 약 60여 년간 지속적으로 추적·기록되어 온 데이터에 기반을 둔 것이다(Framingham study). 내가 친구의 친구의 친구까지 직접 알고 지낼 확률은 매우 낮지만, 나의 습관이나 감정이 그에게 영향을 미칠 확률은 생각보다 대단히 높다는 것이다. 이러한 발견은 일종의 관계 기반 결정론으로 오도될 가능성도 있다. 만약 친구의 친구의 친구가 그렇게 중요하다면, 내가 그들의 습관이나 감정을 일일이 통제할 수 없으니 사회관계의 일원으로서 수동적으로 영향을 받을 수밖에 없지 않느냐는 것이다. 그러나 이러한 관점은 나 역시 남에게 영향을 줄 수 있고, 친구관계 역시 개인의 의지에 따라 조절 가능하다는 점에서 부당하다. 내가 항상 밝게 웃는 행복한 친구를 가급적 많이 사귈 뿐만 아니라 그런 친구가 되도록 노력하고, 나 스스로가 체중 조절을 잘 해서 다른 이에게 긍정적 영향을 미치고, 나 스스로가 금연을 먼저 실천해서 흡연자의 영향으로부터 조금이라도 더 자유로워지면 되는 것이다.

제1부 디지털PR: 이론과 방법론

PR 측면에서 위 두 법칙(또는 발견)이 주는 의미는 대단히 크다. PR활동이 많은 팔로어를 거느린 이른바 '인플루언서influencer'를 타깃으로 할 경우, 그 논리적 근거를 바로 위에서 설명한 두 법칙이 충분히 제공하고 있다. 인플루언서가 구독 또는 좋아요 버튼을 누른 사람들, 특히 자주 해당 콘텐츠를 소비하는 열성 시청자들에게 미치는 영향은 상당히 클 것이다. 그리고 그러한 시청자들이 다시 온라인과 오프라인상 친구들에게 해당 정보를 공유하고 지지할 경우, 그 임팩트가 6단계 분리와 3단계 영향을 타고 급속히 확산될 것임은 자명하다고 하겠다.

4) 대화적 커뮤니케이션으로서의 PR활동

디지털PR에서 활용 가능한 적극성(개입, 관여도) 지표engagement indicators 에는 무엇이 있을까? 필자는 시간지표(또는 맥락지표)와 행위속성지표로 나눠볼 수 있다고 주장한다. 첫째, 시간지표는 행위가 이뤄지는 시점과 지속시간을 포괄한 개념이다. 트위터 메시지를 연구한 기존 연구들을 종합하면, 개인은 요일과 시간대에 따라 기본적으로 상이한 감정선을 타기 마련이다. 예를 들어, 트위터 사용자들은 연 단위로 분석해 보면 10월이나 12월의 월요일에 슬픔의 감정을 가장 많이 표현한다. 반면 행복하다는 표현은 12월이나 1월의 화요일에 많이 작성하는 특징을 보인다(Rogers, 2014). 다른 연구자들에 의하면 가장 행복을 느끼는 요일은 역시 토요일이며, 그다음은 금요일이고, 이러한 패턴은 일정하다. 이 연구에서는 일요일부터 추락하기 시작한 행복감이 화요일에 극저점을 찍다가 목요일에서 금요일 사이에 급등한다(Dodds et al., 2011). 또한 트위터와 같은 새로운 뉴미디어 이용 시간은 수면 시간 감소에도 영향을 주며, 같은 메시지를 읽거나 감상하더라도 힐끗 보고 지나가는 형태의 소비와 오랜 기간 화면에 띄워두고 이용하는 시간의 의미는 다르다. 이러한 지속시간duration의 영향은 아직 많은 연구가 이뤄지고 있지 않은 부분이다. 한 가지 덧붙이자면 매체의 종류를 막론하고 가장 큰 영향을 미치는 날씨나 기후 지표 역시 개인의 맥락context을 구성한다는 측면에서 시간지표에 포함할 수 있을 것이다.

둘째, 행위속성지표는 '좋아요', '구독', '댓글달기', '댓글에 다시 댓글달기' 등의 온라인 행위지표와 오프라인 공간에서의 관련 상품 구매, 매체 구독 또는 구독 중단 등을 포괄한다. 구매 의사의 형성이나 호감도 형성 같은 태도 변인도 넓게는 행위지표에 포괄할 수 있다고 본다. 기술수용모델technology acceptance model과 그 응용모델에서는 태도의 형성이나 구매의도를 곧 행위로 연결될 중요한 선행지표로 보고 있기 때문이다. 물론 심리학과 커뮤니케이션학에서의 태도와 행위 불일치 논쟁까지 들어가면, 이 글의 범위를 넘게 되므로 이쯤에서 그치기로 한다.

행위속성지표의 구성은 갈수록 정교해지고 있다. 스마트폰을 통해 특정 메시지를 소비할 때 과연 그 메시지 자체를 보는지, 거기에 첨부된 광고를 보는지, 아니면 함께 등장하는 모델이나 사진을 보는지는 눈동자추적eyetracking을 통해 판별할 수 있다. 여기에 EEGelectroencephalogram를 추가하면, 뇌의 어떤 영역에서 어떤 강도로 신호가 잡히는지를 분석할 수도 있다. 댓글(코멘트) 분석도 마찬가지이다. 단어에서 드러나는 감성분석sentiment analysis도 가능하며, 문장의 길이를 분석하거나 링크나 이미지가 포함되어 있을 경우 해당 내용의 분석을 할 수도 있고, 댓글에 또 다른 댓글들이 연달아 달릴 경우 '스레드thread'라고 하는데, 그 깊이depth에 따라 대화의 양과 질을 추적 가능하기도 하다. 등장하는 단어와 단어 사이의 거리와 공출현co-occurrence 빈도를 분석해 네트워크를 그리는 시맨틱 네트워크 분석semantic network analysis(의미망 분석) 역시 가능하다.

필자가 이 부분에서 시간(맥락)지표와 행위속성지표를 분리해서 설명한 이유는, 바로 PR을 하나의 대화적 커뮤니케이션dialogic communication이라고 볼 때 예전부터 이뤄졌던 내용 분석, 담론 분석, 공중 대상 서베이, 실험의 한계를 넘어 행위지표와 시간지표를 결합해 중층적으로 분석할 수 있다는 점이다. PR활동의 효과를 다른 외부 요인과 분리해서 정교하게 측정하는 것은 여전히 어렵지만, 적어도 특정 행위자와 수용자 간에 어떤 종류의 인터랙션이 어떻게 일어나며, 그 영향은 어떻게 파급되어 갈지 구조적으로 파악이 가능해지고 있다는 점이다. 이 부분이 바로 디지털PR의 핵심이며 향후 많은 후속 연구를 통해 규명되어야 할 지점이기도 하다.

3. 디지털PR의 방법론적 미래

사회과학과 자연과학 전반에서 언제든 재현이 가능한지(replicability) 여부를 측정하는 테스트가 이뤄지고 있다. 안타깝게도 사회과학 전반에서 주류 이론들이 등장한 시기는 수십 년 전인 경우가 많다. 당시에는 인구의 구성과 규모도 현재와는 판이했지만, 특히 개인이 접할 수 있는 정보의 양과 질이 극히 제한되어 있었다. 전 인류 중 70퍼센트 이상이 깨끗한 물과 전기에 접근할 수 있고 60퍼센트 이상이 인터넷이나 휴대폰을 활용할 수 있는 오늘날에도 예전의 주류 이론들이 과연 그대로 힘을 발휘할 수 있을지는 일률적으로 판단하기 어렵다. PR에서도 마찬가지일 것이다. 개인화된 매체소비는 개인의 의견을 극단화시킬 위험도 있지만, 동시에 다양한 태도를 함축하는 정보에 노출될 수 있는 측면도 갖고 있다. 결국 중요한 것은 특정 맥락에 위치한 개인이 생활

사적 측면에서 어떤 채널을 통해 누구로부터 어떤 메시지를 소비하고 있거나 심지어 생산하고 있는지를 살펴보는 일이다. 이러한 일상의 추적과 재구성이야말로 PR전문가가 수행하는 PR활동이 어떤 효과를 불러일으킬지 추적하는 기본이 된다고 하겠다. 이 장은 변화하는 매체 환경과 복잡성에 따라 어떤 관계구조 분석이 가능하며, 그러한 분석을 통해 PR활동의 새로운 구성이 가능함을 간략히 정리해 보았다. 향후 많은 후속 연구를 통해 디지털PR의 기반은 더욱 단단해질 수 있으리라 믿는다.

생각할 거리

❶ 5G 이동통신 기술의 가장 큰 특징은 정보 전송 시 지연이 극히 축소되어 무인자동차 등 원격기기를 생각대로 조종할 수 있다는 점이다. 이러한 신기술의 특징은 PR환경을 어떻게 바꿔놓게 될까?

❷ 인공지능 기술은 인간의 일자리를 빼앗을 수도 있지만, 인공지능과 인간의 협업을 요하는 경우도 많을 것이다. PR인으로서, 인공지능과 협업할 수 있는 기본 마음가짐과 역량은 무엇일까 토론해 보자.

❸ 이른바 '빅데이터' 시대의 PR은 특정 조직이나 개인에 대한 비방이 소셜미디어 등을 통해 순식간에 많은 이들에게 도달할 수 있다는 특징을 갖는다. 어떻게 해야 이러한 트렌드에 대처할 수 있을까?

❹ 유명 유튜버들은 이제 사회적으로 막강한 영향력을 행사하는 '인플루언서'가 되었다. 이러한 변화가 PR활동에 어떤 의미를 갖는지 토론해 보자.

제3장

디지털 시대의
PR교육

이 장은 디지털 및 4차 산업혁명 시대에 PR을 주도적으로 기획하고 실행하기 위한 PR교육 과정을 제안한다. 학부 및 대학원에서 PR을 전공하는 학생과 PR산업에 종사하는 실무자들을 위한 PR교육 방안을 데이터에 관한 이해, 공중 간 연결성에 관한 이해, 테크놀로지에 관한 이해, 갈등에 관한 이해, 윤리에 관한 이해 등으로 제시함으로써 PR을 직업으로 삼고자 하는 학생들, 그런 학생들을 가르치고 있는 교수들, 그리고 PR을 이미 직업으로 삼고 있는 실무자들이 디지털 시대의 PR을 선제적으로 준비할 수 있는 기회를 제공한다.

1. PR의 정의

이 장에서는 디지털 시대에 요구되는 PR교육과 윤리를 다루지만, 이를 위해서는 디지털 시대에도 적용할 수 있는 PR의 정의 및 궁극적 가치를 명확하게 규정하는 작업이 선행되어야 한다. 예측하기 어려운 미래에도 쓰임이 많은 학문 혹은 영역이 되기 위해서는, 또 급격한 환경의 변화를 맞닥뜨리는 상황에서 착오나 실패 없이 상황을 주도하기 위해서는 PR이 다른 학문 혹은 영역과 비교해 무엇이 긍정적으로 차별화되어야 하는지를 고민해야 한다.

PR을 조직에 영향을 미칠 수 있는 공중과의 관계를 상호호혜적으로 관리함으로써 조직의 문제를 해결하는 과정으로 정의 내리는 최준혁(2019)의 정의를 이 장에서는 채택한다. PR을 이처럼 거시적인 조직경영의 관점으로 정의할 때, 시대가 변화해도 PR의 쓰임새는 많아질 수 있다. 메시지나 커뮤니케이션의 관리가 PR에서 여전히 중요한 기능이지만, PR을 이렇게 미시적인 기능으로만 정의하게 되면 급격하게 변화하는 환경, 특히 매체 환경의 변화에 주도적으로 적응하는 데 시행착오를 겪을 수도 있으며, 또 광고를 비롯한 여러 유사 영역과의 차별화가 어려워질 수 있다.

최준혁(2019)의 정의에서 또 하나 눈여겨봐야 하는 개념은 조직과 공중 간의 상호호혜적인 관계이다. 조직의 문제를 해결하는 과정에서 조직의 이익만 일방적으로 확대되거나 혹은 공중의 이익만 일방적으로 확대되어서는 문제의 해결이 찰나적이며 온전할 수 없다. 특정 공중과의 관계를 훼손하거나 혹은 특정 공중과의 관계를 단절함으로써 조직의 문제를 일시적으로는 해결할 수 있을지 모르나 조직의 문제가 내재화되면서 잠복되어 향후에는 더 큰 문제로 발전할 수 있다.

그림 3-1 **디지털 시대의 5대 PR교육 과정**

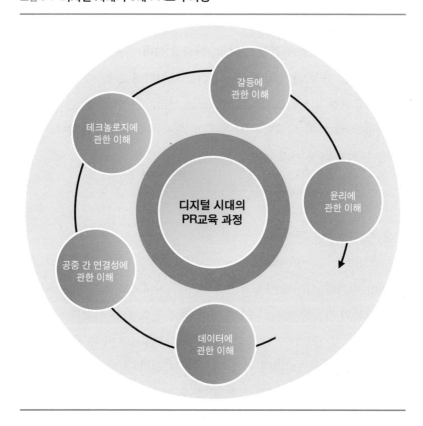

다수의 기업과 공공 기관이 지속가능한 성장을 조직의 중요한 목적
으로 설정하고 있는데, 지속가능한 성장은 그 조직에 영향을 미칠 수
있는 다양한 공중과의 관계가 지속할 때 가능하다. 지속적인 관계는 장
기적으로는 이익의 균형이 보장될 때 가능하다. 따라서 지속가능한 성
장에 높은 가치를 설정해야 하는 조직경영의 관점에서도 PR의 전통적
인 가치인 조직과 공중 간의 상호호혜적인 관계는 시대의 변화와 무관
하게 PR이 추구해야 하는 가치이다.

지금까지 PR의 정의와 가치를 살펴보았다. 이 장은 공중과의 상호호혜적인 관계를 관리하는 것이 조직의 문제를 해결하는 기본적 메커니즘이어야 한다는 것을 전제로 하고, 디지털 시대에 요구되는 PR교육의 핵심 과정을 다섯 가지로 제시한다. 즉, 데이터에 관한 이해, 공중 간 연결성에 관한 이해, 테크놀로지에 관한 이해, 갈등에 관한 이해, 윤리에 관한 이해 등이 디지털 시대를 주도하는 PR교육에 필요하다. 그림 3-1은 논의한 다섯 가지 과정을 요약한다.

2. 데이터에 관한 이해

PR이 디지털 시대를 주도하거나 디지털 시대에도 성장하기 위해서는 데이터의 가치를 일깨워주는 교육과정이 필요하다. 사람과 사람, 사람과 기기, 기기와 기기 간의 다양한 인터랙션interaction이 디지털 신호를 활용해 이루어지는 디지털 시대에는 인터랙션의 결과 또한 디지털 신호로 남기 때문에 사라지지 않으며, 항상 기록되며, 또 언제든지 클라우드 혹은 데이터베이스에 저장된 데이터를 인출해 특정한 상황의 분석에 활용할 수 있다.

마케팅에서는 일찍부터 데이터를 다양한 의사결정 과정에 활용하는 관행이 있어왔다. 데이터베이스 마케팅database marketing, 고객관계관리customer relationship management, 관계 마케팅relationship marketing, 데이터 기반 마케팅data-driven marketing 등의 기법은 광범위한 기망고객prospects으로부터 특정 재화 및 서비스에 우호적인 태도와 적극적인 구매의도를 지닌 특정 집단을 추출해 마케팅의 효율성을 제고하는 데 기여한다.

PR에서도 최근에는 데이터의 중요성에 주목하고 있다. 데이터 기반

PR_{data-driven public relations}은 기업과 기업이 소유한 브랜드의 인지도와 인사이트를 제고하기 위해 팩트와 수치에 의존하는 관행이며(Clarke, 2018), PR의 여러 과정에서 내려야 하는 의사결정에 데이터를 활용하는 관행(Shift Communications, 2016)이기도 하다. 최준혁(2019)은 브룸과 샤(Broom and Sha, 2013)가 제시하는 PR의 네 과정을 활용해 "PR 문제의 파악, 계획 및 입안, 활동 수행 및 커뮤니케이션, 프로그램의 평가로 이루어지는 PR의 네 가지 과정이 과학적인 데이터에 의해서 집행되는 PR"로 설명한다(최준혁, 2019: 49).

마케팅뿐만 아니라 PR에서도 PR의 여러 과정에 데이터를 활용하는 관행의 등장은 앞서 규정한 PR의 정의를 떠올리면 자연스럽다. PR은 조직과 공중 간의 관계를 관리함으로써 조직의 문제를 해결하는 것이라 했고, 따라서 관계관리의 첫 걸음은 조직에 관한 공중의 인식·태도·행동(의도)을 관찰하는 것이다. 관찰의 과정에서 취득하는 것이 데이터이며, 데이터를 기반으로 하여 공중과의 관계를 어떻게 관리해야 하는지를 결정할 수 있다.

따라서 디지털 시대의 PR교육은 데이터를 어떻게 취득할 수 있는지, 데이터를 PR의 의사결정 과정에서 어떻게 활용해야 하는지를 제공해야 한다. 지금까지는 주로 수치화된 데이터_{numeric data}의 필요성을 강조했지만, 디지털 시대의 PR에서도 비수치화된 데이터_{non-numeric data}가 여전히 활용된다. 사물인터넷 시스템을 기반으로 하는 다양한 유형의 센서가 개발됨으로써 정형·비정형 데이터를 신속하게 확보하게 되었으며 AI_{artificial intelligence}(인공지능)를 기반으로 하는 머신러닝_{machine learning}과 딥러닝_{deep learning} 시스템이 개발됨으로써 데이터의 신속한 해석 및 패턴 분석이 가능해지면서 전통적 연구방법의 유용성을 망각할 수도 있지만, 사람과 사람 간의 커뮤니케이션을 관찰할 때는 인류학의 전통적인

그림 3-2 **데이터 기반 PR의 개념도**

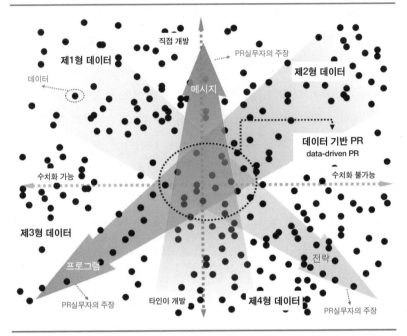

자료: 최준혁(2019).

연구방법인 관찰법과 면접법을 활용하는 것이 효과적일 수 있다.

최준혁(2019)은 데이터 기반 PR을 기획하고 실행하기 위해서는 수치화된 데이터뿐만 아니라 비수치화된 데이터도 필요함을 강조하면서 데이터를 개발하는 주체와 수치화할 수 있는지의 여부에 의해 데이터를 제1형 데이터, 제2형 데이터, 제3형 데이터, 제4형 데이터로 구분한다. 그림 3-2는 네 가지 유형의 데이터를 설명한다.

정리하면, 디지털 시대의 PR교육은 사람과 사람, 사람과 기기, 기기와 기기 간의 인터랙션을 관찰할 수 있는 방법과 그 관찰의 결과인 데이터를 PR의 다양한 의사결정 과정에 활용하는 방식을 가르쳐야 한다.

따라서 그림 3-2에서 제시하는 것처럼, 다양한 유형의 데이터에 관한 포괄적 이해가 선행되어야 하다.

3. 공중 간 연결성에 관한 이해

앞서 PR의 정의를 규정하면서 PR의 변화하지 않을 본질적 기능은 조직에 영향을 미칠 수 있는 개인 혹은 집단, 즉 공중publics과의 관계관리라 했다. 공중과의 관계관리라는 본연의 기능은 디지털화된 사회로 진화하든, 4차 산업혁명으로 산업의 패러다임이 변화하든, PR이 존재하는 한 반드시 수행해야 하는 기능이다.

그림 3-3은 전통적 관점에서 조직의 성공이나 실패에 영향을 미칠 수 있는 집단들을 도식화한 것이다. 이 모형은 4차 산업혁명과 디지털화된 시대상을 모두 담아내기에는 한계가 있다. 4차 산업혁명과 디지털화를 관통하는 여러 키워드 중 하나는 연결성connectivity(커넥티비티)이다. AI, 사물인터넷 등 ICT 분야의 테크놀로지 혁신은 사람과 사람 간, 사람과 기기 간, 기기와 기기 간의 연결을 보편화하고, 그런 연결이 이루어지는 시점과 속도를 가속화하는 데 기여한다.

즉, 사회 전반의 연결성이 낮은 시대에는 사람과 사람 사이의 연결이 시작되는 시점이나 강도 역시 현저하게 낮았다. 사람 간의 인터랙션을 가능하게 하는 커뮤니케이션 테크놀로지나 미디어가 발전하지 않은 시점에서는 시간과 공간이 사람과 사람 간의 연결을 가로막는 장벽이었다. 그러나 4차 산업혁명 혹은 디지털 시대를 여는 데 기여하는 여러 테크놀로지의 탄생 및 사회 전반의 수용은 사람과 사람 간의 인터랙션을 실시간으로 가능케 하며, 이런 인터랙션에 참여할 수 있는 기회를

그림 3-3 **전통적 관점에서의 PR의 공중**

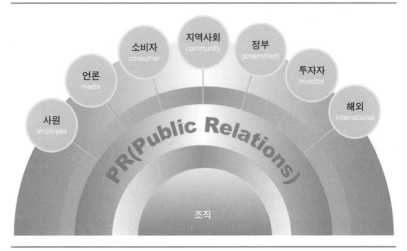

자료: 최준혁(2019).

무한대로 보장하고, 시간과 공간의 제약에서 벗어나는 것을 가능하게
한다.

사람과 사람 간의 연결성이 현저하게 강화된 상황에서는 사람과 사
람 간의 연대나 유대의 강도 및 시점도 촉진됨으로써 특정 문제에 대해
관여하거나 개입하는 집단이 더 다양해질 수 있다. 그림 3-3의 전통적
인 공중모형에서는 특정 문제에 대해 하나의 공중이 특별한 이해관계
를 갖게 되고, 따라서 조직은 그런 문제를 해결할 때 하나의 공중과의
관계에 집중하는 것이 가능하지만, 연결성이 고조된 사회에서는 공중
과 공중 간의 연대 및 유대가 일상화되므로 조직은 특정 문제의 해결에
있어 더 다양한 공중과의 관계관리가 필요하다. 그림 3-4는 새로운 테
크놀로지를 수용한 사회에서는 공중과 공중 간의 연결, 즉 고도화된 네
트워크가 형성되어 공중 간의 연대 및 유대가 용이함을 의미한다.

그림 3-4 **공중 간 연결이 강조된 디지털 시대의 PR공중**

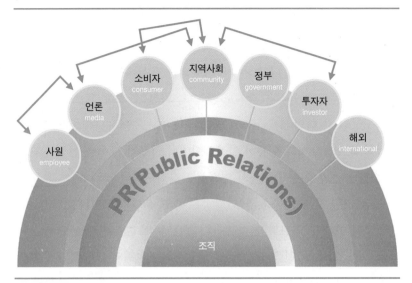

자료: 최준혁(2019).

한편, 공중 간 연결이 강조된 디지털 시대의 공중관계 관리의 주요 전략으로 공중 간 연대와 유대만 유효한 것은 아니다. 공중 간 연대를 가속화하는 전략의 전제는 복수의 공중이 문제에 대한 인식·태도·행동(의도)이 동일하다는 것이지만, 복수의 공중이 상이한 인식·태도·행동(의도)을 가질 수도 있다. 우리 사회가 인종적·민족적·종교적·문화적·정치적 다양성을 지닌 사회로 진화하고 있음은 분명하다. 또, 동일한 집단 내에서도 다양한 층위를 가진 하위집단별로 상이한 인식의 수준을 가질 수도 있다.

예를 들어, 여성가족부가 여성의 사회 참여를 확대하는 정책을 실행하는 경우에 일부 남성은 이 정책을 역차별로 간주할 수 있다. 즉, 이 정책에 직간접적으로 관여되어 있는 복수의 공중이 상이한 인식과 태도를 가질 수 있다. 한편, 여성이라는 집단 내에서도 층위에 따라 이 정책에 대한 호불호가 갈릴 수 있다. 논의한 것처럼 공중은 매우 복잡하고 다양할 수 있으므로 공중 간의 관계를 관리하는 '절대선'의 전략은 존재하지 않는다. 또, 다양성이 극대화되는 사회에서는 특정 현안에 대해 공중이 동일한 인식을 갖지도 않는다. 다만, 간과해서는 안 될 점은 사회구성원 간 다양성이 극대화되는 상황에서도 커뮤니케이션 기반의 혁신적 테크놀로지의 수용이 일상화되면서 자신과 상이한 인식과 태도를 가진 구성원 혹은 공중과의 연결성도 강화된다는 것이다.

즉, 디지털 시대에 공중 간 연결성은 분명 강화되고 있다. 그러나 그 연결성의 양태가 긍정적 연결로도 나타날 수 있고 부정적 연결로도 나타날 수 있으며, 이런 복잡성의 원인은 사회구성원의 다양성과 층위의 세분화로 설명할 수 있다. 따라서 디지털 시대의 문제해결은 통합적 접근을 요구한다. 즉, 조직이 직면한 문제의 해결에 직간접적으로 영향을 미칠 수 있는 복수의 공중이 존재하며, 복수의 공중은 문제에 대한 인식·태도·행동(의도)가 동일할 수도 있으며 상이할 수도 있다는 전제하에서 문제를 해결하는 것이 필요하다.

정리하면, 디지털 시대의 PR교육은 문제의 해결에 있어서 여러 공중 간의 연결성이 예전의 시대보다 용이해졌음을 깨닫고, 연결성의 양태가 매우 복잡해진 이유를 파악하는 데 기여해야 하며, 여러 공중 간의 관계를 동시에 관리하는 통합적 공중관계의 기법에 대한 실질적 교육과 사례연구가 필요하다.

4. 테크놀로지에 관한 이해

디지털 시대, 4차 산업혁명이라는 새로운 시대를 여는 데 결정적으로 기여한 것이 테크놀로지임을 부인할 수 없다. 테크놀로지가 커뮤니케이션의 양, 질, 형태 등에 직접적으로 영향을 미치고 있으므로 조직과 공중 간의 관계관리에 커뮤니케이션을 활용하는 PR은 테크놀로지의 변화를 기민하게 받아들이고, 테크놀로지가 만들어내는 새로운 기술·미디어·환경을 주도적으로 활용할 수 있어야 한다.

디지털 시대, 4차 산업혁명 시대인 현재의 대표적인 테크놀로지는 AI, 사물인터넷, 빅데이터, 딥러닝 등이다. PR교육에서 이들 테크놀로지를 활용한 새로운 네트워크, 미디어, 디바이스 등을 만드는 것을 가르칠 필요는 전혀 없다. 그렇지만 이미 개발되어 상용화된 테크놀로지에 관한 이해는 필수적이다. PR이 관리해야 할 공중들이 이들 테크놀로지를 기반으로 하는 네트워크, 미디어, 디바이스 등을 이용할 뿐만 아니라 공중들 간의 연결을 이해하기 위해서라도 테크놀로지에 관한 이해가 필요하다.

따라서 앞으로의 PR교육에서는 테크놀로지 리터러시technology literacy가 필요하다. PR이 새로운 테크놀로지를 개발할 필요는 없지만, 이미 존재하는 테크놀로지에 관해서는 이해해야 한다. 미디어 리터러시media literacy라는 개념이 기존 미디어의 유형·기능·영향력을 이해하고, 미디어를 활용해 개인의 생각이나 의사를 정확하게 표현해 내는 능력을 의미하듯이 테크놀로지 리터러시는 현존하는 테크놀로지의 유형·기능·영향력을 이해하고, 테크놀로지를 활용해 개인의 생각이나 의사를 정확하게 표현해 내는 능력을 의미한다.

한편, 테크놀로지 리터러시라 하면, 우리의 삶을 지배하는 모든 유형의 테크놀로지에 관한 체계적 학습을 의미할 수도 있으므로 좀 더 정교하게 표현해 정보기술 리터러시ICT literacy: information and communications technology literacy라 부르는 것이 적절하다. 정보기술 리터러시는 곧 현존하고 상용화된 다양한 테크놀로지 중에서 커뮤니케이션 및 정보의 교환·공유를 촉진하거나 PR의 공중관계 관리 및 이슈 관리에 직접적으로 활용할 수 있는 테크놀로지가 무엇인지 파악하고, 이들 테크놀로지를 구체적으로 활용할 수 있는 능력을 의미한다.

테크놀로지 리터러시 교육의 세부과정으로 디지털 리터러시digital literacy 배양 교육이 있다. 디지털 리터러시는 사람과 사람 간, 사람과 기기 간, 기기와 기기 간의 연결 혹은 인터랙션이 디지털 신호로 기록·저장·전송되는 메커니즘을 이해하고, 디지털화된 콘텐츠(유튜브, 팟캐스트, 디자인 등)를 활용해 메시지를 전달할 수 있는 역량을 의미한다. 브랜디드 콘텐츠, 콘텐츠마케팅, 브랜드 저널리즘, 뉴스룸 운영 및 관리 등이 오늘날 PR실무자의 업무라는 점을 고려하면, 디지털 리터러시에 관한 교육이 필요하다.

커뮤니케이션을 포함한 인터랙션의 질, 양, 형태 등에 영향을 미치는 현재 테크놀로지의 유효 기간은 한정적이다. 현재 우리가 가치를 높게 평가하는 테크놀로지도 언젠가는 더 이상 언급되지도, 활용되지도 않을 수 있다. 현재 테크놀로지의 공학적 한계 및 사회문화적 한계를 뛰어넘고 커뮤니케이션의 효율성을 극대화할 수 있는 새로운 테크놀로지가 개발될 수도 있다는 점에서 테크놀로지 리터러시에 관한 교육의 필요성에 의문을 제기할 수도 있다. 그러나 현재의 커뮤니케이션 및 정보 교환·공유에 관한 테크놀로지에 대한 이해도 필요하다. 새로운 테크놀로지에 관한 학습이 체계적으로 이루어지고, 학습의 과정과 결과가 내재화된다면 언젠가 더 새로운 테크놀로지가 등장한다고 해도 학습·수용·활용의 과정이 더 단순화되고 더 빨리 이루어질 수 있다. 새로운 것을 받아들이는 것 자체에 대한 거부감을 줄이게 되면, 혁신에 대한 저항감이 사라지며, 궁극적으로는 혁신에 대한 적극적 수용자가 되기 위한 내적 동인을 마련해 준다는 점에서 현재의 테크놀로지에 관한 리터러시 배양교육도 충분히 가치가 있다.

정리하면, 디지털 시대의 PR교육은 조직과 공중 간, 공중과 공중 간의 인터랙션 및 커뮤니케이션의 질, 양, 형태 등에 영향을 미치는 테크놀로지와 공중관계·이슈 관리를 위한 테크놀로지 활용 능력을 배양할 수 있는 기회를 제공해야 한다.

5. 갈등에 관한 이해

커뮤니케이션, 정보 교환, 네크워크화를 촉진시킬 수 있는 테크놀로지의 등장은 공중 간 연결성을 확대할 수 있다고 앞서 논의했다. 혁신적 테크놀로지의 확산은 공중 간 연결성 확대를 견인하기도 하지만, 갈등의 항상적 발생 및 갈등의 즉시적 노출을 만들어낸다. 따라서 인터랙션 및 커뮤니케이션에 관한 혁신적 테크놀로지가 개인 및 집단의 수준에서 광범위하게 수용되고 활용되는 사회에서의 PR은 갈등관리의 기능을 담당해야 한다.

개인과 개인 간, 개인과 집단 간, 혹은 집단과 집단 간의 갈등을 일으키는 본질적 원인에는 여러 가지가 있을 수 있다. 경제학적 관점과 사회학적 관점에서는 자원의 희소성과 희소한 자원에 접근할 수 있는 기회의 차별적 분배가 갈등을 낳는다고 각각 간주한다.

우선, 갈등 생성의 원인에 관한 경제학적 관점을 살펴보자. 인간의 욕구는 무한하지만 인간의 욕구를 충족시키는 데 쓰이는 자원은 한정적이므로 이런 한정적 자원에 접근하기 위해 사회의 구성원들은 치열한 경쟁을 하게 된다. 치열한 경쟁의 끝에는 희소한 자원을 획득하는 승자가 있을 수 있으며, 그 경쟁의 끝에서 일체의 자원을 획득하지 못함으로써 욕구 충족에 실패하는 패자도 있을 수 있다. 자원획득 경쟁의 승자가 가져가는 자원의 양이 극도로 확대될 때, 자원의 분배 결과를 '승자 독식의 패러다임'으로 설명할 수 있다.

사회학적 관점에서는 자원의 희소성보다도 희소한 자원에 접근할 수 있는 기회의 차별적 분배에 주목한다. 즉, 희소한 자원을 획득하기 위한 일련의 과정에서 누군가는 더 유리한 기회를 갖게 되고 누군가는 불리한 기회를 갖게 됨으로써 사회구성원 간에 자원획득의 기회가 불균등하게 배분되며, 이런 불균등한 배분이 구성원 간 갈등을 야기한다. 기회의 불균등한 분배는 사회계층으로 설명할 수 있다. 사실, 사회계층 자체를 현재 축적한 다양한 유형의 자원의 과소에 따른 집단 구분으로 볼 수도 있지만, 자원을 획득할 수 있는 기회의 과소에 따른 집단 구분으로도 볼 수 있다. 계층 간 이동이 현저하게 낮은 사회에서는 자원획득의 기회가 불균등하며, 계층 간 이동이 비교적 용이한 사회는 자원획득의 기회가 비교적 균등하다. 즉, 계층 간 자원획득의 기회가 비교적 균등하게 배분되는 사회는 갈등이 발생할 개연성이 낮다고 할 수 있다.

갈등의 생성 원인에 관한 경제학적 및 사회학적 관점을 살펴봤지만, 최근에는 정보의 비대칭성으로 갈등을 설명하기도 한다. 사회학적 관점이든 경제학적 관점이든 갈등 발생의 가장 본질적인 원인은 희소한 자원과 그런 자원을 획득할 수 있는 기회의 불균등한 배분인데, 개인과 개인 간, 개인과 집단 간, 집단과 집단 간에 보유하는 자원 및 획득의 기회가 불균등하다는 사실 자체를 인식할 수 없다면 갈등이 쉽게 생겨나지 않는다.

나의 자원이 다른 사람보다 적다는 사실을 인식하지 못하거나 혹은 내가 자원을 획득할 수 있는 기회가 다른 사람보다 덜 보장되어 있다는 사실을 깨닫지 못한다면 타인과의 비교가 불가능하므로 갈등이 발생할 가능성이 줄어든다. 희소한 자원에 관한 정보의 비대칭성이 보장될 때는 갈등이 쉽게 일어나지 않지만, 정보의 비대칭성이 깨져 내가 덜 갖고 있으며 내가 더 가질 수 있는 기회가 차단되어 있다는 사실을 깨달을 때는 갈등이 증폭된다.

커뮤니케이션, 정보 교환, 네크워크화를 촉진할 수 있는 테크놀로지는 정보의 비대칭성을 허무는 데 직접적으로 기여한다. 곧, 갈등의 항상적 발생 및 갈등의 즉시적 노출을 가져온다. 그 어느 때보다도 갈등은 쉽게 발생할 수 있으며, 발생한 갈등의 양상과 확산 정도는 사회구성원에게 쉽게 알려진다.

정부 부처를 비롯한 여러 공공 기관의 PR만 다양한 이해관계자 간의 갈등을 관리하는 데 기여해야 하는 것이 아니다. 민간 영역의 PR도 갈등관리가 주요 업무여야 한다. 이른바 시장 간 정보의 비대칭성이 확고하게 지켜질 때는 시장에 따라 차별적인 마케팅믹스marketing mix를 투입하는 것이 효과적인 마케팅 전략이었겠지만, 시장 간 정보의 비대칭성이 테크놀로지의 발전으로 허물어진 오늘날에는 마케팅믹스의 차별적 투입이 기업의 경쟁우위를 도드라지게 하기보다는 시장에 참여하는 현재적 및 잠재적 구매자들로부터 역차별과 소외감을 야기하는 부정적 결과를 만들어낸다는 점을 알아야 한다.

정리하자면, 디지털 시대의 PR교육은 커뮤니케이션, 정보 교환, 네크워크화를 촉진할 수 있는 테크놀로지가 갈등의 항상적 발생 및 갈등의 즉시적 노출을 만들어낸다는 것을 가르쳐야 한다. 동시에 갈등 발생의 본질적 원인에 대한 경제학적 및 사회학적 설명을 제공함으로써 대중적 요법에 의한 갈등관리를 지양하게 할 수 있다.

6. 윤리에 관한 이해

윤리를 강조하는 직업의 공통점은 그 직업에 종사하는 사람들의 영향력이 크다는 것이다. 법률가는 의뢰인의 소송을 대리하는 과정에서 의뢰인의 재산과 생명에 직접적인 영향을 미치며, 의료인은 환자의 질병을 치료하거나 예방하는 과정에서 환자의 생명에 직접적인 영향을 미친다. 이른바 전문직professionals이라 불리는 직업은 사회의 다른 구성원에게 미치는 영향력이 크므로 엄격한 윤리적 행위와 행동양식을 요구받는다.

PR이 우리 사회에 미치는 영향력의 크기를 고려한다면, PR에 종사하는 사람들에게도 엄격한 윤리가 요구되며, 여러 기관의 윤리강령ethical code은 이런 인식의 산물이다. 한국PR학회, 한국PR협회, 한국PR기업협회, 미국PR협회Public Relations Society of America는 윤리강령을 제정해 소속한 회원사 혹은 개인에게 이를 준수할 것을 요구하며, 어긴 사실이 드러날 경우에는 제명을 비롯한 여러 유형의 제재를 가한다.

디지털 시대의 PR실무자에게도 윤리적 행위와 행동양식은 필요한데, 그렇다면 디지털 시대 이전의 PR실무자들에게 요구되던 것과 가장 다른 점이 무엇인지를 고민할 필요가 있다. 그것은 바로 적극적 '정보보호information security'이다. 정보보호란 컴퓨터나 네트워크상의 범법행위로부터 정보를 보호하는 행위이다(김교일, n.d.). 김교일에 의하면, 정보가 안전security하다는 것은 보호 대상이 되는 정보의 기밀성confidentiality, 무결성integrity, 가용성availability의 세 성질이 모두 만족되어야 한다는 것을 의미한다. 기밀성이란 비밀이 유지되어야 하는 것을 뜻한다. 즉, 허가받지 않은 대상에게는 정보가 제공되어서는 안 된다는 것을 의미한다. 무결성이란 정보가 정확해야 한다는 것을 말한다. 이는 정보가 허가 없이는 수정될 수 없게 하는 것으로 달성할 수 있다. 가용성은 허가된 접근의 경우 정보에 대한 접근이 가능해야만 한다는 것을 말한다(김교일, n.d.).

물론, 현재의 여러 기관에서 제정한 윤리강령도 PR업무를 수행하면서 취득한 의뢰인의 정보나 비밀을 외부로 유출해서는 안 된다는 기밀보호조항을 두고 있지만, 이들 기관의 기밀보호조항은 다소 소극적이다. 즉, PR업무를 수행하면서 취득한 정보를 의도적으로, 혹은 부주의하게 노출해서는 안 된다는 것을 의미하지만, 디지털 시대의 PR실무자에게는 강력한 제도적·기술적 장치를 활용해 혹시라도 있을 수 있는 외부의 공격으로부터 의뢰인의 기밀을 지켜야 한다는 공세적이며 적극적인 정보보호의 마인드가 요구된다.

테크놀로지의 발전은 PR실무자가 의도하지 않아도, 또 부주의하지 않아도 정보의 유출로 이어질 수 있음을 인식하고, 정보보호를 가능하게 하기 위한 다양한 시스템 및 테크놀로지의 적극적 수용과 채택이라는 행동양식이 요구된다. '적극적 정보보호'의 인식은 정보가 유출되었을 때의 정보 유출의 속도와 범위가 디지털 시대에는 더욱 가속화된다는 점에서도 매우 타당하다. 국내외 일부 학부 및 대학원에서는 정보보호학과를 개설해 정보를 보호하기 위한 다양한 시스템을 개발하고 교육하고 있다. PR실무자가 이런 시스템을 개발할 필요는 없지만, 이미 개발된 시스템은 업무에 적극적으로 채택함으로써 정보의 기밀성·무결성·가용성을 제고하는 데 노력해야 한다.

정리하자면, 디지털 시대의 PR교육은 정보보호의 개념을 명확히 설명하고, 정보의 유출을 방지하기 위한 다양한 시스템 및 테크놀로지에 관한 이해를 제공해야 하며, 정보 유출 시의 전파가 예전보다 훨씬 더 광범위할 수 있는 기술적 환경에서 PR업무가 이루어지다고 있다는 사실을 인식시킴으로써 소극적 기밀유지의 윤리보다 적극적 정보보호의 윤리가 필요함을 강조해야 한다.

생각할
거 리

❶ 우리 조직에 관한 특정 집단의 인식·태도·행동(의도)을 관찰하는 효과적인 방법은 무엇인가?

❷ 인터랙션 및 커뮤니케이션에 관한 혁신적 테크놀로지를 활용해 디지털콘텐츠를 제작할 때 유의할 점은 무엇인가?

❸ 소극적 기밀보호와 적극적 정보보호의 차이점은 무엇인가?

제4장

디지털 시대의
미래 PR산업

1. PR산업의 울타리는 존재하는가

미래 PR산업에 대한 서술을 하기에 앞서 산업産業이란 단어의 정의를 먼저 확인해 보겠다. "인간의 삶에 유용한 재화나 서비스를 생산해 내는 기업의 집단"(이민주, 2008)이나 "모든 분야의 생산적 활동 전반을 지칭하는 것인 동시에 전체 산업을 구성하는 각 부문, 다시 말하여 각 업종을 지칭하는 말"(두산백과사전) 등으로 정의할 수 있겠다. 그런데 이 산업의 정의와 PR이라는 특성을 규정하는 성질性質이 결합되면 어떻게 될까?

'PR산업'이라는 결합단어는, 소통疏通하는 것을 업業으로 삼는 비즈니스 종사자들에게 자신의 울타리를 지칭할 때만큼은 그리 친근하지는 않다. 유통, IT, 게임, 헬스케어, 금융, 공공정책 등 다채로운 산업의 상품 혹은 조직의 PR니즈Needs에 맞추어 기획·컨설팅하고 다양한 수단으로 실행을 지원하는 역할을 하면서 정작 자신의 조직이 소속한 경계境界에 대해서는 다른 의미로서 경계警戒를 하게 되기 때문이다.

그간 PR산업에 대해서는, 1987년부터 시작되는 한국 PR기업의 역사(김병희·이종혁, 2009)를 고려하면, 최근 들어 소수의 연구를 제외하고는* 실무 현장에서 공감하고 대외적으로 공식화할 수 있는 통계적 자료를 포함한 연구 결과들이 부족한 실정이었다. 그래서 직접 그들에게 물어보기로 했다.

디지털 분야에 대해 이번 장에서는 PR산업의 관점에서 비즈니스 활동 영역의 막대한 변화와 증가라는 측면에서 부연 설명을 하겠다.

디지털콘텐츠의 종류와 양이 급증하면서 조직의 PR활동 또한 소셜미디어를 비롯해 디지털커뮤니케이션 영역으로 그 중심이 이동하고 있다(김영욱·유선욱 외, 2018: 193~196). 기업마다 미래경영의 화두로 '디지털 트랜스포메이션digital transformation'**을 강조하면서도 소비자 커뮤니케이션의 중요한 방향으로 레트로retro, 復古 스타일 혹은 뉴트로newtro*** 컨셉을 활용하기도 한다. 물론 다수의 콘텐츠는 디지털 영역에서 생산되어 확산되고 있다. 디지털 시대에 PR비즈니스가 성행하고 있다.

그렇다면 PR산업 실무종사자들은 디지털 시대를 맞이해 어떤 생각을 갖고 있을까? 디지털이라는 매체영역 이상의 패러다임에 대해 수용

---

* 홍문기·최홍림 등(2014)은 PR의 산업화를 연구한 중요한 분기점이라 판단된다.

** 디지털 기반으로 전략, 조직, 프로세스, 비즈니스 모델 등 기업 전반을 변화시키는 경영 전략. 일반적으로 사물인터넷(IoT), 클라우드 컴퓨팅, 인공지능(AI), 빅데이터 솔루션 등 정보통신기술(ICT)을 플랫폼으로 구축·활용해 기존의 전통적인 운영 방식과 서비스 등을 혁신하는 것을 의미한다(네이버지식사전).

*** 새로움(new)과 복고(retro)를 합친 신조어로, 복고를 새롭게 즐기는 경향을 말한다(네이버시사상식사전).

적 태도를 취하는지, 기회로 생각하는지, 어떤 영향을 미칠 것이라고 생각하고 그래서 무엇을 준비하거나 집중하는지에 대한 현황과 예측을 살펴보기로 했다. 그래서 그들에게 역시 질문하기로 했다.

2. PR실무인들과의 인터뷰

1) 그들, PR산업인들은 누구인가

PR실무경력 10년 이상 종사자 10명에게 IDIIndepth Interview 조사를 실시해 상황맥락situational context적으로 해석했다.*

Q1. **PR비즈니스가 산업화된 상태라고 인식하는가? 답변에 대한 근거와 원인은 무엇인가?**

그렇다: 3명   그렇지 않다: 7명

산업화되어 있지 않다고 답변한 7명은 가장 큰 이유로 산업으로 인정받을 수 있는 공식적 근거가 없다는 것을 들었는데, 첫째로 공식적으로 신뢰할 수 있는 업종의 산업통계라 볼 수 있는 자료가 유사 산업인 광고업계와 비교해도 전무하다는 것이고, 그래서 동종업계의 기업 수나 종사자 수 같은 시장 규모의 설명조차 불가능하다는 것이다.

둘째는 첫 번째 이유가 원인도 되고 결과의 현상으로도 해석되는 것

• 커뮤니케이션 분야의 권위 있는 전문지 《홈스리포트(The Holmes Report)》가 2018년 선정한 한국 소재 기업의 임원급 이상자.

으로서 업계를 담당하는 행정부의 감독기관이 부재하다는 것이다. 대한민국 산업은 경제 부처를 중심으로 업종과 서비스에 따라서 분류가 되고, 해당 시장을 활성화하고 규제할 감독자가 존재하며, 특정 산업의 경우는 중앙 부처의 산하기관 혹은 위임받은 협회가 대행하기도 하는데, PR비즈니스는 공적 사무를 하는 행정기관이 없다는 것이다.

이에 반해 PR비즈니스가 산업임을 자신 있게 주장한 이들이 가진 가장 큰 믿음은 공공분야의 '경쟁입찰'인데, 정책홍보 혹은 정책캠페인으로 업계에서는 더 자주 사용되는 공공분야PR은 정부기관에서는 홍보 혹은 소통이란 표현으로 통하며 이는 학술적 PR의 범위보다 더 광범위하게 정의되고 오히려 PR실무에서 통용하는 커뮤니케이션의 의미에 더 가깝다.• 정부가 공식적인 행정절차를 통해 계약을 의뢰한다는 것은 특정 산업으로서 인정하고 있다는 것으로 보아야 하고, 참여정부 시절부터 진행한 정책홍보민간컨설팅사••의 풀pool을 현재까지 지속적으로 선정하는 것이 대표적인 사례라는 입장이다. 또한 국내 PR기업은 이미 통계청 표준산업분류기준에 존재하는 서비스업으로 등록하고 비즈니스를 진행한다는 점을 강조한다.

하지만 정부기관과의 관계 설정에 대해 어떻게 인식하고 있는지의 주관적 판단의 차이가 현저하고, 국내 PR기업의 사업자 등록이 광고대행업, 공공관계서비스업 외에도 인쇄업, 간판광고업, 소프트개발업 등 너무 다채롭다는 점(홍문기·최홍림 외, 2014: 8~29)은 오히려 PR비즈니스가 산업군으로 형성되지 않았다는 증거가 될 수도 있을 듯하다.

• 정부 입찰의 종합홍보용역은 PR, 광고, 디지털마케팅, 디자인, 행사프로모션 등을 포괄하는 의미로 고착화되었다.

•• 정책홍보포럼 등의 과정을 거쳐 2005년 국정홍보처에서 민간기업의 전문성과 노하우를 국정홍보에 활용하고자 시행했다.

Q2. 본인이 소속한 회사는 PR기업이라 말할 수 있는가?

(1) PR을 기초로 하는 커뮤니케이션 기업이다: 2개 회사

(2) PR 기업이 아니다. 커뮤니케이션 그룹이다: 2개 회사

(3) PR 전문기업이다: 1개 회사

(4) PR기업이라고만 말하기는 어렵다: 1개 회사

※ 글로벌기업 한국지사 3개 사, 국내기업 3개 사 소속의 10명

업계실무자가 아니면 다소 의아한 질문일 수도 있을 것이다. 그리고 예상한 대로 답변이 가부可否로만 분리되지는 않았다. 이는 산업화 이슈와 더불어 PR기업들이 성장을 위해 경쟁을 극복하는 과정에서 발생하는 자연스러운 현상으로 보인다.

과거의 경쟁입찰에서는 경쟁회사를 소개해 주는 게 그리 중요하지 않았습니다. PR회사들끼리 경쟁하는데 혹시 광고와 PR의 범위를 잘 이해하지 못하는 고객사로 작은 혼선이 있는 정도였죠. 그런데 언제부턴가 광고회사와의 경쟁은 당연시되었고 SNS(소셜미디어) 운영회사, 옥외광고회사, 디지털마케팅사, 빅데이터분석기업, 검색광고대행사, MCNMulti Channel Network 회사, 언론사와 그 자회사들 등 너무 다양한 커뮤니케이션 회사들과 경쟁을 하게 되더군요.

몇 년 전부터 PR회사보다 규모가 더 큰 종합광고회사들이 공공 기관에 인사할 때 자신들을 홍보회사 또는 종합커뮤니케이션 회사라고 하기 시작했어요. 공공분야에선 광고를 홍보보다 작은 범위로 생각하니까요.

PR기업은 농구경기로 비유하자면 항상 포지션 미스매치mismatch에 익

표 4-1 **A 종합PR대행사의 총매출액 추이 및 분야별 점유율**(단위: 100만 원, %)

구분	2014년		2015년		2016년		2017년		2018년	
	매출액	비율	매출액	비율	매출액	비율	매출액	비율	매출액	비율
언론홍보	10,650	59	9,839	56	10,701	42	10,236	55	14,287	60
온라인/디지털	1,920	11	2,066	12	2,622	10	3,186	17	3,592	15
이슈/컨설팅	73	0	506	3	821	3	331	2	363	2
IMC	5,357	30	5,195	30	10,491	42	4,737	25	5,162	22
기타					636	3	173	1	375	2

주: 분야별 구분은 계약서 업무범위 기준.
자료: 기업 공개 자료 참조.

숙해 있다고 보인다. 내가 지금 파워포워드인 상황이라도 더 큰 신장의 센터나 더 빠른 슈팅가드 포지션과도 일대일 공격 및 수비를 수행하기 때문이다.

하지만 "PR을 기초base로 하는 커뮤니케이션 기업이다"라고 응답한 어느 회사의 최근 분야별 매출액 추이는 다른 시사점을 제공한다(표 4-1 참고).

표 4-1을 보면, PR기업의 전통적인 수입원이었던 언론홍보의 매출 비중이 여전히 안정적이면서 지속적인 성장추이를 보여주고 있다. 기업 평판評判, 세일즈 기회 등 여러 변수가 존재하겠지만 이런 결과로 볼 때 향후 온라인/디지털 분야의 성장세를 더 기대할 수도 있을 듯하다.

Q3. 디지털 요인 중에 PR기업이 특히 관심을 가져야 할 것은 무엇이고 어떻게 하고 있는가?

(1) 채널/매체: 3명　　　　　　(2) 콘텐츠(차별화): 2명
(3) 대상/타깃 및 영향력 집단: 5명

　　　　　　　　　　　　　　　　　제1부 디지털PR: 이론과 방법론

디지털로 중심이 이동한 커뮤니케이션 영역에서 PR기업들은 고객사의 니즈에 부응하고 새로운 비즈니즈 기회를 창출하기 위해 ① 추가업무 서비스를 수행할 팀과 인력을 자체적으로 충원하거나, ② 자회사·협력사 등 관계사 간의 시너지 효과를 목적으로 네트워크의 외연을 확장하거나, ③ 기존 서비스의 전문성을 업그레이드해 디테일의 차별화를 도모하는 경영적 변화를 시도한다.[*]

'무엇에 관심을 갖는가'에 대한 정리는 다음 절로 분리해서 논의하고자 한다.

2) 디지털 시대, 미래 PR산업을 위해 실무자들이 관심 갖는 것

(1) 디지털콘텐츠의 소비주역이자 생산자이고 채널인 Z세대

어떤 특별세미나의 논의에서 2020년에 주목할 소비계층으로 X세대의 귀환[**]을 소개하기도 했지만 이제는 소비의 주체로서, 사회문화의 주도자로서, 다양한 이슈의 감시자로서 그리고 세대를 융합하는 중심자로서 Z세대 Generation Z는 아직 자신들의 엄청난 움직임을 다 보여주기에 앞서 마치 절제된 행동처럼 스마트폰으로 향한 손끝의 터치에만 힘을 주었을 뿐이었다고 말하고 싶다.

통계청 데이터를 기준으로, 2016년 말 Z세대의 인구 비중은 12.5%, 약 646만 명으로 집계되고, 이미 2018년에 이 중 약 336만 명이 50%를 넘어서 성인이 될 것으로 예상되었다.

이들 Z세대는 부모들의 식음(77%), 생활용품(73%) 외 가구(76%), 여

---

[*] '어떻게 하고 있는가'에 대한 요약으로 주로 조직인사 정비이다.

[**] *Edelman Digital Korea Trends Watch*, 제3호, 2019. 6. "2020년, 풍요의 시대가 도래하는가."

그림 4-1 **세대 개념의 분류**

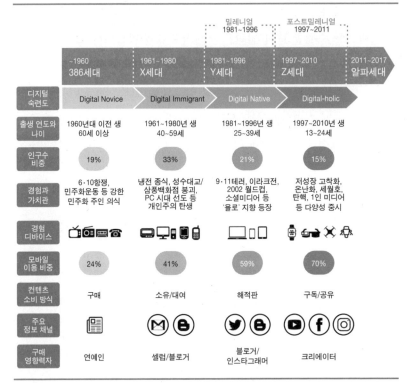

	밀레니얼 1981~1996		포스트밀레니얼 1997~2011	
	~1960 386세대	1961~1980 X세대	1981~1996 Y세대	1997~2010 Z세대	2011~2017 알파세대
디지털 숙련도	Digital Novice	Digital Immigrant	Digital Native	Digital-holic	
출생 연도와 나이	1960년대 이전 생 60세 이상	1961~1980년 생 40~59세	1981~1996년 생 25~39세	1997~2010년 생 13~24세	
인구수 비중	19%	33%	21%	15%	
경험과 가치관	6·10항쟁, 민주화운동 등 강한 민주화 주인 의식	냉전 종식, 성수대교/삼풍백화점 붕괴, PC 시대 선도 등 개인주의 탄생	9·11테러, 이라크전, 2002 월드컵, 소셜미디어 등 '욜로' 지향 등장	저성장 고착화, 온난화, 세월호, 탄핵, 1인 미디어 등 다양성 중시	
경험 디바이스					
모바일 이용 비중	24%	41%	59%	70%	
컨텐츠 소비 방식	구매	소유/대여	해적판	구독/공유	
주요 정보 채널					
구매 영향력자	연예인	셀럽/블로거	블로거/인스타그래머	크리에이터	

주: Z세대의 연령은 13~21세로 규정하기도 하며 학술적으로는 19~34세를 일반적으로 사용.
자료: 닐슨 코리안클릭, 2017. 2. 인구 비중은 통계청 2016년 추계인구, Prain & Rhee 재분석.

행(66%), 외식(66%)의 구매에 큰 영향을 주는 것으로 조사되었고, 부모들 스스로도 무려 93%가 Z세대 아이들의 의사가 구매에 결정적이라고 응답했다(그림 4-2 참고). 수년 전부터 가계 소비의 주역으로 자리매김한 이들 세대는 구매의사결정의 영향력도 강력하다.

그러면 PR활동적 측면에서 Z세대의 특성을 어떻게 분석할 수 있을까? 세 가지로 정리해 보겠다.

첫째, 디지털네이티브Digital Native이다.

그림 4-2 **Z세대는 부모들의 소비에 어떤 영향을 미치나**

자료: IBM기업가치연구소, 2017. 1. 미국소매연맹(NRF) 빅쇼(뉴욕)에서 발표.

Z세대는 디지털 환경에서 태어나고 자라서 항상 연결된 관계를 전
제로 사고思考를 한다. 이들 중 54%가 첫 휴대전화로 스마트폰을 사용했
을 정도로 개인화된 모바일 환경을 잘 알고 능숙하게 활용한다(KISDI,
2019. 2. 15). Z세대 10명 중 4명은 스마트폰으로 쇼핑하고 이것을 오프
라인 쇼핑보다 더 선호한다. 특히 10대는 맥락적 쇼핑이 가능하고 의사
결정 비용을 줄여주는 큐레이션 전문몰 이용률이 타 연령대보다 높다
(≪한국경제≫, 2018. 5. 22). 나와 같은 나이, 취향을 가진 평범한 유저가
모인 SNS 커머스 플랫폼commerce platform에서 정보를 교류하고 상품을 구
매하고 낯선 브랜드라도 취향에 맞는다면 데일리룩 큐레이터(=생산자)
역할을 하기도 한다(≪패션저널≫, 2018. 11).

Z세대는 모바일 디바이스를 정보 검색만이 아닌 '가지고 놀고, 놀 줄
알아서' 엔터테인먼트(86.8%) 목적으로도 이용하고 이전 세대보다 유료
콘텐츠 구매를 위해 비용을 지불하는 것을 당연하게 생각하는 "디지털
콘텐츠 유료 소비의 첫 세대"이다(그림 4-3 참고). 그리고 이들은 소비자
의 위치에 머물지 않고 스스로 생산자가 되어가고 있다. 이미 27.5%의

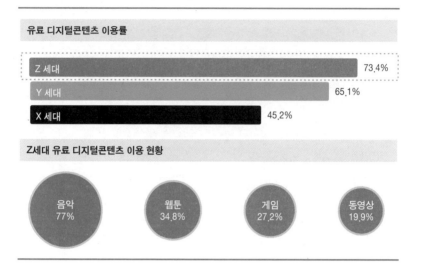

그림 4-3 Z세대의 유료 디지털콘텐츠 이용 현황

유료 디지털콘텐츠 이용률

Z 세대 — 73.4%
Y 세대 — 65.1%
X 세대 — 45.2%

Z세대 유료 디지털콘텐츠 이용 현황

음악 77% 웹툰 34.8% 게임 27.2% 동영상 19.9%

응답자가 유튜브 영상을 제작한 경험이 있는, 동영상 기반의 소통을 이끄는 소비자이자 크리에이터이다(그림 4-4 참고).

둘째, 자기중심 성향이 특히 강한 세대이다.

Z세대는 사회 경직성이 해체되고 개인화가 일어난 X세대가 대부분 부모인데 그들에게서 개성을 중시하는 가족문화의 영향을 받았기에, 획일적 가치관이 주를 이루던 시기에 태어난 세대보다 개인주의적 성향이 더 강하다고 분석된다.*

그래서인지 조사 결과에 따르면 66.2%가 소비영향력자 1순위로 자신을 꼽았고, '나의 만족'을 중시하고 '셀럽'이나 '전문가'보다는 '나 같은 사람'이 추천하는 상품을 선호하는 것으로 나타났다(그림 4-5 참고).**

* 이준영 상명대학교 소비자주거학과 교수 인터뷰, ≪더스쿠프≫, 2018. 9.
** IBM기업가치연구소, 2017. 1. 미국소매연맹(NRF) 빅쇼(뉴욕)에서 발표.

그림 4-4 **Z세대의 영상 생산 경험과 주요 목적**

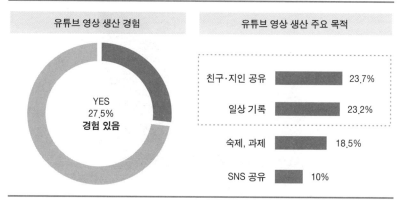

주: 2017년 기준.

그림 4-5 **Z세대의 소비에 영향력을 미치는 대상**

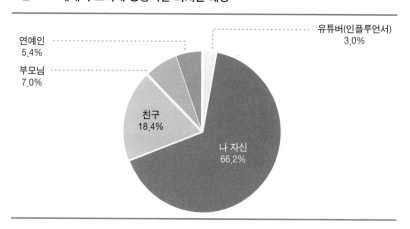

마지막 특성은 착한 소비를 지향하는 개념소비자라는 것이다.

Z세대는 다양한 정보에 항상 노출될 수밖에 없는 디지털 환경에서 성장기를 보내며 사회에 대한 감수성과 이슈의 메커니즘을 학습한 사회지향적 특성을 갖고 있다. 이들은 기업의 사회적 책임을 따져 소비하

그림 4-6 **텀블벅 프로젝트 사례, 선유고등학교 생리대 지원**

자료: 선유고등학교 교육동아리 '페르보르'의 크라우드 펀딩 웹페이지.

고, 상징적 아이템(굿즈goods)으로 자신의 신념을 과감히 드러내며, 또래
와 연대하는 방식으로의 소비를 추구한다.

상품의 품질(64.8%)만큼이나 그 기업의 사회적 책임(59.5%)을 중시하
는 '착한 소비'를 지향한다. 이들에게 착한 소비는 주로 '친환경 소비'와
가난한 이웃과 사회적으로 약자인 '타인을 돕는 소비'로 인식되고 있
다(≪한국경제≫, 2018. 5. 22).

더 좋은 사회로 변화시키기 위한 신념으로 무장한 '불매검열단'으로
해시태그 운동에 참여하거나 청와대 국민청원, 익명 고발에 공감을 표
현하면서 자신의 소신과 생각을 드러낸다(대학내일 20대연구소, 2018. 5).

자기 세대와 관련된 사회 이슈에 대한 관심도를 높이고 직접 해결하
고자 크라우드 펀딩crowd funding*을 조성하며 관련 단체와의 연대를 통해
리워드 굿즈를 제작하고 SNS 및 거리 홍보를 진행한다(그림 4-6 참고).

● 후원, 기부, 대출, 투자 등을 목적으로 웹이나 모바일네트워크 등을 통해 다수의 개인(군중)으로부
  터 자금을 모으는 행위.

이런 Z세대를 대상으로 하는 PR활동은, 소비의 과정에서 사회적 가치를 발견하게 하고 모든 것을 모바일로 즐길 수 있는 최적의 환경을 구성해 항상 마이크로인플루언서micro influencer를 발굴해서 자신과의 동질성을 공유할 것으로 보인다. 상대적으로 매크로인플루언서macro influencer • 와의 협업은 단기간의 임팩트와 관심 제고에 집중될 때 소위 가성비가 높아질 듯하다.

(2) 디지털 영역의 여론형성 활동공간

PR활동의 영향력 공중public으로 성장하고 있는 Z세대에 대한 관심에 이어 실무자들은 관계relationship가 형성되는 핵심적 공간, 즉 거점에 집중하고 있다(그림 4-7 참고).

언론은 디지털 여론 거점과 상호 영향력을 주고받으며 의제agenda를 설정하고, 거점 내에서 여론이 형성되면 다른 거점으로 이동하는 현상이 빈번하다.

3대 디지털 여론형성 공간 중 포털사이트는 어젠다 세팅(의제설정)과 여론 표출에, 온라인 카페/커뮤니티는 이슈의 생성·확산·심화·재생산에, 소셜미디어는 문제 제기와 사회 참여 및 신속한 확산에 상대적으로 높은 기능 효과가 보이고 있다(Prain & Rhee analysis).

포털사이트는 메인 페이지가 뉴스의 주 소비경로이며, 뉴스배열 자체가 여론형성의 영향요인으로 작용한다(그림 4-8 참고). 또한 포털뉴스에서 댓글을 작성하는 자는 소수이지만(그림 4-9 참고), 뉴스 이용자들은 누구나 인식할 수 있듯이 댓글은 다수에게 영향을 미친다.

• 최근에 인플루언서는 마케팅 용어와 결합되는데 PR활동에서의 객관적 제3자, 즉 인플루언서는 이미 전략적인 역할을 수행 중이었다.

그림 4-7 3대 여론형성 디지털 공간

	포털사이트	온라인 카페/커뮤니티	소셜미디어
대표적인 채널	N D G ✦	디시인사이드 ㅃ엠팍 CLIEN 뽐뿌	f 🐦 ▶ 📷
여론 접촉 주요 경로	첫 화면(상단 뉴스, 실시간 검색어, 인기/추천 뉴스)	인기글(전체/게시판별)	인기글 & 팔로우/구독 계정
여론 조성 과정	의제설정 메인 페이지에 기사 노출 → 이슈 판단의 신뢰성 → 사회적 공론화	제보 출처 및 이슈 심화 개인 경험담(제보/폭로) 축적 → 타 거점으로 확산, 재생산 → 이슈화, 추가 제보 발생	사회 참여 유도 #해시태그 운동+강한 확산력 → 사회적 캠페인 분위기 조성 → 범국민적 참여로 이슈 지속
여론 참여자 특성	① 첫 화면 중심 뉴스 소비 ② 다수는 댓글 작성 X, 열람만 ③ 76% 댓글 상위 10개만 열람	① 회원등급별 영향력 차등 ② 관심사 & 문화 공유(동질감) ③ 가짜 뉴스/광고글 등을 거르는 자체 규제와 검열	① 10명 중 8명 뉴스 소비 ② 공인된 언론사보다 개방형은 '인플루언서', 폐쇄형은 '지인' 신뢰도 높음

주: 이 3대 공간과 함께 국민청원을 포함할 수도 있을 듯하다.
자료: Prain & Rhee analysis.

그림 4-8 여론형성으로서의 포털

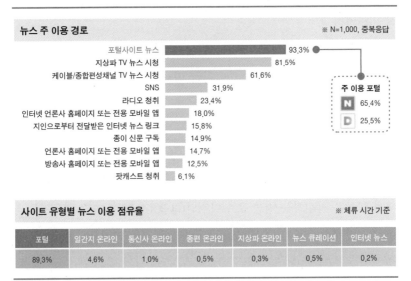

주: 사이트 유형별 뉴스 이용 점유율은 뉴스 공급 온라인 플랫폼 도달률 1% 이상 웹사이트 159개, PC 패널 12,000명/모바일 10,000명 대상.
자료: 엠브레인트렌드모니터(2018. 2), 여론집중도조사위(문체부)(2018. 12).

제1부 디지털PR: 이론과 방법론

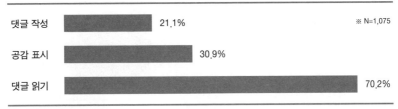

그림 4-9 **포털뉴스 댓글 관련 활동 여부**

댓글 작성	21.1%
공감 표시	30.9%
댓글 읽기	70.2%

※ N=1,075

자료: 한국언론진흥재단(2018. 5).

그림 4-10 **온라인 카페/커뮤니티 가입 여부 및 분야**

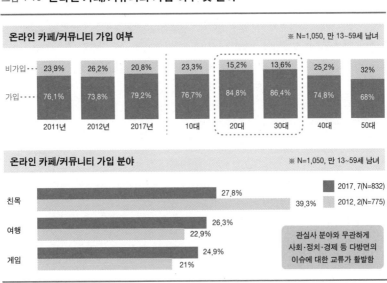

온라인 카페/커뮤니티 가입 여부 ※ N=1,050, 만 13~59세 남녀

	2011년	2012년	2017년	10대	20대	30대	40대	50대
비가입	23.9%	26.2%	20.8%	23.3%	15.2%	13.6%	25.2%	32%
가입	76.1%	73.8%	79.2%	76.7%	84.8%	86.4%	74.8%	68%

온라인 카페/커뮤니티 가입 분야 ※ N=1,050, 만 13~59세 남녀

■ 2017. 7(N=832)
□ 2012. 2(N=775)

친목	27.8%	39.3%
여행	26.3%	22.9%
게임	24.9%	21%

관심사 분야와 무관하게
사회·정치·경제 등 다방면의
이슈에 대한 교류가 활발함

온라인 카페/커뮤니티에 이미 2017년 기준으로 13~59세의 79%는 1개이상씩 가입하고 있다(그림 4-10 참고). 이 공간에서는 회원들의 유대감을 기반으로 이슈에 대한 여론을 빠르게 형성하고, 거짓 정보를 자체검열하고, 여론이 만들어지는 과정에서 활동 기여도가 높은 고등급高等級회원의 영향력이 높아진다. 관심사가 동일한 집단이기에 자신에게 이익이 된다면 다른 회원들에게도 도움이 된다고 판단해 자발적으로 공

그림 4-11 **소셜미디어로 뉴스를 이용하는 이유**

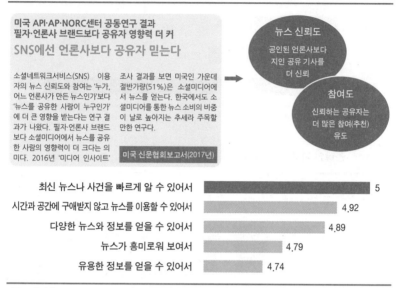

자료: ≪한겨레≫, 2017. 4. 6, 미국신문협회 보고서 인용(위); 한국언론진흥재단(2017. 4)(아래).

유하는 특성을 보인다.

소셜미디어의 뉴스 이용자는 언론보다 지인, 인플루언서의 공유를 더 신뢰한다(그림 4-11 참고). 이것이 가짜 뉴스가 소셜미디어를 통해 성행하는 이유가 될 수도 있다.

3) 요약 및 제언

Z세대에게 자신의 소비에 가장 큰 영향을 주는 존재는 '나 자신', 나와 비슷한 사람이라고 3명 중 2명의 응답자가 답변했다.

최근에 기업에서 신규 브랜드를 런칭할 때 그 브랜드와 함께 성장할 마이크로인플루언서를 찾는 이유도 주요 소비계층으로 성장한 이들의 성향을 반영한 것으로 볼 수 있다. 적어도 국내 시장에서는 그런 듯하다. 하지만 '왕훙網紅(왕뤄훙런)'이라 불리는 중국의 인플루언서들은 우리나라에서의 인플루언서들에 대한 인식과 행동과는 결이 다르다. 철저하게 상업적으로 활동하고 그 과정에서의 이윤 추구가 당연하게 인정되는 분위기이다. '왕훙'의 커머셜에 최적화된 활동이 앞으로 국내의 PR활동에 어떤 영향을 미칠지도 주목된다.

PR은 조직과 공중과의 관계를 대상으로 정립되어 왔다. 디지털 시대에 PR산업이 주목해야 할 것에 대해 업계 실무자들은 엄청난 영향력을 보이는 동영상 플랫폼 같은 특정한 매체보다도, 차별성과 친근감으로 강조되는 콘텐츠의 품질보다도, 타깃과 영향력 집단의 변화 추이에 더욱 관심을 가져야 한다고 보고 있다. 향후 몇 년간의 채널/매체전략은 특정한 분야로 분리하고 집중되는 버티컬적 접근이 더욱 활발해질 수 있을 듯하다.

생각할
거리

❶ PR실무자들에게 중요한 자질로 전문성과 윤리의식을 강조한다. PR영역은 비즈니스는 다양하게 진행되고 있지만 산업의 영향력을 평가할 수 있는 지표에 대해서는 종사자들 간에 공감하는 기준이 없었다. 정확히 말하면 업계 차원에서 함께 논의된 적도 없었던 듯하다. 최근 들어 떠오르는 전문성을 인정받을 수 있는 자격 증빙의 방법(교육수료증, 경력인정증 등)이 대안이 될 수 있는 것일까? 일부에서는 공공 기관이 앞장서서 교육원이나 진흥원을 설립해 1조 원 가까이(2018년 기준)로 추정되는 정부 광고(홍보 포함) 입찰시장을 더 전문화·효율화해야 한다고 한다. 과연 정부조직법을 변경하고 국회도 관심을 갖게 되면 PR실무자들의 위상이 상승하는 긍정적 효과가 있을까?

Digital PR
Theory and Practice

제2부

디지털PR:
기술, 공중, 플랫폼

디지털 기술과
PR

1. 서론

우리는 지금 AR, VR, 5G, 로봇 등 디지털을 기반으로 한 다양하고 진화된 IT 기술들과 함께 살고 있다. 또한 스마트폰이나 소셜미디어와 같은 다양한 디지털 플랫폼 미디어들이 이러한 디지털 기술들과 융합되면서 미디어 빅뱅의 시대 한가운데에 살고 있다고 해도 과언이 아닐 것이다. 이러한 디지털 기술은 우리의 삶을 송두리째 변화시키고 있다. 그중에서도 다양한 디지털미디어를 활용하는 커뮤니케이션 분야에서 그 변화의 흐름을 뚜렷이 발견할 수 있다. 개인과 개인 간뿐만 아니라 미디어와 수용자, 기업과 소비자, 정부와 국민 사이에서 이루어지는 커뮤니케이션 정보가 과거와 비교해 매우 빠르고 정확하게 전달·공유됨은 물론 서로 간의 상호작용성이 풍부해짐에 따라 사회적으로 커뮤니케이션의 다양화가 확대되는 현상이 나타났다. 이러한 커뮤니케이션 현상들이 빅데이터라고 하는 형태로 저장·분석되어 활용됨에 따라 정보와 콘텐츠의 소유의 경계도 모호해지게 되었다. 따라서 미디어 수용자는 더 이상 뉴스의 소비자로서만 머무르지 않고 뉴스의 생산자가 되기도 하며, 소비자는 제품 구매의 대상을 넘어 제품의 생산이나 광고나 PR의 주체가 되기도 한다. 이 모든 것은 디지털 기술로 인한 미디어의 환경 변화에서 기인한 결과라고 할 수 있다.

PR커뮤니케이션은 기본적으로 조직과 공중 간의 관계를 맺기 위한 소통활동이다. 기존의 전통 미디어 환경에서 이루어졌던 커뮤니케이션 방식과 그 효과들이 변화된 미디어 환경에서 지속적으로, 그것도 상당한 속도로 바뀌는 상황에서는 PR커뮤니케이션의 방법 또한 여기에 발을 맞춰야 할 것이다. 이러한 커뮤니케이션 현상의 변화 한가운데에 디지털 기술과 이를 기반으로 하는 디지털미디어가 자리를 잡고 있다는 사실에 주목할 필요가 있다.

따라서 디지털 기술과 미디어의 발달 현상만을 쫓는 대신에 이러한 것들의 개념과 내용을 하나하나 살펴보고 PR커뮤니케이션의 변화를 짚어보는 과정이 필요할 것이다. 이번 장에서는 디지털 시대의 소통이 어떻게 바뀌었는지에 대해 알아보고, 디지털 기술과 미디어의 진화 과정에 대해 살펴보고자 한다. 그리고 디지털미디어 환경하에서의 PR과 연관된 이론적 논의도 함께 다루고자 한다.

2. 디지털 시대의 소통

사람이 흔히 감각으로 느낄 수 있는 정보들은 아날로그 방식으로 처리된다고 할 수 있는데, 이러한 아날로그 정보들은 자연에서 오는 것이 대부분이다. 예를 들어 '밝다, 길다, 크다, 세다, 넓다' 등의 정보들은 그 차이를 사람들이 인지할 수 있는 각각의 기준을 활용한 정보로 나타낼 수 있다. 따라서 아날로그 방식은 처리할 수 있는 정보의 범위가 제한적인 데다가 전달할 수 있는 데이터의 양 또한 한계가 있을 수밖에 없다. 하지만 디지털 정보들은 각기 다른 성격의 정보들을 다른 방법으로 저장하는 것이 아니라 단 두 가지의 기호만을 활용해 저장하기 때문에 더 많은 정보를 더 간단하게 수집할 수 있게 된다. 흔히 2진법이라고 말하는 0과 1의 기호를 조합해서 데이터를 저장하고 가공하고 보관할 수 있는 것이다.

이러한 디지털 기술의 등장으로 사람들은 보다 많은 양의 정보를 손쉽게 만들고 얻을 수 있게 되었다. 아울러 디지털 기술 기반의 다양한 미디어들은 인간의 소통 방법 및 정보 전달에도 많은 영향을 미치고 있다. 기본적으로 디지털 기술은 컴퓨터를 기반으로 하는 데이터 처리방식이기 때문에 사람들이 빠른 시간에 많은 양의 정보를 생산·처리하고 공유하는 것을 가능하게 한다. 특히 디지털 방식은 문서뿐만 아니라 음성이나 영상과 같은 자료들도 쉽게 처리할 수 있는 것이 장점이다 (Smillie, 2002).

예를 들어, 과거에 신문을 통한 기사는 아날로그 방식으로 정보를 전달했다면, 현재 우리가 컴퓨터나 모바일 기기를 통해 접하는 기사는 디지털 방식으로 전달되고 있는 것이다. 눈에 보이는 최종 결과물은 동일한 텍스트라고 하더라도 과거 아날로그 방식으로 제작된 신문 기사가 활판을 사용해서 종이에 인쇄된 실제의 텍스트 정보라고 한다면, 디지털 기사는 0과 1의 조합을 통한 코드화된 텍스트 정보라고 할 수 있을 것이다. 따라서 디지털 방식의 정보들은 간단한 방법으로 텍스트뿐만 아니라 음성과 영상 정보 등의 방대한 자료를 처리하는 것이 가능해짐에 따라 사람들이 다양한 형태의 정보에 쉽게 접근할 수 있게 하고 이를 공유할 수 있게 해주고 있다.

이러한 디지털 방식은 컴퓨터가 인터넷과 모바일 기기 등의 디지털 기술을 만나 더 많은 정보를 더 빨리 확산시키며 우리의 생활을 더 넓게 확장시키는 데 기여를 하고 있다. 인터넷은 빠르고 쉽게 수많은 양의 정보를 전달함으로써 이용자들의 온라인 정보 소비량을 급증하게 했다. 다시 뉴스 기사 이야기로 돌아가서 설명하자면, 인터넷은 온라인 뉴스라는 새로운 디지털 플랫폼을 제공했고, 사람들은 전통적인 미디어인 신문과 텔레비전을 대신해서 뉴스를 구독하기 위해 뉴스 에이전시의 웹사이트나 포털사이트를 더 자주 이용하는 추세이다. 더불어 모바일미디어의 등장으로 정보 소비뿐만 아니라 새로운 형태의 대인관계 형성 및 소통에도 많은 변화가 생겨나게 되었다. 이러한 디지털 기술을 활용한 최근 인터넷 및 모바일 환경에서 이루어지는 소통의 대표적인 특징으로는 상호작용성, 참여, 영상 콘텐츠화, 행동유도성 등을 꼽을 수 있다.

1) 상호작용성

디지털 기술을 이용한 미디어의 특징에는 여러 가지가 있다. 그중에서도 디지털미디어는 전통 미디어와는 다르게 상호작용적 특성을 가지고 있다. 쌍방향 커뮤니케이션으로 정의되는 상호작용성interactivity은 다양한 디지털미디어의 기능들을 통해 구현된다. 예를 들어, 다른 사람들과 메시지를 교환하는 행동을 가능하게 하는 온라인 채팅 기능은 대표적인 상호작용적 기능이라고 할 수 있다. 또한 소셜미디어에 게재된 내용

표 5-1 **디지털 소통의 특성**

구분 특성	내용
상호작용성	디지털미디어를 통한 쌍방향 대인 커뮤니케이션 활발
참여	이용자 스스로 커뮤니케이션 콘텐츠를 생산 및 공유
영상 콘텐츠화	시각적으로 생생한 정보에 대한 미디어 이용자들의 수요와 공급 증가
행동유도성	새로운 디지털미디어 속성들로 인한 다양한 소통 방법의 자극

을 보고 코멘트를 남기거나 공유하는 행위도 디지털미디어의 상호작용
적 특성을 잘 반영하고 있다. 이처럼 일방적으로 정보를 얻기만 했던
고전적인 커뮤니케이션 방식에서 벗어나 디지털미디어는 공유되는 정
보들에 대해 피드백을 제공함으로써 가장 기본적이면서도 가장 강력한
상호작용적 환경을 만드는 기틀을 제공했다.

2) 참여

디지털미디어 안에서 일어나는 상호작용성은 여러 수단을 통해 이용
자들의 참여를 점점 확대시킨다는 특징이 있다. 다시 말해, 디지털미디
어는 이용자들이 스스로 콘텐츠를 생산할 수 있는 환경을 제공한다는
것이다. 참여적 미디어로 대표되는 다양한 소셜미디어들은 이제 우리
의 일상적인 커뮤니케이션 수단 중 하나로 자리매김하고 있다. 디지털
기술 이용이 보편화됨에 따라 오늘날의 사람들은 손쉽고 저렴해진 디
지털미디어(예: 컴퓨터, 스마트폰, 카메라 등) 구입을 통해 자신만의 콘텐
츠를 제작할 수 있게 되었다. 소셜미디어는 그런 활동을 지원하는 플랫
폼으로서 이용자들에게 자신을 표현하고 그 내용을 다른 사람들과 나
눌 수 있는 기회를 제공하고 있다. 가장 대중적인 소셜네트워킹사이트

social networking site인 페이스북Facebook은 이용자들에게 자신의 상태status를 포스팅하게 하고 이용자의 지인들 혹은 불특정 다수와 의견을 교류할 수 있는 장을 마련해 주고 있다. 다시 말해, 페이스북 계정은 자신의 생각과 정보를 자유롭게 나눌 수 있는 정보원source인 동시에 특정 커뮤니티에 참여할 수 있는 통로 및 수단을 의미하기도 한다.

3) 영상 콘텐츠화

인간은 가장 효과적인 커뮤니케이션의 수단으로서 일찍이 문자의 시대를 지나 음성이 지배하던 시대를 경험했고, 이제는 영상이 그 자리를 차지한 시대에 살고 있다. 디지털 기술의 발전으로 사람들이 보다 쉽게 제작하고 생생한 정보를 얻을 수 있는 비디오와 같은 시청각 정보에 더 익숙해져 가고 있는 것이다.

현재 유튜브YouTube는 남녀노소 할 것 없이 가장 많이 접하는 소셜네트워킹서비스 플랫폼이라고 할 수 있다. 그 요인 중 하나는, SNS 플랫폼이 대부분 그러하지만, 특히 유튜브는 주로 비디오라는 디지털 양식의 콘텐츠를 통해 이용자들의 정보가 생산·공유된다는 것이다. 유튜브는 디지털 영상 콘텐츠 시대의 특성과 트렌드를 반영하며, 기존에 텔레비전이나 영화를 통해서만 소비하던 영상 정보를 이용자 각자가 독창적인 콘텐츠로 생산하고 공유할 수 있는 환경을 제공하고 있다.

4) 행동유도성

디지털 기술로 인해 미디어는 복합 구성 매체multimedia로 발전하고 있다. 즉, 전통 미디어와 달리 요즘의 미디어들은 글자, 그림, 소리, 동영상 등을 디지털화해 복합적으로 구성된 매체가 된 것이다. 그에 따라 각각의 미디어가 갖는 행동유도성affordance이 늘어나고 있다(Norman, 1988). 행동유도성이란 사물이나 환경의 형태가 이용자의 행위를 유도하는 힘을 의미한다(Gibson, 1979). 예를 들어, 사람들이 의자를 보면 앉아보려고 하거나, 수도꼭지의 손잡이를 보면 돌려서 사용하고 싶어 하는 등 사물의 디자인이 특정 행동을 유도한다는 것이다.

특히 사람들이 컴퓨터 기술을 이용한 미디어와 직접 상호작용을 한다는 점을 감안할 때, 오늘날의 미디어는 다양한 종류의 행동유도성 요인을 통해 이용자들에게 미디어의 속성 혹은 기능들과 소통하는 또 다른 방법을 제안하고 있다. 예컨대, 소셜미디어에서 코멘트 기능은 사용자들이 글을 남기는 방식으로 상호작용을 하게 하며, '좋아요' 버튼은 사용자들이 버튼을 클릭함으로써 포스팅된 글에 대한 자기표현을 가능하게 한다. 현재 산업디자인이나 인터페이스 제작 분야뿐만 아니라 학계에서도 멀티미디어의 등장으로 다양해진 이러한 행동유도성 또는 어포던스에 주목하며 우리가 미디어를 통해 사용하는 여러 종류의 어포던스가 사용자의 생각, 태도, 행동 변화에 어떤 영향을 주는지에 대해 연구가 활발한 상황이다. 이와 관련한 내용은 이 장 후반부에 조금 더 다룰 예정이다.

3. 디지털 기술 및 소통의 진화

1) 소셜미디어

과거에 기업 및 공공 기관 등의 조직은 전통적인 미디어에 의존해 정보와 정책을 알리는 일방적인 소통방식을 써왔다. 하지만 소셜미디어의 등장은 조직과 공중이 소통하는 방식에 큰 변화를 이끌었다. 소셜미디어는 단순한 정보를 전달하는 도구에서 벗어나 기업에서는 소비자에게 제품 혹은 서비스를 알리기 위한 마케팅 도구로 이용하고, 정치인이나 사회단체에서는 자신의 생각을 가감 없이 전달하는 도구로 이용하기도 한다. 대표적인 예로, 미국 대통령 도널드 트럼프는 트위터Twitter를 통해 자신의 행정 일정 및 정책을 알리고 있으며, 우리나라 행정부도 청와대 블로그, 인스타그램Instagram, 유튜브 등의 소셜미디어 채널을 통해 국민과 소통하고 있다. 이처럼 소셜미디어의 콘텐츠는 일상적인 정보에 국한되지 않고 훨씬 더 정교화되고 전문적인 콘텐츠로 진화되면서 조직과 공중 간의 소통방식을 다양하게 제공하고 있다.

2018년 평창 동계올림픽과 패럴림픽을 위한 정부의 PR은 기업뿐만이 아니라 정부기관에서도 디지털미디어를 활용해서 얼마나 적극적인 디지털PR을 하는지를 보여주는 사례라고 할 수 있다. 당시 정부는 블로그나 유튜브, 페이스북과 같은 SNS 채널을 포함해 웹툰과 VR과 같은 다양한 디지털미디어와 콘텐츠를 활용해 대국민 PR을 수행했다. 대표적으로 올림픽에 대한 국민적 관심을 고취하고자 일반인을 포함한 사회 각계각층을 대표하는 7500명의 주자를 선정해 101일 동안 이루어진 성화봉송 기간에 여러 지역에서 축제와 같은 분위기 속에 소셜미디어를 통해 국민들과 쌍방향 소통을 하며 국민들의 적극적이고 자발적인 참여를 유도했다. 또한 관람객의 시선에서 올림픽을 더 재미있게 즐길 수 있는 정보를 담은 꿀팁 동영상 등과 같은 다양한 디지털콘텐츠를 유튜브에 공개해 국민들로부터 많은 공유와 댓글, 좋아요 등을 이끌어냈고, 경기가 이루어지는 현장에서는 스키점프나 봅슬레이 등 평소에 경험하기 힘든 종목에 대한 가상체험을 하는 부스를 운영해서 많은 호응

그림 5-1 **디지털 기술 및 미디어를 활용한 2018 평창동계올림픽 홍보 사례**

일반인 성화봉송 모습

경기장에서 인생샷 찍는 꿀팁 소개 동영상

디지털 기술로 선보인 드론 오륜기

자료: 문화체육관광부 홍보분석자료, 개인 소셜미디어 자료, 한국PR학회 세미나 자료.

을 얻기도 했다. 그리고 디지털 IT 강국의 이미지를 강조할 수 있는 5G 기술을 활용한 드론 및 평화의 비둘기 시연은 그야말로 전 세계인들의 이목을 끌기에 충분한 퍼포먼스라고 할 수 있었다. 이러한 디지털 기술을 활용한 현장 가상체험이나 드론 공연은 여러 소셜미디어 채널을 통해 실시간 또는 선제적으로 배포되어 국민들의 호응과 관심을 불러일으키는 데 많은 도움을 주었다. 이는 과거에 신문과 방송만을 주로 활용해 일방적인 소통을 했던 정부의 PR활동이 소셜미디어를 통해 국민과 대화하며 정보를 주고받는 모습으로 바뀌어가고 있음을 반증하고 있는 것이다.

이렇듯 사회 전 분야에서 기존의 미디어가 가지고 있던 한계를 뛰어넘어 조직과 공중 간의 적극적인 상호작용을 통한 진정한 쌍방향커뮤니케이션 환경을 이끈 소셜미디어는 단순히 온라인 플랫폼을 통한 정보 교류를 넘어 우리의 커뮤니케이션 방식에 큰 변화를 일으키는 시발점이 된 디지털미디어라고 할 수 있다.

한편, 소셜미디어를 비롯한 스마트폰과 같은 모바일미디어는 대인 커뮤니케이션을 기반으로 발전한 디지털미디어라고 할 수 있다. 그러나 단순히 대인 커뮤니케이션을 위한 디지털미디어의 개발뿐만 아니라 가상현실이나 기계 또는 사물과의 커뮤니케이션을 가능하게 하는 디지털미디어들이 등장하고 있다.

2) 가상현실(VR)과 증강현실(AR)

오늘날의 디지털 기술은 현실 세계에서의 상호작용을 넘어 컴퓨터로 인공적인 현실을 만들어 사람들이 실제와 같은 경험을 할 수 있도록 하고 있다. 이를 가상현실Virtual Reality: VR이라고 부른다(Ong and Nee, 2004).

가상현실은 게임산업에서 많이 이용되고 개발되어 온 기술 분야로서, 이용자들이 현실이 아닌 게임이라는 가상공간에서 가상의 캐릭터 혹은 상대 이용자와의 소통을 할 수 있게 한다. 이러한 가상현실에 현실 세계의 정보를 더해서 보여주는 기술을 증강현실Augmented Reality: AR이라고 한다(Ong and Nee, 2004).

증강현실 기술을 이용한 초창기의 대표적인 사례는 2016년 출시된 〈포켓몬 고Pokemom Go〉 게임을 들 수 있다. 우리나라에는 2017년부터 출시되어 큰 인기를 끌었던 게임으로 현실 공간에서 가상의 포켓몬을 포획해 점수를 얻는 방식으로 진행된다. 이러한 게임 방법으로 이용자들은 길거리나 공공장소에서 현실에서는 보이지 않는 가상의 물건을 찾기 위해 돌아다니는 유저들의 모습을 쉽게 볼 수 있었다. 그만큼 사람들에게 현실과 가상공간을 오가며 커뮤니케이션을 하는 것에 대한 굉장한 관심을 불러일으켰다. 이와 비슷한 방식으로 어느 유명 신발업체에서는 신제품 출시를 하며 특정 지역 내에서 AR을 활용해 신제품을 알리는 PR캠페인을 진행하기도 했다.

특히 2019년 대한민국이 세계 최초로 상용화한 5G는 모바일 기기에서 데이터 처리 속도가 이전 세대인 4G보다 20배가량 빨라지면서 다른 기기와의 연결을 통해 데이터를 짧은 시간 안에 더 많이 전송할 수 있게 되었다. 예를 들어, 스마트폰을 VR 기기에 연결해 가상세계를 실제처럼 더욱더 생생하게 경험할 수 있으며, 현실 세계에서 가상 이미지를 더하여 보여주는 증강현실 또한 더 쉽고 빠르게 체험할 수 있게 되었다. 이러한 기술은 단순한 재미를 넘어 PR이나 광고, 또는 마케팅 분야는 물론 문화 및 교육 목적의 도구로도 사용할 수 있다.

예를 들어, 2019년 서울시는 잃어버린 문화재인 돈의문을 증강현실을 통해 재현하는 프로젝트를 진행했다. 이는 이용자가 스마트 기기를

표 5-2 **디지털 기술과 미디어의 진화**

디지털 기술 및 미디어	내용
소셜미디어	온라인 플랫폼을 활용한 정보 공유 및 의사소통으로 적극적인 쌍방향 커뮤니케이션이 가능
VR 및 AR	향상된 디지털데이터의 처리 속도를 활용한 현실과 가상공간의 복합적인 커뮤니케이션 미디어 환경 제공
인공지능	ICT 융합 기술을 바탕으로 인간의 지능을 모방한 기계를 통해 인간에게 다양한 서비스와 커뮤니케이션을 제공
사물인터넷	유형 및 무형의 사물들 간의 인터넷 연결 기술을 통해 인간을 대신하는 업무 및 커뮤니케이션 수행이 가능
소셜 로봇	AI 및 IOT 등 다양한 기술의 융합을 통해 인간과 직접적 감정의 공유를 바탕으로 하는 커뮤니케이션이 가능

이용해 옛 돈의문 터 인근에서 화면을 비추면 옛 돈의문의 모습이 화면 상에 나타나는 증강현실 기술로서, 과거의 역사를 새로운 IT 기술로 복원했다는 데 의의가 있다.

3) 인공지능(AI)

정보·통신·기술ICT의 융합에 따른 4차 산업의 등장으로 기존의 여러 제품과 서비스가 초지능superintelligence, 초연결hyperconnectivity화되는 기술이 점점 진화하고 있다(Lasi et al., 2014). 이러한 4차 산업 기술의 대표적인 예인 인공지능Artificial Intelligence: AI은 컴퓨터가 인간의 지능을 모방해 생각하고 행동할 수 있도록 하는 기술을 말한다(Russell and Norvig, 2010). 이는 방대한 데이터를 바탕으로 학습하는 머신 러닝machine learning 및 딥 러닝deep learning 과정을 통해 기계가 스스로 의사결정을 내릴 수 있게 하는 것이다. 이러한 원리를 이용해 인공지능을 통한 다양한 서비스가 개발되고 있다. 예컨대 번역 서비스, 스팸메일 필터링, 소리(예: 노래)나 이미지의 분류 등을 들 수 있다.

한편, 최근에 인공지능 기술과 관련해 세계적인 관심을 끈 사건이었던 인공지능 바둑 프로그램 알파고AlphaGo와 프로 바둑기사 이세돌과의 대국 결과가 알파고의 승리로 끝나면서, 인공지능 기술의 상용화가 점점 더 가시화되어 가고 있는 상황이다.

4) 사물인터넷(IoT)

인공지능과 함께 4차 산업을 대표하는 기술로서 사물인터넷을 들 수 있다. 사물인터넷Internet of Things: IoT은 유무형의 사물들이 인터넷 혹은 센서 네트워크를 통해 서로 연결되어 서비스를 제공하는 기술을 말한다 (Greengard, 2015). 기존에는 사람들이 각각의 기계를 하나씩 작동시키며 그 기능을 이용했다면, 사물인터넷은 이용자의 개입 없이 사물들끼리 서로 연결·소통해 편리한 서비스를 제공한다.

사물인터넷을 이용해 대중화된 기술로는 스마트홈smart home을 들 수 있다. 예컨대 집에 들어가면 거실 전등이 켜지고, 실내 온도를 고려해 에어컨이나 보일러가 켜지는 등 사람들이 직접 리모컨을 조정하지 않아도 가전 기기들끼리 스스로 작동하는 시스템을 말한다. 사물인터넷이 가정에서뿐만 아니라 착용 기기wearable device로 확대되면서 스마트워치smart watch 등을 이용해 자신의 건강 데이터를 측정해서 측정값을 의료기관으로 자동으로 전송하는 등 일상생활에서의 건강상태 체크도 가능하게 되었다.

최근에 가장 활발히 사물인터넷이 활용되는 분야는 자율주행운전 기술이다. 자동차를 운전하기 위해서는 도로 및 교통상황, 보행자, 날씨,

신호등과 같은 여러 요소에 대한 고려가 필요하다. 따라서 사람 대신 이러한 정보들을 파악하기 위한 유무형 사물들 간의 데이터가 네트워크화되어 있어야 하며 그것도 실시간으로 이루어져야 하기 때문에 사물인터넷 기술은 물론 고도의 ICT 기술과 인공지능 같은 기술들의 융합이 절대적으로 필요한 분야라고 할 수 있다. 자율주행운전 기술은 운전자를 대신해서 운전을 한다는 의미 이외에도 운전자에게 끊임없이 운행정보를 제공해 줌으로써 운전을 보조해 주는 역할로서의 커뮤니케이션을 수행한다고 할 수 있다. 이와 같이 다양한 기술의 융합과 사물, 기계 간의 연계는 지속적으로 이루어지고 있고, 이로 인해 인간의 삶은 예전에 경험하지 못했던 편리함과 함께 사물과의 새로운 커뮤니케이션을 경험할 수 있게 되었다.

5) 소셜 로봇

현재 사람들은 다양한 미디어나 기계들을 통해 데이터나 정보를 빠르고 쉽게 다양한 형태로 얻고 있다. 우리가 기존에 쓰던 모바일 기계나 가전제품 등에 새로운 기술을 접목해 정보 전달을 돕는 경우도 있지만 다른 형태의 미디어 또한 우리 일상에 등장하고 있다. 이미 가상세계에서는 익숙한 로봇이 그러한 예 가운데 하나이다. 앞에서 설명한 AI 또는 IoT 기술은 인간들에게 보이지 않는 시스템을 통해 정보 콘텐츠를 제공함으로써 인간과 커뮤니케이션을 한다면, 로봇은 인간을 모방한 형태의 사물을 통해서 인간과 직접 소통하며 감정까지도 공유하는 진화된 커뮤니케이터라고 할 수 있을 것이다.

이제까지 로봇은 주로 산업·의료용이나 우주탐사용으로 사용되어 왔다. 하지만 일반적으로 로봇이라고 하면 우리는 공상과학 영화에서

그림 5-2 **소셜 서비스 로봇 활용의 예**

인천공항 이용객들의 안내를 돕는 로봇

자료: 개인 소셜미디어 자료.

등장하는, 인간과 비슷한 외형에 자동으로 작동하는 기계를 떠올리기도 한다. 이러한 상상은 실제로 로봇의 외형이 사람을 점점 닮아가면서 현실화되어 가고 있고, 또 로봇의 역할이 확대됨에 따라 최근에는 소셜 로봇social robot이라는 개념이 등장하게 되었다.

소셜 로봇의 개념은 미국 MIT 대학의 신시아 브리질Cynthia Breazeal 교수에 의해 소개되었으며 기존에 사람들의 육체적 노동을 돕는 로봇의 역할에서 사람들과 직접 대화하고 정서적 교류를 나누는 사회적 주체로서의 역할이 강조된 로봇을 말한다. 예를 들어, 로봇에 달린 카메라로 사람들의 얼굴을 인식하고 인사를 나누며, 음성 명령을 통해 움직이고, 이용자가 요청하는 정보(예: 뉴스나 날씨)를 알려주는 등 일반적으로 사람들 간의 대화를 통해서 얻었던 정보를 로봇이 대신하는 것이 가능해지고 있다.

최근에는 공항이나 백화점, 그리고 호텔과 같은 고객과의 서비스 접점에서 인간과 대화를 주고받으며 정보와 서비스를 제공하는 소셜 로봇들이 심심치 않게 등장하고 있다. 이러한 로봇들은 재미와 정보를 줄 뿐만 아니라 조직이나 브랜드의 이미지에도 기여를 하고 있어 실제 PR과 마케팅 현장에서 적극적으로 도입되고 있는 추세이다.

이렇듯, 소셜 로봇이 발전하면서 다양한 종류의 로봇들이 연구되고 소개되고 있다. 바로, 사람들의 감정 인식이 가능한 로봇 페퍼Pepper와 노인 반려 로봇 엘리큐Elli Q가 그 예시이다. 이처럼 소셜 로봇은 인간과의 단순한 커뮤니케이션을 넘어 직접적으로 감정을 공유하고 소통하면서 우리 삶에서의 커뮤니케이션 영역을 계속해서 확장해 나가고 있다.

4. 이론적 관점에서 본 디지털미디어의 이용

1) 컴퓨터 매개 커뮤니케이션(CMC) 관점

대인 커뮤니케이션이 디지털 기술을 통해서 이루어짐으로써 사람들은 다양한 미디어를 활용해 여러 가지 형태로 소통을 하고 있다. 스마트폰은 디지털화된 커뮤니케이션의 대표적인 예이다. 기존의 유무선 전화가 가지는 일대일 커뮤니케이션의 기능과 함께 인터넷 서비스가 추가되면서 스마트폰을 통해 개인과 집단 간의 커뮤니케이션도 가능하게 되었다. 즉, 스마트폰으로 인터넷 서비스를 이용한 앱app, application들을 사용하면서 단체 메시지를 보내거나 특정 커뮤니티에서 자신의 의견을 공유하는 일이 가능하게 되었다. 이처럼 스마트폰과 같은 디지털 모바일미디어를 통해 사람들 간에 의사소통을 하는 현상은 컴퓨터 매개 커뮤니케이션Computer-Mediated Communication: CMC 관점으로 설명될 수 있다.

(1) 사회적 정보처리 이론과 하이퍼퍼스널 커뮤니케이션

CMC 관점은 미디어를 통해서 이뤄지는 의사소통 과정에 주목하며 기존의 면대면 커뮤니케이션과 달리 비언어적nonverbal 단서가 생략되어 있고 익명성이 높다는 점을 특징으로 한다. 즉, 컴퓨터를 매개로 한 커뮤니케이션에서는 얼굴 표정과 몸짓 등 비언어적 단서의 노출이 제한적이며, 정확한 신원을 확인할 수 없는 온라인 공간상의 특성 때문에 개인의 익명성이 확보된다. 이러한 특징으로 인해 면대면 커뮤니케이션이 더 우월할 것으로 보이지만, 사회적 정보처리 이론Social Information Processing Theory은 온라인에서 의사소통하는 데 필요한 단서들의 정보를 처리하는 시간이 면대면 커뮤니케이션에 비해 더 걸릴 수는 있어도 궁극적으로 사회적 관계를 형성하는 데는 면대면 커뮤니케이션과의 차이가 없다고 설명한다(Walther, 1996). 이는 충분한 시간을 두고 컴퓨터를 통해 이용자들 간에 정보를 공유함으로써 면대면 커뮤니케이션과 같은 효과를 내는 사회적 관계를 맺고 유지할 수 있게 된다는 것이다.

사회적 정보처리 이론을 근거로 월서(Walther, 1996)는 CMC가 하이퍼퍼스널hyperpresonal 커뮤니케이션으로 발전할 수 있다고 주장했다. 하이퍼퍼스널 커뮤니케이션이란 CMC를 통해 대인 커뮤니케이션보다 더 친밀한 사회적 관계로 발전시킬 수 있다는 것을 의미한다. 이러한 관점에서 컴퓨터(혹은 전자 미디어)를 통해 커뮤니케이션하는 사람들은 전략적 혹은 선택적으로 자신의 이미지 또는 인상을 만들어내며 다른 사람들과 더 빠르고 쉽게 친밀한 의사소통을 하게 된다. 즉, CMC 환경에서 제공되는 단서들을 이용해 수정하는 과정을 통해서 자신을 좀 더 섬세하게 표현함으로써 감정적·정서적으로 더 강력한 관계를 형성할 수 있게 된다는 것이다(Walther, 2007). 대표적인 예로 온라인 데이팅 사이트 online dating site를 통해 사람들은 새로운 관계를 형성한다. 주로 이성을 사귀는 데 목적을 두는 데이팅 사이트의 커뮤니케이션 방식에는 여러 가지가 있다. 2000년도에 출시된 이하모니eHarmony라는 웹사이트는 결혼 상대를 구하고 싶은 사람들을 대상으로 만들어진 데이팅 사이트이다. 이 사이트에서는 자신의 프로필을 사이트에 등록해 서로에게 맞는 조건의 사람을 만날 수 있도록 했다. 그리고 비교적 최근에 출시되어 대중화된 틴더Tinder라는 데이팅 앱은 위치기반 서비스를 이용해 누구나 쉽게 주변에서 가까운 이성을 찾아 앱상에서 대화를 나눌 수 있게 했다. 틴더 앱 안에서도 역시 자신의 프로필을 작성해 호감이 가는 상대방에게 연락을 취할 수 있도록 하고 있다.

이와 같이 온라인상에서 새로운 관계를 형성할 때 자기표현은 중요한 역할을 한다. 익명성이 높은 온라인 환경에서 자신을 표현하는 방법에 따라 관계 형성에 영향을 주기 때문이다. 예를 들어, 상대방에게 좋은 인상을 주기 위해 잘 나온 사진을 올리거나 멋진 문구를 넣어 자신을 묘사하는 등 다양한 방법으로 자신을 표현하고 상대방과의 친밀한 관계를 맺기 위해 노력한다.

(2) 매체풍부성과 사회적 실재감

그렇다면 어떤 미디어가 효과적인 커뮤니케이션을 가능하게 하는가? 서로 다른 특징을 가지는 미디어를 커뮤니케이션의 상황과 이용자들의 특성에 맞게 선택하는 것은 매우 중요한 일이 되었다. 매체풍부성 이론Media Richness Theory에서는 매체의 풍요로운 정도richness로 미디어의 차이를 구분할 수 있다고 한다. 즉, 사람들이 커뮤니케이션을 하면서 이용하는 단서들의 수나 범위에 따라 미디어의 능력을 구분할 수 있다는 것이다. 대프트와 렌젤(Daft and Lengel, 1986)은 미디어의 차이를 구분하는 네 가지 기준으로 즉각적인 피드백, 다양한 단서들(예: 몸짓, 목소리의 톤, 어조의 변화 등), 자연언어natural language의 사용 여부, 언어의 다양성(감정이나 정서의 표현능력)을 제시했다. 따라서 이러한 네 가지 기준을 바탕으로 미디어의 풍요성 정도를 나눌 수 있다(Daft, Lengel and Trevino, 1987). 예컨대, 면대면 커뮤니케이션은 즉각적인 피드백, 언어적·비언어적 단서, 자연언어의 사용, 언어의 다양성 때문에 가장 높은 수준의 풍요로움을 가지는 반면, 문자로만 전달되는 메모나 편지는 가장 낮은 수준의 풍요로움을 지닌다.

쇼트, 윌리엄스, 크리스티(Short, Williams and Christie, 1976)가 제시한 사회적 실재감 이론에 의하면 미디어를 통해 얻는 사회적 실재감social presence에 따라 커뮤니케이션 채널을 선택할 수 있다. 사회적 실재감이란 커뮤니케이션 참여자들이 상호작용에 참여한다는 느낌을 얼마나 가지는지를 의미한다. 즉, 미디어를 통해 나누는 의사소통이 직접 만나서 대화하는 것과 비슷한 느낌의 정도를 말한다. 쇼트 등은 미디어 내에서 전달되는 제스처나 어조 등과 같은 비언어적 단서들의 전달 가능 정도에 따라 사회적 실재감이 결정된다고 보았다. 예컨대, 문자로 쓰인 문서보다 얼굴을 마주한 일대일 미팅이 더 많은 사회적 실재감을 제공한다고 할 수 있다. 따라서 미디어를 통한 의사소통에서 느껴지는 사회적 실재감을 고려해 적절한 커뮤니케이션 채널이 선택되어야 한다.

커뮤니케이션 채널이 각기 다른 매체적 특성을 가지고 있다는 점에 착안해서 기존의 연구들도 커뮤니케이션 상황에 적합한 채널을 선택해야 한다고 주장한다. 예를 들어, 다양한 고용형태에 따라 면대면 커뮤니케이션, 이메일, 인스턴트 메시징Instant Messaging: IM, 모바일폰과 SMS Short Message Service가 어떻게 사용되고 있는지를 연구한 결과 학생들은 IM,

SMS, 모바일폰을, 집에서 일하는 사람들은 모바일폰을, 조직에서 일하는 사람들은 이메일을 더 많이 사용하는 것으로 나타났다(Kim et al., 2007). 또한 랜케스터 등의 연구자들(Lancaster et al., 2007)은 대학생들을 상대로 실시한 서베이 결과 인스턴트 메시징이 이메일에 비해 더 감정 전달이 쉽고 관계 형성에도 유용하다고 밝혔다. 이처럼 이용자들이 커뮤니케이션 채널들을 어떻게 인식하고 이용하는지에 대한 연구는 효과적인 커뮤니케이션을 위해 우리에게 시사하는 바가 크다.

2) 인간-컴퓨터 상호작용(HCI) 관점

CMC 관점에서 본다면 사람들은 주로 다른 사람들과 의사소통 수단으로서 컴퓨터 혹은 전자 미디어를 사용한다고 설명할 수 있다. 그러나 사람들은 단순히 대인 커뮤니케이션을 위해 컴퓨터를 사용할 뿐만 아니라 미디어와의 직접적인 상호작용을 통해 긍정적인 경험을 할 수 있다. 다시 말해서, 사람과 컴퓨터와의 상호작용은 일종의 매개체를 넘어선 대화conversation의 개념으로 간주되며, 이로 인해 사람과 컴퓨터가 어떻게 커뮤니케이션을 하는가가 사용자 경험user experience에 매우 중요한 영향을 미칠 수 있다(Suchman, 2007). 이러한 관점에서 인간-컴퓨터 상호작용Human-Computer Interaction: HCI 개념이 등장했다.

HCI 분야는 컴퓨터와 사용자 간의 효율적인 상호작용을 위해 컴퓨터 기술을 이용한 시스템을 디자인하고 개발하는 과정을 연구하는 학문 분야이다. 최근 기술의 발달로 다양한 미디어가 등장하면서 시스템 혹은 미디어 인터페이스 디자인에 대한 관심이 높아짐에 따라 HCI는 사람들이 컴퓨터에 기반한 기술을 어떻게 인지하며 어떤 요인들이 사람과 컴퓨터 시스템의 상호작용에 유용한지 혹은 제한적인지에 대해 연구한다(Kiesler and Hinds, 2004). 예를 들어, 성격과 성별 등과 같이 인간의 특징을 컴퓨터 시스템에 적용해 사람들이 인간의 특징을 가진 컴퓨터 시스템에 어떻게 반응하는지를 관찰할 수 있다. 이와 관련해 문과 나스(Moon and Nass, 1996)는 다른 성격을 가진 컴퓨터들에 따라 사용자의 경험이 어떻게 달라지는지를 연구했다. 그 결과 강압적인 성격을 가진 사용자들은 자신감 있고 적극적인 언어를 구사하면서 강압적인 성격을 나타내는 컴퓨터를 더 선호한 반면, 순종적인 성격을 가진 사용자는 순종적인 성격을 나타내는 컴퓨터와의 상호작용에 더 긍정적인 평가를 했다. 이는 보통 사람들끼리의 의사소통에서 비슷한 사람들과의 교류를 더 선호한다는 사회적 상호작용 규칙을 컴퓨터와의 상호작용에서도 적용할 수 있음을 보여준다.

(1) CASA 패러다임

이처럼 HCI는 사람들이 컴퓨터 시스템을 하나의 사회적 객체로 인식하고 인간의 상호작용 규칙을 사용할 수 있다고 주장한다. 이 주장은 "컴퓨터는 사회적 참여자이다Computers Are Social Actors: CASA"라는 연구 패러다임에서 비롯된다(Nass, Moon and Green, 1997). CASA 패러다임은 컴퓨터를 사회적으로 교감하는 인간으로 간주하고 사람들이 다른 사람들과 사회적 상호작용을 하는 것처럼 컴퓨터 시스템과도 상호작용하고 있음을 설명한다. 사람들 간의 다양한 사회적 규칙들을 사람과 컴퓨터의 상호작용에 적용해 여러 실험 연구들이 진행되었다. 예를 들어, 사람들은 남자 목소리를 가진 컴퓨터가 여자 목소리를 내는 컴퓨터보다 기술 관련 지식이 더 많다고 평가하고, 여자 목소리를 가진 컴퓨터는 남자 목소리를 가진 컴퓨터보다 사랑과 관계에 관한 지식이 더 많다고 인식하는 것으로 나타났다(Nass et al., 1997). 이러한 사실은 사람들이 가지고 있는 성 고정관념을 사람과 컴퓨터의 상호작용에 적용할 수 있음을 보여준다.

컴퓨터 기술을 이용한 다양한 미디어의 등장으로 CASA 패러다임을 통한 설명에 더욱 힘이 실리고 있다. 예컨대, 로봇이 점점 인간화 및 사회화되면서 사람들의 의사소통 방법을 로봇과의 의사소통에도 이용할 수 있도록 디자인되고 있다. 이와 관련해 HCI 연구 분야에서는 다양한 실험이 이루어지고 있다. 예를 들어, 노인들을 대상으로 만들어진 로봇을 이용하여 가정에서 노인들이 로봇과 어떻게 상호작용하는지를 실험·관찰했다(Sundar et al., 2017). 이때 사람이 가지는 특성인 역할과 성격을 바탕으로 로봇의 종류를 구분하여 노인 사용자들이 서로 다른 역할과 성격을 가진 로봇들에게 어떻게 반응하는지를 살펴보았다. 그 결과, 노인 사용자들은 서비스 보조원assistant 역할을 하는 로봇보다 친구companion 역할을 하는 로봇에게 더 사회적인 매력을 느꼈다. 또한 서비스 보조원 역할을 하는 로봇이 명랑한 성격을 가졌을 때 더 사회적으로 매력 있고 똑똑하다고 느꼈으며, 친구 역할을 하는 로봇이 진지한 성격을 나타낼 때 더 긍정적으로 평가했다.

로봇뿐만 아니라 일상적으로 사용하는 사물과의 상호작용에서도 대인 간 상호작용 규칙을 적용할 수 있다. 지아와 동료들(Jia et al., 2013)은 사람들이 음성으로 소통하는 사물에 대해 긍정적 평가를 가진다고 가정하고 세 가지 조건(사람, 로봇, 티슈박스)을 설정해 실험자가 사람, 로봇, 티슈박스tissue box와 대화를 했을 때 피실험자가 어떻게 인식하는지를 실험·조사했다. 특히 티슈박스와 사람 간의 대화가 가능하도록 블루투스 기능을 이용해 음성을 지원하고 실험자와 티슈박스가 대화하는 과정을 피실험자에게 보여준 뒤 반응을 조사했다. 그 결과 사람과 티슈박스와의 상호작용은 대인 간 의사소통을 할 때와 비슷한 수준의 사회성 인식을 이끌어낸다는 사실을 확인했다. 이는 사람들이 더 이상 사물이나 전자 기기에 대해 단순히 사용만 하는 도구로 여기지 않고, 사회적 소통이 가능한 참여자로서의 역할을 기대한다는 것을 보여준다.

(2) 행동유도성

그렇다면 컴퓨터 시스템과의 효과적인 사회적 소통을 위해 컴퓨터 기술을 이용한 미디어 혹은 인터페이스는 어떻게 디자인되어야 할까? 기존 연구에 따르면 커뮤니케이션 미디어는 다양한 종류의 행동유도성을 가지고 있다. 미국의 심리학자 제임스 깁슨James J. Gibson에 의해 주창된 이 개념은 도널드 노먼Donald A. Norman에 의해 확장되어 HCI 분야에서 활용되고 있다. 구체적으로 노먼은 지각된 행동유도성perceived affordance이라는 개념을 강조하며 사용자가 사물에 대한 지식이나 경험에 의해 특정 행동을 하는 것이라고 설명했다. 즉, 사용자가 인지한 사물의 속성을 행동유도성이라고 하며 이를 통해 자신이 어떤 행동을 할지를 결정한다는 것이다.

예를 들어, 뉴스 웹사이트에서 제공하는 행동유도성 요소 중의 하나인 커스터마이제이션customization 기능, 즉 사용자가 자신의 취향에 맞게 웹사이트의 디자인이나 정보를 바꾸는 과정에 따라 뉴스에서 얻는 정보를 처리하는 과정이 달라지기도 한다(Kang and Sundar, 2016). 또한 기업이나 관공서 등 기관들이 웹사이트와 블로그에서 사용자의 코멘트에 응답하는 등 메시지를 통한 공중과의 상호작용이 활발할수록 관계 관리와 평판에 더 긍정적인 효과를 유발할 수 있다(Lee and Park, 2013).

노인 이용자들이 페이스북을 활용할 때도 행동유도성 요소에 따라 동기 충족의 정도가 달라지기도 한다. 사회적 유대를 동기로 페이스북을 이용하는 노인 이용자들이 다른 동기들(사회관계 확장, 호기심, 가족들

제5장 디지털 기술과 PR

의 요구)을 가진 노인 이용자들에 비해 더 많은 행동유도성 요소, 즉 페이스북 기능들(예: 글/사진/비디오 포스팅, 코멘트, 페이스북 내 그룹 가입 등)을 자주 사용하는 경향이 있다(Jung and Sundar, 2016). 이처럼 미디어에서 제공되는 행동유도성이 사용자의 사회심리학적인 요인에 영향을 줌으로써, 행동유도성을 통한 미디어와 사용자 간의 상호작용의 중요성이 점점 더 커지고 있다.

5. 결론

이 장에서는 진화하고 있는 디지털 기술과 이를 활용한 미디어를 살펴보았다. 그리고 이러한 환경에서 PR커뮤니케이션을 비롯한 다양한 소통이 어떻게 바뀌고 있는지를 이론적 관점에서도 함께 살펴보았다. 이러한 내용을 바탕으로 하루가 다르게 변하고 있는 디지털미디어 환경 속에서 PR커뮤니케이션이 나아갈 방향에 대한 두 가지 제안을 하고자 한다.

먼저, 디지털 기술은 미디어 환경을 바꾸었고, 바뀐 미디어 환경은 인간 삶의 방식에 큰 영향을 끼쳤다. 이로 인해 인간의 가장 기본적인 활동인 대화와 소통의 방식과 내용은 큰 변화를 맞이하고 있다. 이러한 변화들에 대한 기대 섞인 희망과 불안한 전망이 엇갈리고 있는 것이 사실이다. 인공지능과 로봇의 인간 습격, 모바일 중독 등과 같은 우려의 목소리도 많고 이를 뒷받침하는 연구들도 많이 존재하지만, 한 가지 분명한 것은 이제까지 발전한 디지털 기술과 미디어들 모두는 인간의 삶을 편리하고 안전하고 풍요롭게 하기 위해서 출발했다는 사실이다.

인간다움의 아날로그적인 삶을 더욱더 편리하고 유익하게 만들기 위해 디지털 요소의 기술이 동원되고 이를 발전시켜 왔다. 이는 디지털 기술이 아날로그 인간들과 함께 상생하며 공존할 때 가능한 것이다.

이를 PR커뮤니케이션에 대입해 보면, 앞서 소셜 로봇이나 인공지능이 인간과 비슷한 정서와 감수성, 공감능력이 있을 때에 사람들이 더 애착을 느낀다는 내용도 확인했듯이, 편리하고 쉬운 디지털미디어에 인간의 아날로그적인 콘텐츠가 가미된 커뮤니케이션이 가장 효과적이리라는 것을 알 수 있다. 따라서 공중과의 관계 맺기를 위한 PR커뮤니케이션에는 아날로그적인 인간미와 함께 디지털적인 정확성, 과학성, 논리성, 신속성, 그리고 다양성을 기반으로 한 접근방법이 그 어느 때보다 필요할 것으로 보인다.

또 하나, 디지털미디어 환경에서 효과적인 PR커뮤니케이션을 하기 위해서 우리가 주목해야 할 내용은 기술은 하나의 기술로 존재하거나 발전하지 않는다는 사실이다. 주지하다시피 디지털은 컴퓨터라는 도구가 있어서 제 역할을 하게 되었고, 이 둘의 기술은 인터넷이라는 플랫폼을 만나고 나서야 비로소 세상에 새로운 소통도구로서 거듭날 수 있었다. 또한 이러한 기술들을 십분 활용한 모바일 기기는 다시 한번 우리 사회에 큰 변화를 가져다주었고, 여기서 그치지 않고 한층 더 업그레이드된 기술 개발과 융합 기술로 탄생한 AR, VR, AI, 소셜 로봇 등도 기존의 기술들을 활용했기에 가능했다고 할 수 있을 것이다.

일찍이 마케팅과 커뮤니케이션 분야에서는 통합마케팅커뮤니케이션 Integrated Marketing Communication, 공동마케팅Co-Marketing, 360도 마케팅 등의 여러 개념을 통해 광고와 마케팅, 그리고 PR 간 협업의 필요성을 강조해 왔다. 이제는 이러한 주장들이 선택이 아니라 필수가 되어야 할 시기라는 것이 분명해졌다. 공중들은 더 이상 광고와 PR, 마케팅의 수단을 별도로 보지 않는다. 물론 그 기능과 역할, 효과는 다를 수 있다. 하지만 이제는 점점 통합화되어 가고 있는 디지털미디어 환경에 살고 있는 공중은 하나의 모바일 기기를 통해 기업이나 관공서 등의 조직과 직접 커뮤니케이션하면서 광고도 접하고, PR메시지도 받고, 이벤트나 프로모션 정보도 얻는다. 예를 들어, 사람들은 디지털 사이니지digital signage를 진화된 옥외광고의 한 형태로만 생각하지 않는다. 실제로 디지털 사이니지는 시간이 지나면서 단순노출형, 소비자와의 피드백이 가능한 참여형, 그리고 사물인터넷이나 증강현실 등의 기술을 활용해 공중에게 상황에 맞는 정보를 제공하는 상황인지형 디지털 사이니지로 거듭나고 있다. 형식은 광고이지만 그 안의 정보 및 메시지 콘텐츠들은 광고뿐만 아니라 PR이나 마케팅을 위한 것들을 포괄하고 있다. 이처럼 앞으로 광고나 PR, 그리고 마케팅이 고유의 목표와 효과를 달성하기 위해서는 커뮤니케이션 수단이나 활동 또한 유연하게 융합할 수 있는 분위기가 확산되어야 할 것이다. 디지털 기술과 미디어 간의 융합처럼 커뮤니케이션 수단 간에도 융합이 이루어진다면 PR과 광고, 마케팅은 그 이상의 시너지 효과를 기대할 수 있을 것이다.

생각할 거리

❶ 이 장에서 다룬 CMC와 HCI 이론과 개념들을 상기하면서 다양한 미디어 사용에 대한 자신의 경험을 이야기해 보자.

❷ 면대면 커뮤니케이션과 CMC 및 HCI 관점에서의 커뮤니케이션 간의 장단점을 비교해 보자.

❸ 디지털 기술을 이용한 미디어 개발이 커뮤니케이션에 긍정적인 효과를 갖기 위해 고려해야 할 요소들을 생각해 보자.

❹ 디지털 기술과 미디어가 융합화되어 가면서 PR, 광고, 마케팅 영역에 대한 구분이 모호해지기도 한다는 지적이 있다. 그럼에도 이들 세 영역에 해당하는 고유의 역할, 기능, 효과 등은 무엇이 있을지 논해 보자.

제6장

공중 상황이론의 진화와
디지털 공중 분류

1. 서론

공중public에 대한 개념적 정의와 세분화 모형 개발은 PR연구자와 실무자 모두에게 중요하다. 전략 커뮤니케이션 과정strategic communication process은 목표 공중을 선정하고 맞춤형 메시지를 개발하는 순서를 따른다(Park and Jeong, 2011). PR기획 과정에서도 상황분석을 통해 커뮤니케이션해야 할 주요 공중primary public을 식별하고, 관련 PR실행 계획의 목표 설정과 효과를 측정하는 절차를 밟고 있다(Gregory, 2010). 핵심 공중이 누구냐에 따라 PR실행의 방향과 실행방안이 달라지기 때문에(박노일·오현정·정지연, 2017), 공중에 대한 이해와 체계적인 공중 분류 모형의 정교화는 PR실무는 물론 학술적인 차원에서 중요한 연구 주제이다.

공중 세분화 이론의 틀은 그루닉(Grunig, 1978)의 공중 상황이론Situational

Theory of Publics에 뿌리를 두고 있다. 그루닉은 전략 커뮤니케이션의 대상인 공중을 1960년대에 팽배했던 매스미디어학 중심의 수용자audience 관점과는 다르게 바라보았다. PR학이 주목해야 하는 공중을 제품 서비스 이용자처럼 고정불변의 속성을 가진 집단이 아닌 상황적situational 존재로 간주한 것이다(Grunig and Hunt, 1984). 이를 계기로 PR학은 공중을 마케팅 커뮤니케이션 수용자 혹은 대중매체의 수용자로 보는 관점과 차별화된 독창적인 공중 분류 이론의 토대를 갖게 되었다.

공중 상황이론은 공중을 커뮤니케이션을 통해 문제 상황을 인식하고 진화하는 커뮤니케이터communicators로 전제함으로써 20세기 중반에 지배적이었던 고정불변의 상수와 같은 미디어 수용자 개념의 한계를 극복했다(Kim and Grunig, 2011). 최근까지 공중 상황이론은 PR학문의 독자적인 이론으로서 활동공중 식별과 PR메시지 개발의 이론적인 틀은 물론, PR실행 효과 측정의 타당도를 높이는 역할을 해왔다.

그러나 디지털미디어 중심의 지식정보사회에 진입한 최근의 PR실무와 학문적 추세는 전통적인 공중 상황이론의 효용성에 대해 의문을 제기하고 있다. 21세기 저널리즘 생태계는 과거 전문직 미디어가 독점해왔던 의제설정과 공중의 여론형성 기능을 다양한 개인 미디어 주체들과 공유하는 양상을 보이고 있다(임종수, 2017; Plowman, Wakefield and Winchel, 2015). 소셜미디어가 주류 미디어의 의제설정, 여론형성과 오락 제공 기능을 대체하고 있다고 해도 과언이 아닌 최근의 상황은 전통적인 공중 분류 모형의 유용성을 제한한다. 실제 다수의 PR연구자들은 매스미디어 시대의 수용자 개념에서 파생한 공중 상황이론을 디지털 환경에 적용하는 데 한계가 있음을 지적한다(박노일, 2010; Kim, Downie and Stefano, 2005; Park and Jeong, 2011). 디지털 환경에 대한 공중 상황이론의 적용 가능성 문제를 제기하며, 전통적인 공중 세분화 접근법에 대한 대안적 모형의 필요성을 강조하고 있는 것이다(Kim, Ni and Sha, 2008). 다시 말해 디지털미디어 공간에서 PR학이 상정할 수 있는 전략 공중이란 특정 시점의 매우 휘발성이 강한 일반 공중general publics밖에 없 다는 비판(Kruckeberg and Vujnovic, 2010) 등은 전통적인 공중 상황이론 의 수정과 보완은 물론, 온라인 디지털미디어 커뮤니케이션 맥락까지 적용할 수 있는 공중 개념에 대한 정교화와 이론 모형 개발의 필요성을 제기하고 있다.

  그럼에도 PR학 차원에서 긴 호흡으로, 온라인미디어 공간에 존재하 는 디지털 공중에 대한 개념적 이해, 혹은 공중 세분화 모형 개발을 위 한 학술적 논의나 이론적 발전 방향을 종합적으로 제시하는 노력은 아 직까지 부족한 실정이다. 이 장에서는 PR학에서 공중 분류 모형의 지 배적인 토대를 제공한 공중 상황이론에 대한 이론적 검토와 진화 과정 을 점검하는 한편, 디지털미디어 환경에서 등장한 공중 개념을 점검함 으로써 디지털 공중에 대한 새로운 시각을 정립하고자 한다. 구체적으 로 공중 상황이론에서 상황적인 존재로 전제한 공중 개념이 어떻게 커 뮤니케이션 행동 변인과 함께 진화해 왔는지를 점검하고자 한다. 이어 공중 상황이론에 대한 비판과 이론적 문제점을 종합하고 대안으로 제 시할 수 있는 문제해결 상황이론Situational Theory of Problem Solving을 디지털 공 중 관점에 적용해 소개하고자 한다. 더불어 구조주의적 관점(Giddens, 1979)을 동원함으로써 조직체 중심의 기능적인 체계이론적 공중 분류 의 한계를 극복하고자 한다. 특히 사회적 행위자의 상호작용 관계에서 구조의 힘에 주목함으로써 디지털 공중을 포착할 수 있는 기준을 제시 하고자 한다. 마지막으로 디지털미디어 중심의 PR커뮤니케이션 환경 에서 디지털 공중을 분류하고 접근할 수 있는 학술적인 미래 연구 방향 을 논함으로써 공중 세분화 연구의 경계를 확장하고자 한다. 결국 이

장은 PR학에 독보적인 가치를 제공한 공중 상황이론의 진화 과정을 비판적으로 검토하는 동시에 새로운 정보지식사회에 걸맞은 디지털 공중 분류의 이론적 토대와 접근법을 제공함으로써 공중 세분화 연구의 가치를 미래지향적으로 논한다는 데 의미가 있다.

2. 공중 상황이론의 개념과 진화

1) 공중 세분화 이론의 태동

전통적인 공중 분류 연구의 토대를 제공한 공중 상황이론은 제품 서비스 중심의 소비자 분류와는 접근법이 다르다(김정남·박노일·김수정, 2014). 공중은 어떤 쟁점상황에 대한 지각perception과 인식의 정교화 과정을 통해서 이합집산하는 존재이다(Park and Jeong, 2011). 공중 세분화의 기본 틀은 사람들이 문제 상황에 대해 어떤 인식 수준을 갖는가에 따라 공중의 진화 또는 구체적인 커뮤니케이션 행위의 강도를 예측할 수 있다는 것이다. 따라서 공중 분류 모형의 근간은 사람들이 어떤 인식 수준을 갖는지를 파악하는 데 있다(Grunig and Hunt, 1984). 사람들이 인식하는 문제란 사회적으로 구성된 생각의 결과물이기 때문에(Hallahan, 2001), 문제 상황에 대한 인식 수준과 커뮤니케이션 활성화 수준은 상호 간에 강한 관계성을 갖는다. 따라서 공중의 인식 변인을 중심으로 상호 동질적이고 배타적인 커뮤니케이션 행동을 분류하면 공중의 유형을 PR실무 차원에서 식별할 수 있다는 것이 공중 분류 모형의 논리이다(Grunig and Repper, 1992).

구체적으로 공중 상황이론은 상황에 대한 사람들의 인식 수준과 판

표 6-1 공중 상황이론에 따른 공중 분류

구분	공중 유형	
	고관여	저관여
문제직면적 행동(PF) (고 문제인식, 저 제약인식)	활동 공중	인지/활동 공중
제약된 행동(CB) (고 문제인식, 고 제약인식)	인지/활동 공중	잠재/인지 공중
일상적 행동(RB) (저 문제인식, 저 제약인식)	활동 공중(점진적)	비공중/잠재 공중
숙명적 행동(FB) (저 문제인식, 고 제약인식)	잠재 공중	비공중

자료: 박노일(2010).

단 기준에 따라 문제 상황을 받아들이고 행동하는 양상이 다를 것이라고 전제하고 있다. 조직체 입장에서 어떤 문제나 쟁점 혹은 위기의 존재 여부는 이해관계자의 지각 수준에 달려 있다(Coombs, 2015). 따라서 조직체의 PR실무가 살펴야 하는 것은 사람들의 머릿속에 쟁점상황이 어떻게 인식되고, 이에 따른 사람들의 커뮤니케이션 행동 수준이 어떻게 다른 양상을 나타내고 있는지를 파악하는 것이다(Grunig and Hunt, 1984). 공중 상황이론은 결국 쟁점상황에 대한 사람들의 문제인식problem recognition, 관여도involvement, 제약인식constraint recognition, 그리고 커뮤니케이션 행동인 정보처리information procession와 정보 추구 행위information seeking를 살핌으로써 PR실무의 커뮤니케이션 대상자를 상황이나 맥락에 따라 분류하는 접근 방법이다.

공중 상황이론은 간략히 표 6-1과 같이 세 가지 독립변수(문제인식, 관여도, 제약인식)와 두 가지 커뮤니케이션 행동(정보 추구, 정보처리 행위)변인을 조합한 모형을 통해 활동공중, 인지공중, 잠재공중, 비공중 등을 분류하는 틀을 제공해 왔다(Grunig, 1966, 1997). 공중 상황이론은 대중매체 연구나 마케팅 실무자의 관점과 달리, 전략 커뮤니케이션의 대상을 문제 상황에 대한 인식 수준에 따라 존재하는 맥락적 존재로 가정함으로써 다양한 조직체의 쟁점과 위기상황에서 소통해야 할 대상을 포착할 수 있는 실무적 프레임을 제공했다(Grunig, Grunig and Dozier, 2002). 전체적으로 공중 상황이론이 PR학에 기여한 것은 공중을 수동적이고 정적인 존재가 아니라 '상황적인situational' 존재로 가정한 데 있다. 어떠한 상황 속에 공중이 존재한다고 가정하면, 특정 상황과 관련한 인간의 인지적인 메시지 처리과정에 따라 정보를 새롭게 검색하거나 공유하고 때로는 상호 연대해 강력한 집단행동을 취한다는 공중 개념의 가변성을 이해할 수 있다(Park and Jeong, 2011).

2) 공중 상황이론의 수정과 확장

공중 상황이론은 조직체를 둘러싼 다양한 정치적·사회적·경제적 쟁점과 관련한 공중의 상황인식 변인(문제인식, 관여도, 제약인식)과 종속변인인 커뮤니케이션 행동(정보 추구와 처리) 간의 인과적 관계성을 검증하면서 진화를 거듭했다(Grunig and Hunt, 1984; Hong et al., 2012). 또한 공중 상황이론을 실무에 적용하는 과정에서 새로운 변인을 추가하거나 선행변인을 모형에 반영하는 등 이론의 확장을 시도해 왔다(배미경, 2003; 윤희중·차희원, 1998; Aldoory, 2001; Aldoory and Sha, 2007; Grunig and Childers, 1988). 실제로 알두리와 샤(Aldoory and Sha, 2007)는 공중 상황이론의 종속변인인 커뮤니케이션 행동을 온라인 환경에 적용해 인터넷 공유 행위로 살피고자 했으며, 샤와 룬디(Sha and Lundy, 2005)는 설득커뮤니케이션 이론인 정교화 가능성 모형Elaboration Likelihood Model: ELM을 차용해 공중 상황이론의 설명력을 높이고자 했다.

공중 상황이론의 검증과 진화 과정은 한편으로 이론의 근원적인 전제 자체를 수정하는 시도와 함께 이루어졌다. 조직체 입장에서 전략적으로 소통해야 할 대상은 언제나 특정 상황과 맥락에서만 존재하는 것이 아니다. 문제나 쟁점이 없는 평상시에도 정교한 커뮤니케이션을 통해 소통해야 할 이해관계자가 존재한다. 이러한 차원에서 공중 상황이론이 주목한 쟁점에 대한 사람들의 인식 변인의 유용성은 제한적이다 (Hong et al., 2012). 할라한(Hallahan, 2001)이 쟁점진행모형Issues Processes Model에서 비공중인 일반 공중의 존재를 강조한 바와 같이, 특정 상황의 첨예화와 관련 없이 모든 상황을 초월해서 적용할 수 있는 공중 분류 방식도 필요하다. 실제로 많은 경우 조직체는 쟁점상황뿐만 아니라 평상시에도 제품 서비스와 관련한 소비자나 특정 인구사회학적 속성 범주에 속한 사람들을 대상으로 커뮤니케이션하는 일이 많기 때문이다 (Kim and Grunig, 2011).

3) 초상황-상황적 접근법

이러한 배경에서 기존의 공중 상황이론이 주목했던 상황인식 변인의 유용성과 초상황적인 속성(인구사회학적 특성 등)을 통합해서 살피는 초상황-상황적 접근모형cross-situational and situational approach이 등장했다(Kim, Ni and Sha, 2008). 조직체 입장에서 쟁점상황이 아닌 평상시에 소통해야 할 공중인 조직체와 이해를 같이하는 사람들이나 지역 주민, 또는 상호 연계성linkages, interconnectedness이 강한 사람들의 집단들을 분류하는 방식이 초상황적 공중 세분화 접근법cross-situational segmentation approach이다. 반면에 조직체와 관련한 쟁점이 심각하고 위기상황으로 치닫는 과정에서는 전통적인 공중 상황이론이 주창한 공중의 인식변인인 문제인식, 관여도,

제약인식을 통한 상황인식 변인 중심의 공중세분화 접근법situational segmentation approach을 활용할 수 있다.

공중 분류의 두 가지 상황에 대한 통합적 접근법은 특정 문제 상황이 없는 일상적인 PR실무에서 조직체가 주도적으로 맞춤형 캠페인이나 옹호advocacy 커뮤니케이션을 추진하기 위해서 선정해야 할 공중의 유형을 조직체 관점에서 살필 수 있도록 해주었다. 이는 전통적인 공중 상황이론에서 주목하지 않은 비활동 공중인 일반 공중 혹은 잠재적 공중의 중요성을 강조한 것이며, 특정 상황을 고려하지 않은 평상시에 조직체가 공중을 어떻게 분류하고 접근해야 하는지에 대한 안목을 제공한 것이다.

따라서 조직체를 중심으로 쟁점상황의 전개과정을 일상 상황과 문제가 심각한 상황의 스펙트럼으로 펼쳐 봤을 때, 일상적인 상황의 비공중 상황단계non-public stage에서는 마케팅이나 경영학에서 주로 사용하는 인구사회학적 속성 중심의 공중 세분화법을 활용할 수 있다. 반면, 문제가 심각하여 활동공중이 출현하는 단계public stage에서는 공중의 상황에 대한 인식(문제인식, 관여도, 제약인식)을 토대로 공중을 세분화하는 통합적인 접근법을 적용하면 된다. 특정 상황과 일상 상황을 통합한 접근법은 전통적인 공중 상황이론이 강조한 문제 상황인식 중심의 공중 분류모형 연구의 확장을 가져왔다. 전체적으로 보면 PR학은 초창기의 공중상황이론을 동원해 공중을 고정적 존재가 아닌 상황적인 집단으로 가정하고 공중의 커뮤니케이션 행동을 주목해 왔다. 이후 공중 상황이론의 수정과 진화를 거쳐서 쟁점상황과 일상적인 초상황적cross-situational 맥락을 고려해 평상시에 영향력을 주고받는 이해관계자들까지 공중 분류 연구에 통합하는 시도를 전개했다.

3. 공중 상황이론의 문제점과 한계

PR학에서 활동공중을 식별하고 검증하는 독보적인 모형이 공중 상황이론이라는 데 이견을 제기하는 학자는 드물 것이다. 실제 다양한 사례에서 공중 상황이론은 쟁점상황 인식 변인을 기준으로 이해관계자를 분류하고 각 영역에 속하는 사람들이 어떻게 커뮤니케이션 행동을 하는지 예측해 왔다(Aldoory and Sha, 2007). 그럼에도 다수의 선행 연구자들은 소셜미디어를 중심으로 새롭게 등장한 1인 미디어 이용자 중심의 커뮤니케이션 패러다임의 특성을 거론하며 '조직체-상황' 중심의 공중 상황이론의 문제점을 지적해 왔다(박노일, 2010; 김정남·박노일·김수정, 2014; Cozier and Witmer, 2001; Park and Jeong, 2011; Sommerfeldt, 2012).

이를 정리하면 다음과 같다. 첫 번째로 공중 상황이론은 공중의 커뮤니케이션 과정이나 쟁점상황의 형성 혹은 담론의 구성과정에 주목하기보다는, 편의적으로 공중을 조직 관리 관점organization management-centered에서 조직체 경계 밖에 존재하는 분리된 존재로 간주해 왔다는 지적이다(Botan and Soto, 1998; Cozier and Witmer, 2001). 디지털미디어 환경에서 공중은 쟁점에 대한 끊임없는 커뮤니케이션을 활성화하는 과정에서 확인할 수 있는 존재이기 때문에, 조직체가 특정 시점에서 고정적인 프레임을 동원해 공중을 확정적으로 분류할 수 있는가에 대한 회의적인 시각도 존재한다(Cozier and Witmer, 2001; Kent, Taylor and White, 2003). 특히 공중은 조직체와 상관없이 진공상태로 존재하기보다 상호 연결되어 있으며 지속적으로 연관된 이해관계자의 속성을 갖고 있다. 또한 많은 경우 PR실무의 관점에서 어디가 조직체의 경계이고 어디까지가 공중인지를 구분하기 어려운 경우가 많다. 공중은 쟁점에 대한 대화와 상호작용을 통해서 생멸을 함께하는 맥락적인 존재라는 관점에서 조직체가 특정 공중을 소유한다possess는 비판에서 자유롭지 못하다(Sommerfeldt, 2012).

두 번째는 공중 상황이론의 전제인 '상황'적 존재로서의 공중의 정의에 대한 문제 제기이다. 즉, 공중을 쟁점 해결을 위해 뭉쳐진 상황 속의 사람으로만 가정하는 공중 상황이론의 상황적인 관점situational perspective에 대한 비판이다. 공중은 어떤 문제 상황 자체뿐만 아니라 문제 상황 이전에 특정 주제에 대해 이야기하는 커뮤니케이터로서 사회적 상호작용 과정에서 등장한다(Vasquez and Taylor, 2001). 사회적 상호작용은 행위자가 속한 맥락의 규칙과 활용할 수 있는 자원의 역학 구도에 의해 다르게 나타난다(Giddens, 1984). 따라서 기계적인 체계이론의 틀과 맥을 같이하고 있는 공중 상황이론은 사회적 행위자인 공중의 커뮤니케이션 구조(규칙과 자원)에 따른 관계적 힘이 발현되는 과정을 담아내지 못한다는 비판을 받고 있다(Sommerfeldt, 2012).

세 번째는 디지털미디어 환경에서 제한적인 공중 상황이론의 설명력에 대한 지적이다. 이제는 인터넷이 보편화되면서 온라인 커뮤니티 형성이 이전과 달리 빠르고 쉽게 가능한 시대로 진입했다(Coombs, 2015). 모든 사람이 잠재적으로 미디어인 세상이다(박노일, 2010). 대중매체가 독점적으로 커뮤니케이션 파워를 행사했던 시대는 지나고 바야흐로 개인 미디어 이용자의 시대인 것이다. 이러한 맥락에서 과거와 달리 미디어 이용자의 커뮤니케이션 효능감은 갈수록 높아지고 있다(김정남·박노일·김수정, 2014). 공중 상황이론에서 살핀 제약인식 변인의 설명력은 약해질 수밖에 없는 시대가 된 것이다. 디지털미디어 기반의 소통 환경은 커뮤니케이션 활성화 정도를 급격히 신장시키면서 미디어 이용자의 문제해결과 관련한 제약인식 변인의 설명력을 무색하게 만들고 있다.

마지막으로 1인 미디어를 통해 누구나 커뮤니케이션의 주체가 되는 요즘의 저널리즘 생태계를 고려하면(박노일, 2008), 디지털미디어 중심의 커뮤니케이션 행동을 담아내는 대안적 모형 개발이 필요하다(천명기·김정남, 2016; Park and Jeong, 2011). 일부 연구자들은 디지털미디어 공간에서 온라인 공중에 대한 공중 개념을 새롭게 정립하거나 소셜미디어 이용자 집단을 공중으로 분류하려는 시도를 했다(배미경, 2003; Park and Jeong, 2011; Plowman, Wakefield and Winchel, 2015). 선행 연구자들은 전통적인 공중 상황이론을 디지털미디어 환경에 적용하기에는 한계가 있기 때문에, 디지털 공중의 특성을 담아내는 접근과 연구가 필요하다고 강조한다(Park and Jeong, 2011).

전술한 내용을 요약해 보면, ① 공중은 특정 상황에서 조직체와 분리된 상태로 존재하는 것이 아니라 조직체 경계와 분리할 수 없이 끊임없이 연결되어 있는 점을 고려해야 한다. ② 전통적인 공중 상황이론의 제약인식 변인은 디지털미디어 중심의 커뮤니케이션 환경에서는 설명력이 급격히 낮아지는 문제가 있으므로 모형의 수정이 불가피하다. 특히 디지털 연결망 속에서 유동체와 같이 무정형성을 가진 미디어 이용자 집단을 유효하고 적절히 포착하는 데 있어서 공중 상황이론의 한계가 있다. ③ 마지막으로 공중은 어떠한 쟁점과 문제를 해결하기 위해 대화하거나 상호작용하는 사회적 행위자들이며 이들의 커뮤니케이션 패턴과 맥락은 그들이 속한 체계구조의 규칙과 자원에 의해 영향을 받으므로 디지털 환경에서 공중 분류 모형은 이러한 구조적 특성을 고려해야 한다. 따라서 상황에 대한 인식을 주목해 공중의 커뮤니케이션 행동을 예측한 공중 상황이론 관점을 확장하여 사회적 행위자인 커뮤니케이터가 소통하는 네트워크 구조를 중요하게 살펴야 한다.

4. 디지털 공중 개념과 공중 분류 모형

1) 디지털 공중의 개념

디지털미디어 환경에서 빠르게 진화하고 소통하는 사회적 행위자들이 있으며 이들을 소위 디지털 공중digital publics, 혹은 온라인 공중online publics으로 개념화하기 위해서는 기존의 공중 상황이론 변인의 대폭적인 수정과 변화가 필요하다. PR학은 지난 수십 년간 모호한 사전적 의미의 '공중'이란 단어를 사용하면서(Vasquez and Taylor, 2001), '일반 공중general publics'을 논리적으로 합당하지 않은 개념으로 보았다(Newsom, Turk and Kruckeberg, 2012). 전통적으로 PR학은 공중을 쟁점상황과 관련해서 특정 인식을 갖고 있으면서 연관된 커뮤니케이션 행동을 보이거나 그럴 가능성이 있는 집단으로 간주했다(Grunig and Hunt, 1984). 그래서 특정한 인식 수준을 갖는 사람들에 주목하고 그들에게 초점을 둔 커뮤니케이션 전략을 실행하면 PR목표를 달성할 수 있다는 관점을 가졌다.

반면, 디지털미디어 중심의 요즘 PR실무는 새로운 시각을 요청하고 있다. 일단 온라인을 통해 조직체의 전략 커뮤니케이션 메시지를 노출하면 이것이 전 세계 인구의 40% 이상의 사람들에게 전달될 수 있는 시대이다(Internet Live Stats, 2014). 조직체의 PR커뮤니케이션 메시지를 게시하는 순간 잠재적으로 모든 사람에게 노출된다는 것이다. 따라서 특정 활동공중에게 맞춘 메시지 개발과 전달이 무색해진다. 또한 1인 미디어와 소셜미디어가 대세인 PR실무는 더 이상 전통적인 미디어의 수문장을 통하지 않고 직접 이해관계자와 소통할 수 있다(박노일, 2008; 박노일·오현정·정지연, 2017). 소비자나 이해관계자도 자신들의 미디어를 통해 기업체에 직접적이고 강력한 메시지를 전송할 수 있다(박노일,

2010). 따라서 소셜미디어가 대세일 수밖에 없는 PR실무 현장에서 디지털 공간 맞춤형 메시지를 특정 공중에게만 노출한다는 것은 논리적으로 오류이다.

조직체의 PR캠페인 메시지가 디지털 공간에 공개적으로 게시되는 순간 특정 집단은 물론 다양한 사람들로부터 의도하지 않았던 피드백을 받기 때문에, 일반 공중의 개념 자체를 무의미한 것으로 치부한 과거의 주장은 재검토되어야 한다. 원래 공중이란 수동적 메시지 수용자 audience에서 파생된 개념으로 PR실무자들은 공중을 메시지 수용자와 동일하게 간주하고 통제할 수 있다는 믿음을 갖고 있다(Grunig, 2009). 그러나 공중은 조직체와 어떤 연관성linkages을 갖고 있으며 관련된 문제의 심각성을 인식하고 능동적으로 상호작용하는 집단이다(Dewey, 1991; Grunig and Hunt, 1984).

조직체와 연관성을 갖는다는 것은 기능적functional, 규범적normative, 활성적enabling, 그리고 분산적diffuse 차원의 유형으로 구분할 수 있다(Esman, 1972). 여기에서 분산적 연계성diffuse linkages을 갖고 있는 집단이란 조직체를 둘러싸고 있는 집단 구성체 전체를 뜻한다. 전술한 일반 공중 혹은 식별 불가능한 공중unidentifiable publics과 유사한 개념으로, 조직체를 둘러싼 커뮤니케이션 환경에 존재하는 모든 디지털미디어 이용자 집단을 정의하는 데 유용하다.

따라서 이 장에서는 선행연구의 흐름을 좇아 디지털 공중을 잠재적으로 분산된 연결성을 가진 분산 공중latent diffused publics으로 개념화한다(Plowman, Wakefield and Winchel, 2015). 디지털미디어 공간이라는 매체 환경에 존재하는 온라인 혹은 디지털 공중은 조직체를 둘러싼 환경 속에 다양하게 분산된, 그리고 모호한, 또는 잠재적인latent 형태로 존재한다. 그러면서도 어느 순간 정체가 분명한 활동적인 공중으로 등극할 수 있는 상태의 사람들이다(Plowman, Wakefield and Winchel, 2015). 그러므로 디지털 공중은 조직체 밖의 디지털미디어 환경에 존재하고 있으면서 특정 메시지에 반응할 준비가 되어 있거나 그럴 가능성이 높은 집단으로 명명할 수 있다.

디지털 공중을 명확히 식별하기 위해서는 다음의 두 가지 요소를 고려할 필요가 있다. ① 쟁점 사안이 자신의 이해관계나 가치관과 충돌하는 상황이나 맥락에서 발현되는 심리적 동기화motivation이며(Kim, Grunig and Ni, 2010), 다른 하나는 ② 사회적 행위자로서 디지털 공중이 온라인 공간에서 상호작용하는 구조의 특성을 파악하는 것이다(Plowman, Wakefield and Winchel, 2015). 다시 말해, 디지털 공중이 어떤 사안에 대해 참여한다는 것은 사람들 스스로 관련 쟁점에 대한 지적인 탐구와 동기 활성화가 일어났기 때문이다. 또한 다양한 사회적 행위자들이 상호작용하는 맥락구조와 관계의 역학관계를 함께 고려했을 때 디지털미디어 환경 속에서 활동하는 공중에 대한 분류와 탐색이 용이해진다. 우리는 먼저 디지털 공중 분류 연구에서 고려해야 할 첫 번째 요인에 주목해 문제해결에 나서는 인간의 심리적 동기화를 매개변인으로 반영한 문제해결 상황이론을 살피고, 이어 사회적 상호작용 구조의 힘과 패턴을 고려한 구조주의적 관점에서 디지털 공중 분류 접근법을 살펴보고자 한다.

2) 문제해결 상황이론

디지털 공중이 활동적인 공중으로 등극하는 데는 문제 상황에 대한 인지적 정보처리 욕구와 동기화가 필수적이다. 김정남과 동료들(Kim, Grunig and Ni, 2010)은 문제해결 상황이론을 제시하면서 문제해결에 나서는 인간의 심리적 동기화 변인을 살필 때 더 정교하게 공중을 분류할 수 있다고 주장했다. 문제해결 상황이론에 따르면 인간은 문제해결을 위한 사회적 행위자로서 무엇인가 심각한 상황에 대한 지각과 함께 내적인 심리적 동기가 활성화되어 커뮤니케이션 행동양식의 변화가 나타난다고 본다. 쟁점상황에서 잠재적으로 분산된 디지털 공중이 어떤 주제와 관련해 인지적으로 정보를 더 찾아보고 무엇인가를 추가적으로 탐색해 보고자 하는 심리적 동기화 수준은 그들이 인지하는 문제인식 변인의 영향을 받는다(김정남·박노일·김수정, 2014). 따라서 쟁점에 대한 인간의 심리적 탐색 동기화는 전통적인 공중 상황이론의 독립변인과 조합해 디지털미디어 공간에서 활동하는 공중의 커뮤니케이션 행동양태를 입체적으로 살피게 한다.

구체적으로 문제해결 상황이론은 독립변인(상황인식)과 매개변인(문제해결 상황적 동기화) 그리고 종속변인으로 정보 추구와 처리 행위, 정보 선택, 정보 생산, 정보 공유, 정보 전달 등을 반영해 오프라인과 온라인 맥락을 아우르는 인간의 커뮤니케이션 행위를 세분화했다. 특히 사회적 행위자인 디지털미디어 이용자들이 문제해결에 나서는 과정과 동기화 수준을 공중 분류 연구에 적용했다. 디지털미디어 환경에 대입시켜 보면, 느슨하게 분산된 잠재적 공중인 디지털 공중은 문제 상황에 대한 인식(문제인식)에서 시작해 자신의 이해관계나 가치관 충돌로 인한 인지적 불편함을 해결하려는 상황적이며 심리적인 동기화에 의해서 활동공중으로 변모한다고 볼 수 있다. 이러한 심리적 동기의 매개과정을 통해서 사람들은 소극적이거나 능동적으로 정보를 찾으며(추구), 선별하며(분류), 타인에게 전달하는(전송) 커뮤니케이션 행위를 한다는 것이다.

그림 6-1과 같이 문제해결 이론은 문제해결을 위한 상황적 동기화 정

그림 6-1 **문제해결 동기화와 커뮤니케이션 행위**

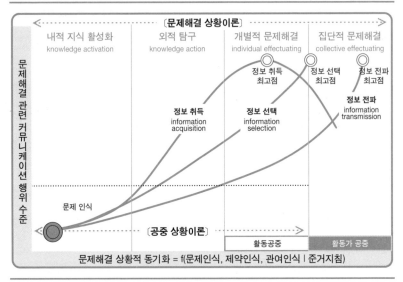

자료: 박노일(2018).

도를 매개변인으로 반영해 전통적인 공중 상황이론이 누락했던 특정 상황 속의 심리현상이나 맥락을 반영했다(Vasquez and Taylor, 2001). 문제해결 상황이론의 독립변인은 공중 상황이론과 유사하게 문제인식, 관여도, 제약인식 변인에 준거기준referent criterion을 추가했다. 준거기준은 문제해결에 필요한 경험과 배경지식, 또는 관련 맥락에서 순간적으로 형성된 판단기준을 유형화한 것이다. 이렇게 문제해결 상황이론은 4개의 독립변인과 문제해결을 위한 상황에서 나타나는 심리적 동기화를 매개변인으로 반영했다(Kim, Grunig and Ni, 2010).

전체적으로 문제해결 상황이론은 전통적인 공중 상황이론의 변인을 포함하는 동시에 디지털미디어 환경에 적용 가능한 이론이다. 공중을 디지털미디어 이용자로 간주하고 이들의 커뮤니케이션 활성화 동기와 행동양식의 특성을 분석함으로써 디지털 공중 분류의 단계를 구분해 볼 수 있기 때문이다. 즉, 문제해결 공중 상황이론은 인간을 특정 문제를 해결하기 위해 커뮤니케이션하는 사회적 행위자이자 미디어 이용자로 살피고 있다. 나아가 인간의 커뮤니케이션 행위 특성에 대한 세분화는 물론, 쟁점상황에 의해 촉발한 심리적 동기화 변인을 포착함으로써 이론의 활용도를 높였다. 곧, 문제해결 공중 상황이론은 온라인미디어 공간에 분산적으로 존재하는 디지털 공중이 문제 상황 속에서 어떠한 차별적인 커뮤니케이션 행위 수준을 나타내는지를 점검함으로써 목표 공중의 좌표를 제공한다.

3) 디지털 공중의 힘과 구조주의적 접근법

전술한 바와 같이 공중의 문제해결 맥락에서 형성된 동기화 변인 이외에 디지털미디어 이용이라는 매개된 상호작용 속에 존재하는 느슨하고 잠재적인 디지털 공중을 분류하기 위해서는 사회적 행위자의 심리적 동기 수준 이외에 추가로 살펴야 할 것이 있다. 코지어와 위트머(Cozier and Witmer, 2003)는 체계이론과 궤를 같이하는 공중 상황이론이 조직체와 공중을 인위적으로 분리함으로써 인간의 상호작용 구조의 영향력을 누락하고 있다고 보았다.

기든스(Giddens, 1979)에 따르면 체계systems란 사회적 행위자인 인간이 살아 숨 쉬는 시간과 공간에 존재하며 사회적 행위의 실행 구조 패턴을 만든다. 여기서 구조structure는 인간의 사회적 행위를 체계로 묶는 역할을 한다. 따라서 구조는 인간의 사회적 상호작용 맥락에서만 실재하며 사회적 행위자의 영향력을 촉진하거나 제한하는 역할을 한다(Giddens, 1984). 체계구조 내의 사회적 행위자는 사회적 행동코드인 규칙과 대화 상대방에 대한 상대적 권위와 자원에 따라 커뮤니케이션한다. 즉, 인간은 자신이 속한 체계구조 내에서 인지하는 규칙과 소유한 권한과 자원을 토대로 메시지를 해석하고 의미를 부여하는 절차를 따른다.

이러한 배경에서 공중은 자신들이 속한 사회적 상호작용의 맥락구조에 따라 문제에 대해 해석과 의미를 부여하고 커뮤니케이션 행동의 변화를 나타낸다(Sommerfeldt, 2011). 구조주의 관점에서 보면 전략 커뮤니케이션은 공중이나 이해관계자에 초점을 둔 단순한 메시지 전달이 아니라 조직체의 지배적인 주장을 사회적으로 재생산하려는(의미 해석의 구조에 영향력을 발휘하려는) 목적지향적인 커뮤니케이션 실천이다 (Cozier and Witmer, 2003). 따라서 온라인 공간에 느슨하게 분산되어 존재하는 잠재공중인 디지털 공중을 유효하고 적절히 파악하기 위해서는 사회적 체계구조와 행위자 간의 상호작용인 힘의 역학관계를 살펴야 한다. 디지털 공중은 인터넷이라는 자원을 통해 사회적 의미를 생산하고 확산할 수 있는 힘인 변증법적인 통제력dialectic of control을 가지기 때문이다(Giddens, 1984; Plowman, Wakefield and Winchel, 2015). 디지털미디어 이용자인 디지털 공중 또한 사회적 행위자이기 때문에 그들이 가진 인터넷 연결망의 규칙과 자원을 동원해 변증법적 통제력을 발휘할 수 있다. 공중의 상호작용은 결국 의미와 관계의 힘을 구조화하는 과정이기 때문에(Durham, 2005), 사회적 상호작용에서 디지털 공중이 어떠한 관계적 힘을 가지는지를 파악하는 것은 생산적인 온라인 공중 세분화의 지침을 제공한다.

따라서 디지털 공중 분류는 구조주의 관점에서 미디어 이용자가 지닌 관계적 힘의 특성을 고려할 필요가 있다. 소머펠트(Sommerfeldt, 2011; 2012)는 구조주의적 관점에서 공중을 다섯 가지 유형으로 분류했다. 먼저 매개공중mediator publics은 조직체와 공중 간의 관계성과 의미생산 구조에 도움이 되는 자원을 제공하는 존재들이다. 조절공중moderating publics은 조직체가 반드시 준수해야 하는 의무나 일을 강제하는 자들이며, 방해공중interfering publics은 직간접적인 형태의 의도성을 가지고 조직체의 목표 달성에 제한을 가하는 공중이다. 목표공중target publics은 조직체가 원하는 바대로 변화를 이루어낼 수 있는 힘을 명시적으로 소유하고 있는 집단을 말한다. 마지막으로 방관공중bystander publics은 현안이나 쟁점에 대해 관여적이지는 않지만 상황을 지켜보다가 어느 순간 활동적으로 변모할 수 있는 집단을 말한다. 이렇게 소머펠트(Sommerfeldt, 2012)는 구조주의적 관점에서 의미생산 구조의 힘에 주목해 공중을 매개-조절-방해-목표-방관공중으로 분류했다. 흥미롭게도 방관공중은 전술한, 느슨하게 연결되어 분산적이면서 잠재적 역량을 갖고 있는 디지털 공중과 유사한 속성을 갖는다. 따라서 소위 일반 공중으로 분류할 수 있는 방관공중 혹은 디지털 공중에 대해서는 사회 연결망 분석이라는 방법론을 동원해 추가적인 분석이 가능할 것이다. 디지털미디어 이용자 집단인 디지털 공중이 어떠한 상호작용의 규칙 속에 있으며, 그들이 소유한 네트워크의 힘은 어떠한지를 사회 연결망 분석을 통해 더 입체적으로 살펴볼 수 있다. 실제 박노일(2018)은 디지털 공간의 이해관계자나 공중을 면밀히 분석하고 실시간적으로 이해하기 위해서는 빅데이터와 네트워크 연결망 분석이 필요하다고 지적한다. 곧, 쟁점상황에서 누가 의미 해석의 규칙을 만들고 사회적 관계 맥락의 힘을 발휘하는지를 탐색하는 연구를 요청한 것이다. 최근 PR실무에서도 핵심 온라인 지도자Key Opinion Leader: KOL를 식별하려는 시도가 이루어지고 있다(IBM Watson Health, 2018). 디지털 공중의 온라인 커뮤니케이션 통제력이 어떠한 사회적 상호작용을 거쳐 사회적 의미 해석의 구조를 새롭게 창출하는지는 디지털미디어 공중 개개인의 연결망 사회구조sociometric에 대한 실시간적 분석을 통해 알 수 있다.

5. 나가며

1인 미디어와 소셜미디어 기반의 커뮤니케이션 환경에서 이제는 누구나 의미를 생산하고 확산할 수 있는 상호작용 통제성과 힘을 갖게 되었다. 마치 서부 개척 시대에 누구나 권총을 소유함으로써 힘의 균형을 이루었듯이, 요즘의 디지털 공중은 자신들의 소셜미디어를 이용함으로써 조직체와 커뮤니케이션 파워의 균형을 이루거나 공중 관계성에 영향을 미친다. 따라서 모든 사람이 연결된 소셜미디어 환경에서 공중은 느슨하게 연결되어 있지만 분산적이며 잠재적으로 미디어 채널과 같은 역할을 한다고 보면, 온라인 공간에서 활동 중인 1인 미디어 주체인 디지털 공중에 대한 이해와 분류는 현대 PR실무의 중요한 과제이다.

이 장에서는 디지털 공중 개념을 조직체 입장에서 봤을 때 느슨하게 연결되어 있으며 분산된 잠재적 공중으로 정의했다. 또한 전통적인 공중에 대한 세분화의 이론적 틀을 제공한 공중 상황이론은 온라인 커뮤니케이션 맥락을 아우르지 못하고 있음을 지적했다. 소셜미디어 유력자 집단social media influentials이나 정보의 허브 역할을 하는 디지털 핵심 공중을 식별하는 데 한계를 나타낼 뿐만 아니라 공중-조직체 간의 이분법적 시각은 문제가 많다는 것이다(박노일, 2018; Park and Jeong, 2011). 특히 우리 사회는 디지털 공간에 존재하지 않는다면 오프라인에도 존재하지 않은 것으로 간주되는 세상에 진입했다(Safko and Brake, 2009). 디지털미디어 환경과 디지털 공중과의 소통은 조직체의 일상이며 현실이다. 조직체는 전통적인 미디어의 수용자가 아니며 쟁점이나 문제 상황에서만 존재하지 않기 때문에, 느슨하지만 연결된 잠재적인 디지털 공중과 직접 커뮤니케이션해야만 하는 실정이다. 따라서 현대 PR은 조직체 본연의 사명과 지속성장 가능성에 직간접적으로 영향을 미치는 디지털 유력자 공중 식별에 에너지를 집중해야 하는 상황이다.

구조주의적 관점의 공중 분류 접근법은 조직체 중심의 기능적인 시각에서 공중이 어떤 인식을 갖고 있는지를 살피기보다는 사회적 행위자의 체계구조와 힘을 중심으로 디지털 공중을 분류하는 틀을 제공했다. 이러한 접근은 모든 공중이 잠재적으로 미디어가 되는 시대(박노일, 2008)에 반드시 고려해야 할 분류법이다. 디지털 공중은 쟁점과 관련한 의미생산과 해석의 확산을 가능하게 하는 미디어 주체이기 때문이다(박노일, 2018). 그러나 디지털미디어 공간에 산발적으로 존재하고 있는 디지털 공중 모두가 사회적 의미생산의 파워를 갖지는 않는다. 사회적 연결망의 기본적인 특성상 온라인 플랫폼은 소수가 다수의 추종자를 이끌고 있는 불평등한 멱함수 분포power law distribution를 가지기 때문이다(Barabasi, 2002). 디지털 유력 공중은 조직체의 이야기를 확산해서 매개하거나 다르게 억제하고 변형할 수도 있기 때문에, 실시간으로 의미생산의 힘을 가진 디지털 공중에 대한 분류 작업이 PR실무의 핵심으로 등장하고 있다.

결론적으로 이 장은 공중 세분화의 이론적 흐름을 종합하고 전통적인 공중 분류 모형의 한계를 명시하는 동시에 대안적인 세분화 모형을 제시함으로써 디지털 공중 유형화에 대한 학술적이고 실무적인 지침을 제공한다. 특히 급변하는 미디어 환경에서 디지털 공중을 적절히 분류하고 유효한 커뮤니케이션 전략을 시행하기 위해서는 디지털 공중의 미디어 이용 구조와 관계망을 빅데이터와 인공지능 기술을 동원해 살펴야 할 것이다. 이미 실무에서는 인공지능을 통한 대용량 데이터 분석을 산발적으로 활용하고 있는바, 이에 대한 디지털 공중 세분화에 대한 정교한 이론 모형의 개발은 데이터 과학기술data science technique에 의존적일 수밖에 없으며, 이는 후속 연구자의 과제로 남아 있다.

❶ 공중과 이해관계자의 개념을 정의해 보고 차이는 무엇인지 논의해 보자.

❷ 디지털미디어 환경에서 전략 커뮤니케이션의 대상은 어떻게 분류할 수 있는지 이야기해 보자.

❸ 디지털미디어 연결망이 가진 힘의 구조를 고려했을 때 온라인 의견 지도자는 어떻게 찾을 수 있는지 논의해 보자.

제7장

디지털PR
미디어/플랫폼

1. 디지털미디어 등장과 PR 개념의 변화

1990년대 중반 이후 미디어 기술의 디지털화로 인해 많은 조직들이 그들의 공중들과 소통하고 그들의 메시지를 전달하는 데 디지털미디어를 이용하기 시작했다. 2000년대 이후에는 웹2.0을 기반으로 한 소셜미디어가 대중에게 널리 보급되고 확산되면서 공적·사적 영역에서 점점 더 많은 조직들이 디지털미디어의 중요성을 더 많이 인식하고 있다. PR의 영역에서 디지털미디어, 특히 소셜미디어의 등장은 조직과 공중 간에 상호 이해를 바탕으로 한 균형적symmetrical 커뮤니케이션을 하는 데 일대 혁신으로 평가받고 있다(Dozier, Grunig and Grunig, 1995; Grunig, Grunig and Dozier, 2002).

전통적으로 PR의 개념은 그루닉과 헌트(Grunig and Hunt, 1984)가 제

표 7-1 **우수 이론의 네 가지 모델**

모델	조직-공중 간의 커뮤니케이션	특성
언론대행/선전모델 Press Agentry/Publicity Model	일방향 커뮤니케이션 One-way Communication	공중의 관심을 얻기 위해 메시지를 과장·선전한다.
공공정보 모델 Public Information Model	일방향 커뮤니케이션 One-way Communication	공중에게 사실 정보를 전달하기 위해 홍보물이나 컨퍼런스 등을 이용한다.
쌍방향 불균형 모델 Two-way Asymmetric Model	불균형한 쌍방향 커뮤니케이션 Imbalanced Two-way Communication	많은 공중들을 설득하고 조직의 메시지를 전달하는 데 목적이 있으며, 공중에게 약간의 피드백도 받는다.
쌍방향 균형 모델 Two-way Symmetric Model	균형된 쌍방향 커뮤니케이션 Balanced Two-way Communication	조직과 공중 간에 갈등을 해결하고 상호 이해와 이익을 촉진하기 위한 정보 교환에 목적이 있다.

시한 우수 이론Excellence Theory에 따른 네 가지 종류의 모델로 설명되었다 (표 7-1 참조). 그들에 따르면 시간이 지남에 따라 PR이 직업적으로 성숙되어 왔으며, 크게 ① 진실 여부를 떠나 조직의 선전 기능을 강조한 '언론대행/선전 모델', ② 조직의 사실 전달을 목적으로 한 '공공정보 모델', ③ 공중 설득을 목적으로 하는 '쌍방향 불균형 모델', 그리고 ④ 조직과 공중 간의 쌍방향적인 커뮤니케이션과 상호 이해를 통한 관계 형성을 모색하는 '쌍방향 균형 모델' 등 네 가지 모델로 진화되어 왔다. 이중 처음의 세 모델은 조직이 공중에게 그들이 원하는 메시지를 설득하기 위해 미디어를 통한 일방향적 혹은 조직 위주의 불균형한 쌍방향적 커뮤니케이션을 한다면, 네 번째 PR 모델인 쌍방향 균형 모델은 조직과 공중 간의 상호 이해와 이익을 통한 관계 형성을 도모하기 위해 균형된 쌍방향적 커뮤니케이션을 한다는 점에서 다르다. '조직과 공중 간의 상호 유익한 관계들을 맺고 유지'하는 데 목적을 둔 PR의 개념에 비추어 봤을 때, 이 중 네 번째 PR 모델인 쌍방향 균형 모델이 가장 바람직하고 이상적인 모델로 간주되어 왔다.

그러나 조직에 의한 일방향적인 정보 전달을 위주로 하는 전통 미디어 시대에는 조직과 공중 간에 쌍방 균형적 커뮤니케이션은 현실적으로 실현되기 어렵다는 점에서, 쌍방향 균형 모델은 규범적이지만 앞으로 PR이 지향해야 할 모델 정도로만 인식되어 왔다(Murphy, 1991). 하지만 이용자 사이의 능동적인 정보 교환과 상호작용성을 바탕으로 하는 디지털미디어의 등장은 불가능하게만 여겨졌던 PR의 모범 사례best practice가 가능하게 될 수 있을 것이라는 기대를 불러일으켰다(Grunig, 2009; Grunig, Grunig and Dozier, 2002). 특히 웹2.0을 기반으로 한 소셜미디어의 등장은 공중을 다시 PR의 주체로 돌아오게 하여 PR실무자들이 그들의 공중과 지속적으로 관계를 만들고 유지할 수 있게 하는 'PR 2.0'에 대한 논의를 이끌었다(Macnamara, 2010). 이처럼 소셜미디어의 이용은 조직과 공중 간에 쌍방향적이고 균형적인 상호작용을 가능케 할 수 있다는 점에서 PR 모델의 변화를 가져올 것으로 환영받고 있다 (Grunig, Grunig and Dozier, 2002).

과거에는 PR이 전략적인 차원에서 조직이 공중에게 일방적으로 정보를 전달하고 공중을 설득시키는 데 초점을 맞췄다면, 디지털미디어의 등장으로 조직과 공중이 서로 동등한 위치에서 소통하며 상호 이해를 바탕으로 한 관계를 구축할 필요성이 증대되었다. 이에 따라 2012년 미국 PR 협회PRSA: Public Relations Society of America는 기존의 "PR은 조직과 공중이 서로 적응하도록 돕는다"는 정의로부터 조직과 공중 간의 새로운 관계 설정 및 소통을 강조해 PR의 개념을 "조직과 공중 간에 서로 유익한 관계를 구축하는 전략적 커뮤니케이션 과정"으로 새롭게 정의했다 (안주아 외, 2015).

디지털미디어의 진화는 또한 PR에서 조직과 공중 간에 관계지향적이고 대화를 촉진하는 커뮤니케이션을 활성화시킬 것으로 전망되고 있다(Kent and Taylor, 2002; Ledingham, 2006). 이로써 PR학자들은 "혁명 중인 PR", "PR 역사상 가장 위대한 진화", "독백에서 대화로의 전환", "공중에게 도달하고 그들의 참여를 유도하는 새로운 방식의 등장" 등 새로운 용어를 만들어냈다(Breakenridge, 2008; Cornelissen, 2011; Hazelton, Harrison-Rexrode and Kenna, 2008; Manamara and Zerfass, 2012).

디지털미디어가 등장하면서 몇몇 PR학자들은 관계적이고 대화적인 커뮤니케이션 모델이 활성화될 것으로 전망했다(Hon and Grunig, 1999; Kent and Taylor, 2002). 특히 조직과 공중 간의 관계 구축은 PR의 핵심 목적이기 때문에 상호작용적인 미디어가 어떻게 관계 구축에 영향을 미칠지에 관해 많은 PR학자들이 관심을 기울였다(Himelboim et al., 2014). 켄트와 테일러(Kent and Taylor, 1998)는 쌍방 균형적 커뮤니케이션을 완전히 이해하기 위해서는 관계적이고 대화적인 커뮤니케이션 모델을 이해하는 것이 필요함을 지적하면서, 인터넷이 활성화된 이후 웹사이트의 특성에 기반하여 조직과 공중 간의 상호 유익한 관계를 설정하기 위한 대화를 활성화하는 다섯 가지 원칙을 소개했다. 구체적으로 다섯 가지 원칙은 ① 모든 공중에게 어필할 수 있는 필요한 정보를 제공해야 한다는 '정보의 유용성', ② 공중의 질의응답 및 피드백을 활성화하는 '대화 장치 마련', ③ 웹사이트를 쉽고 빠르게 이용할 수 있는 '인터페이스의 편리함', ④ 웹사이트 밖의 불필요한 링크를 간소화해 웹사이트에 머물게 하는 '방문자들의 보전성', 그리고 ⑤ 시각적으로 어필할 수 있는 웹사이트를 통한 '재방문 유도'이다.

김여진과 조수화(Kim and Zhou, 2013)는 대인 커뮤니케이션을 기반으로 하는 소셜미디어의 특성상 관계를 생성하고 대화를 촉진시키는 기능이 있다고 보고, 켄트와 테일러의 다섯 가지 원칙을 소셜미디어 중 하나인 트위터Twitter에 적용했다. 구체적으로 뉴스, 사진, 비디오 등 다양한 소스를 이용해서 이용자들에게 유용한 정보를 제공해 주는 '정보의 유용성', 본인의 연락처, 전화번호, 이메일, 웹사이트 혹은 다른 소셜미디어 사이트를 제공함으로써 피드백을 활성화시키는 '대화 장치 마련', 다른 사이트에 주요 링크를 연결시켜 주는 '인터페이스의 편리함', 새로운 정보와 이슈들을 실시간으로 업데이트 하는 등 흥미로운 정보를 제공해 방문자들이 트위터를 계속 이용하게 하는 '방문자들의 보전성', 그리고 팔로어follower, 리트윗retweet 등의 기능을 통해 이용자와 끊임없이 소통할 수 있는 '재방문 유도'가 그것이다. 이 외에도 많은 학자들이 켄트와 테일러의 다섯 가지 원칙을 페이스북, 트위터 등 소셜미디어에 적용하는 시도를 해왔다(Bortree and Seltzer, 2009; Kim et al., 2014; Waters et al., 2011).

효과적인 대화는 단순히 상호작용적인 커뮤니케이션을 활성화하는 기술적 기반에 의해 이뤄지기보다는 공감, 인내, 지지, 신뢰 등 다양한 가치를 필요로 한다는 점에서, 실제로 조직에서 켄트와 테일러의 다섯 가지 원칙을 기반으로 대화를 촉진시키는 전략을 통해 디지털미디어를 효율적으로 사용하고 있는지에 대해서는 학자들마다 논란이 있다(Bortree and Seltzer, 2009; Gilpin, 2010; Kent and Taylor, 2016; Rybalko and Seltzer, 2010; Taylor and Kent, 2014). 하지만 쌍방 균형적 커뮤니케이션을 기반으로 위의 다섯 가지 원칙에 부합하는 디지털 테크놀로지의 발달이 조직과 공중 간의 대화와 피드백을 이끌어내는 잠재력이 있다는 것은 부인할 수 없는 사실이다(McClure, 2007). 비록 아직도 많은 조직에서는 소셜미디어를 공중과의 관계 수립 및 유지를 위해 이용하기보다는 일방향적으로 정보 공유의 플랫폼으로 쓰고 있지만(Rybalko and Seltzer, 2010; Waters and Jamal, 2011), 여전히 소셜미디어는 그 가능성 면에서 조직과 공중 간의 관계를 형성시키고 발전시키는 데 최적의 매체로 주장되고 있다(Seltzer and Mitrook, 2007).

2. 디지털PR 미디어의 진화, 주요 개념 및 현황: 웹1.0, 웹2.0, 웹3.0을 중심으로

안주아 등(2015: 2)에 따르면, 디지털미디어는 디지털오디오, 디지털 영상, 디지털콘텐츠 등 "디지털 코드를 기반으로 동작하는 전자 매체"로 흔히 아날로그미디어와 대조되는 개념으로 분류된다. 아날로그미디어에 비해 디지털미디어는 디지털 정보처리 시스템을 통해 텍스트, 그래픽, 사운드, 이미지가 통합된 멀티미디어 정보를 이용자들에게 전달할 수 있으며, 적은 비용으로 시공간을 초월해 정보를 생산하고 전달할 수 있다는 장점이 있다. 또한 아날로그미디어에서는 커뮤니케이션의 흐름이 정보의 공급자에서 수용자로 일방적으로 전달되었다면, 디지털미디어에서는 정보들이 상호 연결되어 이용자들 간에 쌍방향 커뮤니케이션이 가능하게 되었다.

디지털미디어는 웹web을 중심으로 발전해 왔다. 웹의 초기 형태인 월드와이드웹World Wide Web: WWW 혹은 웹1.0은 인터넷을 통한 하이퍼텍스트hypertext 문서로 상호 연결된 시스템으로, 소수의 정보 제공자가 다수의 정보 이용자에게 웹사이트를 통해 정보를 제공하는 형태를 가지고 있다(Naik and Shivalingaiah, 2008). 웹1.0은 이용자들이 상호작용을 하기보다는 웹사이트에서 제공한 정보를 검색하고 읽는 "읽기 전용 웹"으로의 기능을 했다(Naik and Shivalingaiah, 2008). 웹1.0을 통한 플랫폼에서는 정보 제공자가 커뮤니케이션의 주체로서 정보를 생산하고 원하는 시간과 방법으로 이용자들에게 정보를 제공할 수 있기 때문에, PR실무

표 7-2 웹1.0과 웹2.0의 구분

웹1.0		웹2.0
더블클릭(DoubleClick)	⇒	구글 애드센스(Google Adsense)
오포토(Ofoto)	⇒	플리커(Flickr)
아카마이(Akamai)	⇒	비트토렌트(BitTorrent)
엠피쓰리닷컴(Mp3.com)	⇒	냅스터(Napster)
브리태니커 온라인(Britannica Online)	⇒	위키피디아(Wikipedia)
개인 웹사이트(Personal websites)	⇒	블로깅(Blogging)
이바이트(Evite)	⇒	업커밍(upcoming.org)과 EVDB(The Event and Venue Database)
도메인 이름 추측(domain name speculation)	⇒	서치 엔진 최적화(search engine optimization)
페이지 뷰(page views)	⇒	클릭당 비용(cost per click)
화면 긁기(screen scraping)	⇒	웹 서비스(Web services)
출판(publishing)	⇒	참여(participation)
콘텐츠 관리 시스템(content management system)	⇒	위키스(wikis)
디렉토리(directory)	⇒	태깅(tagging)
점착성(stickiness)	⇒	신디케이션(syndication)

자료: O'Reilly(2007: 18).

자들이 그들의 타깃 공중에게 원하는 정보를 직접적으로 전달할 수 있는 등 정보의 통제권을 가질 수 있었다.

2004년 웹2.0이라는 개념이 처음으로 도입되면서, "디지털 진화/혁명" 혹은 "패러다임의 전환"이라는 신조어가 등장했다(Linke and Zerfass, 2013). 오라일리(O'Reilly, 2007)는 사회학자 피에르 레비Pierre Levy에 의해 확장된 개념인 집단 지성collective intelligence에 기반하여, 웹2.0을 이용자들의 "집단 지성을 활용하는 새로운 플랫폼"으로 정의했다. 또한 그는 웹 1.0과 웹2.0의 차이를 표 7-2와 같은 예시와 특성을 통해 분류했다.

웹2.0은 인터넷 진화에서 웹1.0의 다음 단계로, 블로그나 위키스wikis, 팟캐스트podcasts 등의 테크놀로지를 이용해 모든 사람이 콘텐츠를 생성하고 편집함으로써 좀 더 사회적으로 연결될 수 있도록 기능한다. 나아가 오라일리(O'Reilly, 2005, 2007)는 웹2.0의 영역을 ① 애플리케이션을 중심으로 한 "플랫폼으로서의 웹", ② 군중의 지혜로 묘사되는 "집단 지성의 활성화", ③ 이용자 네트워크를 통한 "내부 데이터베이스" 보유, ④ 조직의 일방적인 정보 전달이 아니라 "이용자 중심의 데이터 생성", ⑤ 다른 웹서비스에 통합할 수 있는 "가벼운 프로그램 모델", ⑥ "하나 이상의 컴퓨터에서 동시에 이용할 수 있는 소프트웨어", ⑦ 다양한 인터넷 애플리케이션, 데이터를 바탕으로 한 "풍부한 이용자 경험" 등의 트렌드로 규정했다.

오라일리와 함께 웹2.0의 선구자로 일컬어지는 멀홀즈(Merholz, 2005)는 웹2.0은 단순한 테크놀로지가 아니라 개방openness, 신뢰trust, 그리고 진정성authenticity에 기초한 철학적인 함의를 가지고 있다고 설명한다. 웹2.0은, 이용자의 참여, 개방, 그리고 상호작용성과 같은 네트워크 효과를 특성으로 하는 이용자 중심의 인터넷 애플리케이션으로 이용자들이 정보를 자유롭게 생산·공유·편집·전달함으로써 비즈니스와 사회적 과정에서 이용자의 경험, 공유, 지식, 그리고 시장력market power을 강화시키는 역할을 한다(Boler, 2008; Constantinides, 2014; Musser and O'Reilly, 2006; O'Reilly, 2007). 이에 학자들은 웹2.0이 과거의 수동적인 웹 서퍼들web surfers을 정보를 공유하기를 원하는 능동적인 콘텐츠 생산자들content creators로 변화시켰다고 주장했다(Dadashzadeh, 2010).

한편, 콘스탄티니데스 등(Constantinides et al., 2008)은 웹2.0을 크게 애플리케이션 종류, 사회적 효과, 테크놀로지 등 세 가지 차원으로 분류했다.

그림 7-1 **웹2.0의 세 가지 차원**

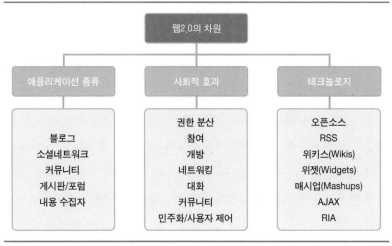

자료: Constantinides et al.(2008: 7).

먼저 웹2.0은 다양한 애플리케이션으로 구성되어 있는데, 크게 다음 다섯 가지 종류로 구분된다.

① 블로그Blogs: 블로그는 웹로그Web logs의 축약된 버전으로, 종종 팟캐스트Podcasts나 비디오캐스트Videocasts와 결합되는 가장 잘 알려지고 빠르게 성장하고 있는 애플리케이션이다.

② 소셜네트워크Social Networks: 소셜네트워크는 이용자들이 다른 이용자들과 개인적인 콘텐츠와 커뮤니케이션을 주고받기 위해 개인 웹사이트를 만들도록 한다. 소셜네트워크는 또한 이용자들이 온라인상에서 자신들의 프로필을 만들고, 전문적인 분야에서부터 개인적인 분야에 이르기까지 모든 네트워크를 형성하며, 자신의 관심 분야와 활동들을 다른 사람과 공유할 수 있게 한다. 마이스페이스Myspace, 페이스북Facebook 등이 해당된다.

③ 커뮤니티Communities: 특정한 분야의 콘텐츠를 조직하거나 공유할 수

있는 웹사이트로, 유튜브YouTube, 플리커Flickr, 위키피디아Wikipedia 등 사진
이나 동영상, 소셜 북마킹(이용자가 온라인상에 본인의 즐겨찾기 목록을 게
시해 공유하는 것) 등을 공유할 수 있는 애플리케이션을 포함한다.

④ 게시판/포럼Bulleting Boards/Forums: 보통 특정 관심 분야에 대한 의견이
나 정보를 교환하는 웹사이트를 말한다.

⑤ 내용수집자Content aggregators: 이용자들이 그들이 접근하기 원하는 웹
콘텐츠를 맞춤화해 제공하는 애플리케이션으로, 야후Yahoo나 구글Google
처럼 RSSReal Simple Syndication 또는 Rich Site Summary로 알려진 기술을 이용한다.
이때 이용자들은 단순히 소비자로서만이 아니라 콘텐츠 기여자로서의
역할을 한다. UGCUser-Generated Content라는 개념이 이러한 특성을 강조하
는 데 이용된다.

비록 웹2.0은 기존의 웹1.0과 비교해 완전히 새로운 도메인에 기반
하여 만들어진 것은 아니지만, 오픈소스 소프트웨어open source software에
기반한 다음 몇 가지 기술의 발전을 통해 만들어졌다(Constantinides, et
al., 2008).

① RSS: RSS는 Really Simple Syndication 혹은 Rich Site Summary
의 약자로 자주 업데이트되는 콘텐츠를 웹사이트에 정형화된 포맷으로
제공한다. 구글 리더Google Reader나 마이 야후MyYahoo처럼 소비자들이 좋아
하는 블로그들을 모니터링하거나 맞춤형 뉴스를 효율적으로 제공할 수
있게 한다.

② 위키Wiki: 위키는 이용자들이 협력해서 정보를 출판할 수 있는 애플
리케이션으로, 위키피디아는 위키 툴을 통해 발전된 온라인 백과사전
으로서, 다양한 이용자들이 함께 웹페이지를 편집하고 문서를 작성할
수 있다.

③ 위젯Widget: 위젯은 그래픽 이용자 인터페이스Graphical User Interface로 정보를 제공하고, 이용자들이 다양한 방식으로 애플리케이션과 운영 시스템에 접속할 수 있도록 한다.

④ 매시업Mash-ups: 매시업은 다양한 온라인 소스를 하나의 서비스에 생성할 수 있도록 콘텐츠를 모아주는 역할을 한다.

⑤ AJAX: 동시적 자바스크립트Asynchronous JavaScript와 XML의 약자로 다양한 웹 서버로부터 비동시적으로 데이터를 도출할 수 있게 한다. 웹페이지를 만들거나, 사진·비디오·지도와 같은 많은 데이터를 필요로 하는 웹사이트를 탐색할 수 있도록 하는 웹 발전 기술이다.

⑥ RIA: 풍부한 인터넷 애플리케이션Rich Internet applications의 약자로, 전통적인 데스크톱 애플리케이션의 기능과 특성을 가지고 있는 웹 애플리케이션이다.

콘스탄티니데스 등(Constantinides et al., 2008)에 따르면, 웹2.0은 이러한 애플리케이션의 기능을 바탕으로 다양한 사회적 효과를 만들어낸다. 먼저, 웹2.0은 웹의 도메인에서 정보의 생성·공유·배포의 기능을 통해 이용자들이 정보의 기여자contributors, 검토자reviewers, 그리고 편집자editors로서 능동적으로 참여할 수 있도록 한다. 특히 이용자들은 자신들의 관심 분야에 관한 인터넷 커뮤니티를 만들고, 지식과 경험을 바탕으로 쉽게 정보를 공유할 뿐만 아니라 기업체나 정치인들과의 투명한 대화에 참여하기도 한다. 과거의 정보의 흐름이 정보제공자 중심의 톱다운top down 방식이었다면 웹2.0에서는 이용자 중심의 보텀업bottom-up 방식으로 전환되는 등, 정보의 권한이 이용자 중심으로 분산되었다. 실제로 PR에서는 이용자들이 커뮤니티나 웹블로그, 팟캐스트, 소셜미디어 등에 올린 리뷰를 통해 기업에 대한 이미지를 형성하거나 상품에 대한 구매를 결정하는 등 지대한 영향을 미치고 있다.

한편, 웹3.0은 아직도 모호하고 혼돈의 소지가 있지만, 비즈니스 웹 개발자들이 웹2.0을 넘어 인터넷 이용자들이 만든 방대한 데이터를 생성하고 관리할 수 있는 새로운 방법을 모색하면서 만들어졌다(Barassi and Treré, 2012; Funk, 2008; Harris, 2008; Tasner, 2010; Watson, 2009). 웹3.0은 1999년에 월드와이드웹의 창시자인 팀 버너스리Tim Berners-Lee가 컴퓨터를 통해 다른 사람과 대화할 수 있는 방안을 모색하면서 시맨틱 데이터semantic data를 통해 대화의 의미를 이해하고 생성하는 방안을 떠올린 것에 착안해서 고안되었다(Barassi and Treré, 2012). 웹3.0은 여러 이용자들이 협력해 웹상에 데이터를 생성·조직·관리하고, 동시에 다른 이용자들이 좀 더 효과적으로 데이터를 찾을 수 있도록 한다. 이에 푹스 등(Fuchs et al., 2010)은 웹3.0이 사람들 간의 협력을 제공하는 "네트워크화된 디지털 테크놀로지networked digital technologies"에 의해 만들어졌다고 주장한다. "이용자 참여user participation"가 웹2.0을 설명하는 키워드였다면, 웹3.0은 "이용자 협력users' cooperation"으로 설명된다(Barassi and Treré, 2012). 비록 웹3.0이 PR에서 디지털 혁명을 이끌어 갈 다음 단계로 예측되고는 있지만, 기존 연구에 따르면 PR은 현재 웹2.0을 채택하는 초기 단계에 있으며 웹3.0을 도입하기에는 시기상조인 것으로 보인다(Macnamara, 2010).

3. 디지털PR 미디어 플랫폼의 종류 및 특성: 소셜미디어 플랫폼의 발전을 중심으로

소셜미디어 이용이 늘어나면서 페이스북과 유튜브 등과 같이 이용자

수가 많은 소셜미디어 플랫폼은 업계에서 영향력 있는 브랜드가 되었고, 이에 많은 조직들이 공중들과 소셜미디어를 통한 커뮤니케이션을 하고 있다(Linke and Zerfass, 2013). 비록 학계와 업계에서 많은 이들이 웹2.0과 UGCUser Generated Content를 소셜미디어와 혼용하고 있지만, 개념적으로는 서로 구분된다.

먼저, 소셜미디어는 웹2.0에 기반한 애플리케이션을 의미한다(Constantinides, Romero and Boria, 2008). 카플란과 헨라인(Kaplan and Haenlein, 2010: 61)은 소셜미디어를 "웹2.0의 이념적·기술적 특성에 기반한 인터넷 기반의 애플리케이션들"로 블로그/마이크로블로그(예: 트위터), 위키(예: 위키피디아), 콘텐츠 공유 커뮤니티(예: 유튜브), 소셜네트워킹사이트(예: 페이스북) 등을 모두 포함하는 포괄적 개념으로 정의했다. 캐버나(Cavanagh, 2019: 19) 역시 소셜미디어를 "온라인상에서 대화적인 미디어conversational media를 이용해 정보, 지식, 의견들을 공유하기 위한 사람들의 모든 활동들"로 정의했다. 이때 대화적인 미디어란 문자, 그림, 비디오, 오디오 등 형태의 콘텐츠를 쉽게 만들고 전달할 수 있는 웹 기반의 애플리케이션을 의미하며, 페이스북, 트위터, 스냅챗, 인스타그램, 핀터레스트, 링크트인 등의 소셜 플랫폼들을 소셜미디어의 형태로 구분했다.

한편, UGC는 "사람들이 소셜미디어를 이용하는 모든 방법"을 의미하며, 통상 인터넷 이용자들에 의해 생성되고 공적으로 이용 가능한 다양한 미디어 콘텐츠들로 정의되었다(Kaplan and Haenlein, 2010). 카플란과 헨라인(Kaplan and Haenlein, 2010)에 따르면, UGC로 규정되기 위해서는 세 가지 필수요건이 있는데, ① 공적으로 접근할 수 있는 웹사이트나 특정 그룹의 사람들에게 접근할 수 있는 소셜미디어에 출판되어야 하고, ② 어느 정도의 창의적인 노력이 보여야 하며, ③ 전문적인 틀이나 관행에서 벗어나 만들어져야 한다는 것이다. 따라서 소셜미디어는 UGC를 만들고 이용자들에게 공유할 수 있는 역할을 한다.

2019년 페이스북, 트위터, 인스타그램, 유튜브 등 다양한 소셜미디어 플랫폼들이 활발하게 이용되고 있지만, 현재의 플랫폼들이 만들어지기까지 지난 20년 동안 발전을 거듭했다. 먼저, 초기의 소셜미디어 플랫폼은 오프라인상 기존의 친구나 커뮤니티를 바탕으로 온라인상에서 교제하는 것을 목적으로 등장했다. 최초의 소셜미디어인 식스디그리닷컴 SixDegree.com은 1997년에 만들어졌다. 이듬해인 1998년 식스디그리닷컴은 이용자들이 자신들의 프로필을 만들고 친구 리스트를 만들어 서로 메시지를 보낼 수 있도록 했다. 비록 사람들의 관심 부족으로 식스디그리닷컴은 2000년부터 운영되지 못했지만, 이후 프로필을 만들고 공적으로 친구를 사귀는 소셜미디어 플랫폼이 등장하는 데 초석이 되었다. 대표적으로 1997년 아시아계 미국인을 위한 아시안애비뉴AsianAvenue, 1999년 흑인을 위한 블랙플래닛BlackPlanet, 그리고 2000년 히스패닉 커뮤니티를 위한 미젠테닷컴MiGente.com은 이용자들이 프로필을 만들어 인터넷 공간에서 친구들을 사귀고 교제하며 개인적·공적인 이슈에 대해 토론하는 서비스를 제공했다. 라이브저널LiveJournal은 러시아인들을 위한 소셜미디어로, 1999년에 이용자들이 블로그나 저널, 혹은 일기 등을 만들어 그들의 고등학교 친구들과 공유하는 데 이용되었다. 1999년에는 한국형 소셜미디어인 싸이월드Cyworld가 만들어지고, 2003년 SK커뮤니케이션스에 의해 운영되면서 이용자들이 인터넷 공간에서 자신들의 프로필, 아바타Avatar, 블로그를 만들고, 메시지와 게시판을 통해 친구들과 교제하는 서비스로 선풍적인 인기를 얻었다.

2000년대 이후부터는 기존의 네트워크뿐만 아니라 온라인상에서의 새로운 네트워크를 형성하고, 텍스트뿐만 아니라 뉴스, 사진, 비디오 등 다양한 콘텐츠를 공유할 수 있는 소셜미디어 플랫폼들이 등장했다. 라이즈닷컴Ryze.com은 2001년에 기업가, 투자자 등 비즈니스 업무를 하는 사람들의 네트워크를 위해 디자인된 소셜미디어 플랫폼으로 당시 대중적인 인기를 끌지는 못했으나, 기존에 알고 있는 친구들이 아니라 새로운 사람들을 인터넷 공간에서 연결시켜 주는 점에서 이후에 등장하는 소셜미디어 플랫폼에 영향을 미쳤다. 2002년에는 이용자들이 온라인 공간에서 다른 사람들과 데이트하거나 새로운 이벤트, 취미 등을 공유하기 위한 목적으로 프렌스터Friendster가 만들어졌다. 프렌스터를 통해 이용자들은 네트워크로 연결된 다른 이용자들과 메시지, 코멘트, 사진, 비디오를 공유할 수 있었다. 2003년에는 전문적인 네트워크를 바탕으로 하는 링크트인LinkedIn이 만들어져, 기업에서는 채용정보를 올리고 취업자들은 자신의 이력서를 올려서 구직활동을 할 수 있는 장이 마련되었다. 마이스페이스 역시 개인 프로필, 블로그, 사진, 비디오, 음악 등을 공유할 수 있는 플랫폼으로 2003년에 만들어져, 초기에는 유료 서비스로 전환할 가능성이 있다는 프렌스터의 대안으로 부상했으나, 2006년부터 2008년까지 미국에서 가장 인기 있는 소셜미디어로 성장했다(Albanesius, 2009; Boyd and Ellison, 2007; Cashmore, 2006).

2004년에는 이용자들과 실시간으로 사진과 비디오를 공유할 수 있는 사이트인 플리커Flickr가 만들어졌다. 이용자들은 플리커상에서 사진 앨범을 만들 수 있고, 앨범을 블로그나 웹사이트 등에 넣을 수 있다. 같은 해 만들어진 페이스북은 2019년 현재 가장 많은 이용자를 보유한 플랫폼으로(Clement, 2019), 이용자들은 페이스북상에서 자신의 프로필을 생성·관리하고, 일상을 텍스트, 사진, 동영상 등의 형태를 통해 친구를 맺은 다른 이들과 공유·태그하고 코멘트를 남길 수 있다. 또한 메신저 기능을 통해 다른 이용자와 실시간으로 커뮤니케이션할 수 있으며, 게

표 7-3 주요 소셜미디어 플랫폼의 설립 연대표

연도	소셜미디어 플랫폼 종류
1997년	식스디그리닷컴(SixDegree.com), 아시안애비뉴(AsianAvenue)
1999년	블랙플래닛(BlackPlanet), 라이브저널(LiveJournal), 싸이월드(Cyworld)
2000년	미젠테닷컴(MiGente.com)
2001년	라이즈닷컴(Ryze.com)
2002년	프렌스터(Friendster)
2003년	링크트인(LinkedIn), 마이스페이스(Myspace)
2004년	플리커(Flickr), 페이스북(Facebook)
2005년	유튜브(YouTube)
2006년	트위터(Twitter)
2007년	텀블러(Tumblr)
2010년	인스타그램(Instagram), 핀터레스트(Pinterest)
2011년	스냅챗(Snapchat)

시판을 통해 실시간 뉴스 정보 등을 받을 수 있다. 2005년에는 비디오 공유 사이트인 유튜브YouTube가 만들어져, 이용자들이 뉴스, 텔레비전 쇼, 영화, 다큐멘터리, 뮤직 비디오, 비디오 블로깅video blogging 등 다양한 형태의 비디오를 보고, 공유하고, 업로드하거나 코멘트를 달 수 있도록 하고 있다.

2006년에 만들어진 트위터는 블로그 기능과 소셜네트워크 기능이 결합된 서비스로, 블로그에 올릴 수 있는 글자 수가 140자로 제한되어 있기 때문에 다른 소셜미디어 플랫폼에 비해 빠르게 업데이트되는 정보를 얻을 수 있다. 또한 페이스북과 달리 웹상에서 다른 사람의 친구 수락 동의 없이도, 팔로우follow하면 해당 이용자의 블로그의 업데이트된 소식을 받을 수 있고 정보를 교환할 수 있다. 이런 속성으로 인해 트위터는 2016년 미국 대통령 선거 캠페인 당시 가장 영향을 미친 소셜미디어로 평가받았다(Isaac and Ember, 2016). 2007년에 등장한 텀블러Tumblr 역시 블로그 기능과 소셜네트워크 기능이 결합된 서비스로, 이용자들이 텍스트, 이미지, 비디오, 웹링크 등의 다양한 콘텐츠를 자신들의 블로그에 올리고 다른 블로그와 공유·커뮤니케이션할 수 있는 특징이 있다. 텀블러 이용자들은 자신들의 블로그를 페이스북과 트위터 계정에 연결해 이용할 수 있다.

인스타그램Instagram과 스냅챗Snapchat은 밀레니얼 세대(1978년 이후 출생한 세대)를 중심으로 가장 빠르게 성장하고 있는 소셜네트워킹 앱으로, 젊은이들을 타깃으로 한 스마트폰 앱으로 디자인되어 만들어졌다(Lim, 2017). 인스타그램은 2010년 페이스북에 의해 만들어진 플랫폼으로, 이용자들은 사진과 비디오를 저장·편집·업로드하거나 메시지를 통해 다른 이들과 공유할 수 있다. 스냅챗은 다른 이용자에게 일대일로 사진이나 비디오를 전송해 공유할 수 있는 멀티미디어 메시징 앱multimedia messaging app으로 2011년 처음 출시되었다. 스냅챗 이용자들은 필터나 캡션, 그림, 효과, 스티커 등의 선택을 통해 사진과 비디오를 직접 편집할 수 있고, 편집된 사진이나 비디오를 자신이 공유하기를 원하는 사람에게만 특정 시간(1초에서 10초 사이)만큼 공유할 수 있다는 특성이 있다.

한편, 핀터레스트Pinterest는 이미지 저장 플랫폼으로 2010년에 만들어졌으며, 2011년부터 아이폰iPhone 앱 서비스를 출시하면서 더 많은 이용자 수를 확보하게 되었다(Carson, 2012). 이용자들은 핀터레스트를 통해 여행, 요리, 인테리어, 웨딩 등 자신이 관심 있는 주제별로 다른 계정에 저장된 이미지를 자신의 계정에 저장할 수 있다. 핀터레스트는 2019년 여성 이용자 비율이 81%로 압도적으로 많은 것으로 조사되었다(Aslam, 2019).

이처럼 소셜미디어 플랫폼들은 초기에 기존의 개인적 관계를 유지하

표 7-4 **소셜미디어의 일곱 가지 기능과 함의**

종류	기능	영향
정체성 Identity	이용자들이 자신들을 나타내는 정도	데이터 개인정보 보호 마련, 이용자 자기 홍보, 브랜드를 위한 도구로 기능
대화 Conversations	이용자들이 서로 커뮤니케이션하는 정도	이용자들의 대화 변화의 속도와 방향을 주시, 대화를 이끌어 나갈 수 있는 방안 모색
공유 Sharing	이용자들이 콘텐츠를 주고받고 배포하는 정도	사회적 관계를 나타내는 소셜 그래프의 등장, 콘텐츠 관리 시스템의 필요성
실재감 Presence	이용자들이 다른 사람들이 접근 가능한지 알 수 있는 정도	상황의 현실, 친밀감, 즉각성을 생성하거나 관리
관계 Relationships	이용자들이 서로 관계를 맺는 정도	관계들의 네트워크에 있는 구조적인 속성이나 흐름들을 관리
명성 Reputation	이용자들이 다른 사람들의 사회적 위치와 콘텐츠를 아는 정도	이용자들과 브랜드의 영향력, 열정, 감정, 그리고 범위를 관찰
그룹 Groups	이용자들이 커뮤니티를 형성하거나 커뮤니티에 가입하도록 요청받는 정도	멤버십 규칙이나 규약

자료: Kietzmann et al.(2011: 243).

던 데서 나아가, 이용자들이 자신들의 게시판이나 블로그를 통해 자신을 표현하고, 인터넷상의 다양한 콘텐츠를 편집·공유·저장하며, 새로운 사람들과 사회적 네트워크를 마련해 가는 등 그 기능을 확장해 왔다. 키예츠만 등(Kietzmann et al., 2011)은 소셜미디어 사이트의 다양한 생태를 지적하며, 소셜미디어 활동을 정체성, 대화, 공유, 실재감, 관계, 명성, 그룹 등 일곱 가지로 분류하고, 이러한 일곱 가지 특성이 소셜미디어 플랫폼에 어떤 특성과 함의가 있는지 설명했다(표 7-4 참조).

먼저, 이용자들은 소셜미디어상에서 자신들의 '정체성'을 의식적 혹은 무의식적으로 나타낸다. 이 정체성에는 자신들의 이름, 나이, 성별, 직업, 현 위치 등 인적 정보뿐만 아니라 생각, 느낌, 선호도와 같은 주관적인 정보도 포함된다. 어떤 이용자들은 정체성을 나타내는 데 자신의 실제 이름을 사용하기도 하고, 온라인상에서의 닉네임을 사용하기도 한다. 이용자들은 소셜미디어상에서 자신의 정체성을 다른 사람과 공유하고, 이를 자기 홍보나 브랜드의 수단으로 이용하기도 한다. 하지만 소셜미디어 플랫폼의 종류에 따라 어느 정도 이상으로 자신의 개인정보가 유출되는 것에는 민감하기 때문에, 정부와 이용자들, 또한 소셜미디어 사이트 회사들은 개인정보 보호를 위한 방안을 모색한다. 실제로 개인의 취미나 사진들을 기존의 친구들과 공유하는 페이스북에서와 자신의 전문적인 네트워크를 바탕으로 하는 링크트인에서의 개인정보 공유 정도는 다르다. 또한 사이버 범죄를 예방하기 위해서도 개인정보 보호 장치가 요구된다.

둘째, 이용자들은 다양한 주제로 소셜미디어상에서 '대화'를 한다. 대화의 목적이나 주제에 따라 때로는 개인 간에 대화가 이뤄지기도 하고, 그룹 간에 대화가 이뤄지기도 한다. 이용자들은 자신과 마음이 맞는 사람들을 사귀거나 자존감을 높이기 위해, 혹은 정치, 경제, 환경 등 새로운 이슈에 대해 경청하고 나누기 위해 소셜미디어를 이용하기도 한다. 트위터 같은 경우, 이슈에 대해 실시간으로 업데이트되고 짧은 메시지를 이용자들과 공유할 수 있도록 하기 때문에 '정체성'보다는 '대화'에 좀 더 집중된 플랫폼이다. 이와 반대로 블로그에서는 이용자들이 동시적으로 대화에 참여하기는 어렵지만, 길고 풍성한 대화를 할 수 있다는 점에서 구분된다. 소셜미디어 회사에서는 이용자들의 커뮤니케이션에 있어서 시간당 얼마나 새로운 대화가 오고 가는지(대화의 속도), 또 대화가 긍정적으로 혹은 부정적으로 이뤄지고 있는지(대화의 방향)를 주시하여, 소셜미디어상에서 이용자들이 어떻게 짧고, 빠르고, 다양한 대화들을 마련할 수 있는지를 모색한다.

셋째, 소셜미디어상에서는 이용자들이 콘텐츠를 주고받고 배포하는 등의 '공유'가 이뤄진다. 구체적으로 소셜미디어 플랫폼에서 제공하는 텍스트, 사진, 비디오, 사운드, 링크 등을 매개로 사람들 간의 공유가 이뤄지는데, 예를 들면 사람들은 매일 이메일, 트위터, 모바일 앱에서 제공하는 그루폰Groupon을 통해 지역 비즈니스에 대한 정보를 얻고, 많은 사람들이 저렴한 가격으로 함께 해당 상품이나 서비스를 구매한다. 그루폰과 같은 사회적 쇼핑 서비스는 이용자들 간의 연결을 나타내는 지도인 소셜그래프social graph를 통해 이용자들 간의 사회적인 네트워크를 바탕으로 정보를 교환할 수 있도록 한다. 이 외에도 플리커에서 제공하는 사진, 마이스페이스에서 제공하는 인디 뮤직, 링크트인에서 제공하는 직업, 유튜브에서 제공하는 홈메이드 비디오와 같이 소셜미디어 플랫폼에서 제공하는 기능에 의존해 이용자들은 다른 이용자들과 정보를 공유할 뿐만 아니라 서로 관계를 만들어나가기도 한다. 때로는 이용자들이 직접 콘텐츠를 만들지 않더라도 소셜미디어상에 콘텐츠를 업로드하기 때문에 무단 복제의 위험이 있다. 따라서 콘텐츠의 저작권을 보호하기 위한 콘텐츠 관리 시스템이 요구된다.

넷째, '실재감'은 실제 세계나 가상 세계에서 다른 이용자들이 어디에 있으며 그들에게 접근이 가능한지를 아는 정도로, 실제와 가상 세계를 연결해 주는 역할을 한다. 예를 들어, 오프라인에서는 서로 알지 못하더라도, 페이스북이나 트위터 등 소셜미디어에서 이용자들이 상태를 업데이트하고 체크인check in 기능을 통해 그들이 어디에 있는지를 다른 이용자들과 공유함으로써 서로 좀 더 근접하고 친밀하게 느낄 수 있도록 한다. 이용자들에 따라서 소셜미디어상에 실시간으로 자신들의 정보를 노출시키기를 원하는지, 몇몇 사람들에게만 선택적으로 정보를 노출시키기를 원하는지 다르기 때문에, 소셜미디어 회사들은 그들의 이용자들의 접근 가능성과 위치에 대한 중요성에 관심을 기울일 필요가 있다. 또한 소셜미디어상에서의 실재감은 소셜미디어에 대한 친밀감이나 즉각성에 영향을 받으며, 사회적 실재감이 높을수록 이용자들 간의 더 많은 대화와 관계를 만들어내는 것을 자각해야 한다.

다섯째, 소셜미디어상에서는 두 명 이상의 이용자들이 서로 친구를 맺고, 대화를 하고, 실제로 만나는 등 '관계'를 맺는다. 이용자들이 어떠한 관계를 맺느냐에 따라 어떤 정보를 어떻게 공유하는지가 결정된다. 형식적이고 구조화된 관계에서는 정해진 틀 안에서 정보 공유가 이뤄지지만, 비형식적인 관계에서는 이용자들 사이에 자유롭게 정보 공유가 이뤄진다. 소셜미디어 플랫폼의 종류에 따라 관계의 성격이 달라지는데, 예를 들면 링크트인의 경우 취업담당자가 고용하기를 희망하는 후보자인가에 따라 정보를 전달할지 여부를 결정하고, 원하는 후보자일 경우 링크트인에 연결된 사람들을 통해 구직자에 대한 정보를 얻고 인터뷰를 하기도 한다. 스카이프Skype에서는 관계를 새롭게 확장하기보다는 이미 알고 있는 사람들과 커뮤니케이션을 하는 등 기존의 관계를 유지하는 데 초점을 맞춘다. 트위터나 유튜브의 경우, 이용자들이 다른 사람과 관계를 맺기 위해 이용하기보다는 관계에 상관없이 자신들이 원하는 정보를 올리기 때문에 관계지향적인 소셜미디어 플랫폼으로 볼 수 없다. 관계의 성격에 따라 정체성, 프라이버시, 진정성의 정도에 대한 이용자들의 기대가 달라지기 때문에 소셜미디어별로 어떠한 관계를 지향하고 어떻게 관리할 것인지를 모색해야 한다.

여섯째, 흔히 다른 사람들이 어떻게 보는지를 판단하는 정도인 '명성'은 소셜미디어 플랫폼에 따라 다른 의미를 가지고 있다. 보통 명성은 어떤 사람에 대한 신뢰도와 관계되지만, 소셜미디어상에서는 사람에 대한 명성뿐만 아니라 그들의 콘텐츠에 대한 명성 역시 포함된다. 예를 들어, 유튜브상에서 비디오에 대한 명성은 사람들이 얼마나 많이 보고 높은 점수를 매기느냐에 따라 결정되고, 페이스북상에서는 얼마나 많은 사람들이 좋아요likes 버튼을 누르는지, 트위터상에서는 얼마나 많은 사람들이 팔로우를 하는지에 따라 결정된다. 소셜미디어 회사들은 명성을 평가하는 데 있어 방문자 수나 팔로어 수와 같은 객관적 데이터를 이용할지, 아니면 점수를 매기는 시스템과 같이 군중의 집단 지성을 반영한 도구를 이용할지 등 적절한 계량적 분석 시스템을 선택해야 한다. 실제로, 소셜 멘션 서치Social Mention Search는 이용자들과 기업들에게 소셜미디어상에서 얼마나 많이 이름이 언급되었는지(영향력), 긍정적 혹은 부정적으로 언급된 비율이 어떻게 되는지(감정), 얼마나 자주 언급되었는지(열정), 전체 언급 중에서 얼마나 많은 사람들이 언급했는지(범위) 등에 관한 정보를 전달하고 있다.

마지막으로, 이용자들은 소셜미디어상에서 커뮤니티를 형성하거나 커뮤니티에 가입되어 있는데, 그 정도에 있어서 차이가 있다. 이용자들이 더 많은 사회적 네트워크를 형성할수록, 친구들 혹은 팔로어들로 이뤄진 더 큰 '그룹'을 가지게 된다. 오프라인에서는 한 사람이 사회적 관계를 맺을 수 있는 한계가 정해져 있지만, 소셜미디어 플랫폼은 그 한계를 넘어 이용자들이 멤버십을 관리할 수 있는 도구를 마련해 준다. 예를 들어, 트위터에서는 친구, 팔로어, 팬 등으로 나누어 그룹을 만들수 있게 하고, 페이스북이나 플리커에서는 그룹을 관리하는 사람들과 그룹에 다른 사람들을 초대하고 그룹에 가입할 수 있도록 승인하는 사람들로 나뉘어 그룹을 관리하게 된다. 또한 이용자들은 소셜미디어상에서 그들의 선호도에 따라 누구나 가입할 수 있는 그룹을 만들지, 초대받은 사람들만 가입할 수 있는 그룹을 만들지도 결정할 수 있다. 소셜미디어상의 그룹은 단순한 이용자 리스트뿐만 아니라 멤버십 활동과 콘텐츠도 포함되기 때문에, 어느 정도의 그룹 이용자들에게 정보 이용을 허락할지 규칙을 정하는 등 관리 시스템이 필요하다.

4. 디지털PR 미디어의 기회와 도전

디지털미디어가 등장하면서 PR의 미디어 지형에 변화가 생겼다. 약 20년 전까지만 해도 PR은 인쇄 미디어, 라디오, 텔레비전과 같은 전통적인 미디어를 이용하거나 현장에서의 이벤트나 미팅 등을 통해 직접 공중과 대면하여 일을 하는 데 집중해 왔다면, 디지털미디어의 발달로 PR실무자들이 어떻게 기존의 전통적인 미디어와 균형을 맞춰 전략을 마련할지에 대한 관심이 높아지고 있다.

쿨로조지(Koulogeorge, 2019)는 PR이 디지털 환경에서 진화했다는 것을 다섯 가지 예가 보여주고 있다고 설명한다. ① '세분화된 여론주도층 마케팅Refined Influencer Marketing'이 등장했다. 예를 들어, 소셜미디어상에서 1000명에서 5000명 사이의 팔로잉following을 가진 사람들의 의견이나 추천은 좀 더 공신력 있는 것으로 인정받기 때문에 조직에서 그들의 선호도나 피드백을 적극적으로 이용하고 있다. ② '복수 채널을 가진 PR Multichannel PR'의 등장으로, 과거에는 인쇄 매체, 전자 매체 등 한 가지 미디어 채널을 이용해 공중들과 소통했다면, 디지털 환경에서는 팟캐스트, 인스타그램, 링크트인 등 다양한 소셜채널들을 통해 메시지를 전달·공유하게 되었다. 따라서 PR에서 그들의 다양한 타깃 공중과 긴밀하게 접근하기 위해서는 다양한 채널들을 이용해야만 한다. ③ 디지털 미디어에서는 이용자들의 뷰views, 클릭clicks, 좋아요likes, 공유shares의 수치가 중요해졌기 때문에, 좋은 스토리를 만들지 않으면 살아남을 수 없다. 따라서 다양한 미디어 플랫폼들 사이에서 이용자들의 참여를 이끌어내기 위해서는 '콘텐츠의 성능content performance'이 뛰어나야 한다. ④ 인공지능을 통한 기술의 발달로 많은 사람들이 뉴스, 날씨, 기타 일상 정보들을 구글 어시스턴트Google Assistant와 같은 가상 지원 장치를 통해 얻고 있다. PR에서도 타깃 수용자들이 음성인식 기능을 통해 보다 효과적으로 콘텐츠를 이용할 수 있도록 '가상 미디어Virtual Media'를 통한 전략을 짤 것으로 전망되고 있다. ⑤ 그동안 PR에서는 조직에서 투자한 성과에 대한 회수를 검증하기가 어려웠지만, 디지털 기술의 발달로 PR 전략이 성공적이었는지를 계량적으로 분석할 수 있는 기법들이 개발되었다. 다양한 기법을 통해 경쟁 업체 사이의 매체 점유율share of voice뿐만 아니라 얼마나 많은 사람들에게 메시지가 전달되었고 어떠한 미디어에서 가장 많은 이용자들의 참여를 이끌어오는지를 측정할 수 있다.

학자들 또한 디지털미디어가 PR실무자들에게 공중과 소통할 수 있는 매력적인 커뮤니케이션 수단임은 자명하다고 주장한다(Brunner and Kickerson, 2019). 먼저, 언론사의 게이트키퍼gatekeeper들을 통해 간접적으로 공중에게 메시지를 전달하는 구조였던 전통 미디어에서와 달리, 디지털미디어 환경에서는 게이트키퍼가 없기 때문에 공중과의 직접적인 커뮤니케이션이 가능하다. 이러한 커뮤니케이션 환경에서 전통적으로 조직을 중심으로 한 사고방식은 고루하며, 타깃 공중에게 직접적으로 조직의 입장을 전할 수 있는 새로운 기회가 생겼다(Linke and Zerfass, 2013). 디지털 환경에서 공중은 단순히 정보를 전달받는 정보의 수신자 역할이 아니라, 직접 콘텐츠를 만들고 조직에 대해 직접 자신의 의견을 어필할 수 있는 능동적인 정보 생산자 역할도 하기 때문에, 조직과 공중 간의 쌍방향 커뮤니케이션은 물론 질적인 대화도 가능하다.

나아가 정보의 속도와 범위 면에서 인터넷 기술을 바탕으로 다양한 정보를 보다 빠르게 공중과 소통할 수 있다는 장점이 있다. 조직은 조직에서 후원하는 블로그나 소셜미디어, 혹은 위키피디아와 같은 공개 콘텐츠 사이트 등을 통해 단순하고 적은 비용으로 효과적으로 타깃 공중에게 접근하고, 원하는 콘텐츠를 전달할 수 있게 되었다(Constantinides, 2014). 또한 조직의 웹사이트와 연결된 RSS의 기능을 통해 관심 있는 공중이 그들의 상품이나 서비스에 대해 어떻게 평가하는지 실시간으로 알 수 있기 때문에 디지털미디어는 기존의 공중을 보유할 수 있는 유용한 도구가 될 수 있다. 사람들 역시 텍스트, 그림, 비디오, 지리적 정보 등 멀티미디어가 혼합된 최신의 정보를 디지털미디어를 통해 즉각적으로 얻을 수 있기 때문에, 특히 위기관리 시에 공중들이 긴급상황을 빠르게 인지하는 데 이용될 수 있다(Lin et al., 2016).

하지만 빠른 속도, 개방, 공유, 참여, 그리고 시간과 장소에 제한되지 않는 이용가능성을 특징으로 하는 디지털미디어는 PR에 새로운 도전을 불러일으켰다. 디지털상에서 누구나 정보를 생성하고 이용할 수 있게 되면서 개인이 자신의 콘텐츠를 다른 사람과 커뮤니케이션할 수 있게 되었고, 정보 통제의 권한이 디지털 이용자에게 넘겨졌다(Castells, 2009). 이에 따라 조직들은 조직 내 구성원뿐만 아니라 공중의 정보 이용 및 교환을 더 이상 통제할 수 없게 되면서, 디지털미디어를 통해 전략적인 커뮤니케이션을 하는 데 어려움을 겪고 있다(Linke and Zerfass, 2013; Postman, 2008). 실제로 상호작용성을 바탕으로 하는 소셜미디어의 발달로 앞서 그루닉(Grunig, 1992)이 제시한 PR 모델에서 쌍방향 균형 모델이 실현될 것으로 전망되기는 하지만, 아직도 많은 조직들이 공중에게 메시지를 일방향적으로 전달하거나 공중의 피드백 없이 전통적인 미디어를 통해 메시지를 통제하려는 경향이 있다(Damásio et al., 2012). 기존 연구에서도 PR에서 웹2.0의 채택이 아직 초기 단계에 불과하며 조직에서 소셜미디어를 통한 PR활동을 하는 데 있어서 '일어나야 할 것'과 실제로 '일어난 것' 사이에는 상당한 간극이 있음을 보여준다 (Wright and Hinson, 2009). 따라서 PR실무자들은 디지털 시대에 조직과 공중 간의 권력 균형을 고려해 쌍방향 커뮤니케이션과 상호 이해에 좀 더 초점을 맞춘 전략을 짤 필요가 있다(Komodromos, 2014).

또한 디지털 네트워크로 연결된 무수한 정보들 사이에서 공중에게 어필할 수 있는 메시지와 자극들을 개발하는 데 많은 조직들이 어려움을 겪고 있다(Davis, 2009). 인터넷상에서 실시간으로 빠르게 업데이트되는 수많은 정보를 관리하고 정보의 흐름을 파악하기 위해서는 PR활동에 있어서 더 많은 인력과 업무량이 요구되며, 공중에게 메시지를 전달하는 속도, 일정, 방법, 적합한 미디어 플랫폼을 선택하기 위한 전략적 커뮤니케이션 접근법이 필요하다. 디지털상의 정보의 양뿐만 아니라 정보의 질적 문제와 관련해, 디지털 정보의 생성과 배포 면에서 조직과 공중 사이의 경계가 모호해짐에 따라 정보의 정확성이나 신뢰도의 측면에서 PR활동에 새로운 윤리적 도전이 제기되었다. 이에 2015년 미국 PR 협회는 소셜미디어를 이용하는 PR실무자들이 "신뢰를 바탕으로 하는 관계를 도모하고 가치를 창출하는 의미 있는 소셜미디어 콘텐츠를 만들기 위해 정직하고, 투명하고, 신뢰가 가며, 진실성 있도록 노력해야 한다"라고 명시했다(PRSA, 2015: 1).

그렇다면 어떻게 하면 PR실무자들이 의미 있는 소셜미디어 콘텐츠를 만들고 신뢰를 쌓을 수 있을까? 이에 대해 브러너와 키커슨(Brunner and Kickerson, 2019)은 PR실무자들의 정직성과 공정성을 강조한다. 먼저, 브러너와 키커슨은 PR에서 진실성 없이 공중과 장기적으로 긍정적인 관계를 맺는 것은 불가능하기 때문에 공중에게 정보를 투명하게 공개해야 한다고 주장한다. PR실무자들은 소셜미디어상에 잘못된 정보를 올리거나 정보를 조작해서는 안 되며, 이를 위해서 PR실무자들이 소셜미디어상에 정보를 올릴 때 정보의 출처와 정보를 전달하는 사람을 모두 투명하게 명시할 것을 제안한다. 일례로 최근 이슈가 되고 있는 고스트 블로깅ghost blogging이나 고스트 트위팅tweeting이 문제인 이유는 정보 자체는 정확하고 균형된 정보라 할지라도 정보를 작성한 사람이 진실되지 않기 때문이다. 린과 그 동료들(Lin et al., 2016) 역시 공중의 신뢰를 얻고 효율적으로 커뮤니케이션을 하기 위해서는 출처의 신뢰도를 확보할 필요가 있다고 설명한다. 디지털 기술의 발달로 너무 많은 정보를 미디어를 통해 접하면서, 사람들은 메시지의 본질에 관심을 갖고 노력하여 자신들의 태도나 판단을 형성하기보다는 그 메시지를 제공하는 사람이나 환경에 따라 정보를 신뢰하고 수용하려는 경향이 있기 때문이다.

브러너와 키커슨(Brunner and Kickerson, 2019)은 또한 PR실무자들의 공정성은 중요하지만 실현하기 어렵다고 설명한다. 이는 PR실무자들의 공익과 사익 혹은 그들 고객의 이익 간에 이해충돌이 발생할 수 있기 때문이다. 이러한 이해충돌은 공정성뿐만 아니라 진실성과 신뢰감에 부정적인 영향을 미칠 수 있기 때문에, 브러너와 키커슨은 PR실무자들이 그들의 공중과 신뢰를 구축하고 유지하기 위해서는 이해충돌 상황이 있다면 공중에게 솔직하게 공표할 것을 제안한다.

이 외에도 린 등(Lin et al., 2016)은 PR실무자들이 소셜미디어의 동향을 주시하여 잘못된 정보가 양산되지 않도록 할 것을 제안한다. 소셜미디어상에서는 누구든지 정보를 올릴 수 있고, 리트윗이나 해시태그hashtag 등을 통한 퍼나르기 기능을 통해 정보의 파급력이 뛰어나기 때문에 한 개인이 의도적이든 비의도적이든 잘못된 정보를 올렸을 경우 빠르게 루머가 양산되고 확산될 우려가 있다. 특히 위급 상황과 같은 경우, 공중과 심지어 공신력 있는 뉴스대행사들조차도 정보에 대한 관심은 많은 반면 정보에 대한 지식은 부족하기 때문에, 소셜미디어상의 잘못된 정보에 의존할 수밖에 없다. 따라서 잘못된 정보로 인한 조직의 위기상황을 피하기 위해서는 PR실무자들이 정보의 정확성에 대해 모니터링하는 것이 필요하다.

생각할
거 리

❶ 디지털 시대에 PR의 개념은 어떻게 정의될 수 있는가? 전통 미디어 시대의 PR과 디지털 시대의 PR은 어떤 부분에서 서로 비슷하고 다른가?

❷ 웹1.0, 웹2.0, 웹3.0 등 웹은 어떤 요소들을 중심으로 발전되어 왔는가? 또한 웹의 이러한 진화가 향후 PR활동에 어떠한 긍정적·부정적 영향을 미칠 것이라고 생각하는가?

❸ 소셜미디어의 플랫폼의 특성 및 발전과정을 고려해 볼 때, 만약 당신이 PR실무자라면 미디어를 이용하여 어떠한 커뮤니케이션 전략을 쓸 것인가? 만약 전통 미디어를 통한 커뮤니케이션 전략과 디지털미디어를 통한 커뮤니케이션 전략이 다르다면, 각각 어떻게 전략을 세울 수 있을까?

❹ 디지털미디어 시대에 요구되는 PR윤리는 무엇이며, PR실무자들은 어떠한 노력을 통해 윤리적인 커뮤니케이션 활동을 할 수 있을까?

제2부 디지털PR: 기술, 공중, 플랫폼

디지털PR:
전략과 사례

제8장

디지털
마케팅PR

　우리는 하루에 얼마나 많은 정보의 양에 노출되고 있을까. 2019년 통계에 따르면 전 세계 약 43억 3000만 명이 인터넷을 사용하고, 그중 소셜미디어 이용자는 35억 3000만 명에 이른다고 한다(Statista, 2019). 이는 2018년에 비해 각각 약 9% 정도 증가한 수치이다(We Are Social, 2019). 1분 평균 1억 8800만 개의 이메일이 전송되고, 27만 7777개의 인스타그램Instagram 스토리가 올라오며, 450만 명이 유튜브YouTube 비디오를 시청하고, 약 51만 개의 트위터Twitter 글이 올라온다(Desjardins, 2019). 인터넷 및 소셜미디어, 나아가 AIartificial intelligence, ARaugmented reality, VRvirtual reality 기술의 발전으로 쌍방향 커뮤니케이션을 기저로 한 PR은 그야말로 황금의 시대가 맞이했다 해도 과언이 아닐 것이다. 텔레비전이나 신문, 라디오 등의 전통 매체의 힘에만 의존해야 했던 지난 시대를 생각해 본다면 이러한 기술의 발전은 PR실무자에게 날개를 달아준 셈이다.

하지만 현실은 더 치열하기만 하다. 우리가 타깃으로 하는 공중들은 하루에도 수십 개, 수백 개의 이메일, 문자, 소셜미디어 메시지에 노출되어 있으며, 이러한 공중의 관심과 참여를 끌어낸다는 것은 여간 어려운 일이 아니다. 디지털 시대의 기술은 수용자들의 매체 이용방식과 소통방식의 변화를 가져왔을 뿐만 아니라, 조직으로의 기대에 대한 변화도 가져왔다. 예를 들면, 2018년 532명의 미국 소셜미디어 사용자들을 대상으로 한 설문조사에서는 76%의 응답자가 기업의 소셜미디어에 글을 남겼을 때 기업이 댓글을 남겨주기를 기대한다고 했으며, 이 중 83%는 이 댓글이 하루 안에 남겨지기를 기대하고 있었다(Cox, 2018). PR실무자와 학자들은 이렇게 변화하는 시대의 흐름을 빨리 읽고 유동적으로 대응할 수 있어야 한다.

이 장에서는 논의의 범위를 기업으로 한정하고, 디지털미디어 발전으로 변화하는 환경 속에 기업이 장기적으로 성공하기 위해서는 어떤 전략적인 접근을 하는 것이 효과적일 것인가에 대한 몇 가지 제안을 하고자 한다. 여기서 소개하는 전략들은 디지털 시대 마케팅PR 전략의 전부가 아니며 서로 배타적이라기보다는 상호보완적이기 때문에 한 PR캠페인에서 여러 가지 전략이 함께 쓰일 수 있음을 전제로 한다.

1. 소비자 참여형 PR

PR에서 미디어 관계가 주를 이루던 디지털 이전의 시대에는 소통의 방식이 일방적이었다. 기업이 우편, 전단지, 방문 판매, 매장을 통해 직접 소비자에게 정보를 전달하거나, 뉴스와 같은 전통 매체를 통해서 소비자에게 닿는 것이 기업과 소비자의 일반적인 소통방식이었다. 하지만 인터넷 및 소셜미디어의 발전은 소비자의 직접 참여를 가능하게 하고 쌍방향 소통을 가능하게 했으며, 통제 가능한 채널과 통제 불가능한 채널이라는 이분법적인 미디어의 경계를 허물어뜨렸다. 소비자도 기업이나 미디어에게 직접 목소리를 낼 수 있게 되었고, 소비자끼리의 의견 교환도 자유로워졌으며, 소비자와 기업이 상호작용할 수 있는 기회도 많아지고 있다. 이러한 환경에서 기업은 새로운 채널의 장점을 극대화하여 좋은 이미지 만들기와 같은 표면적인 가치에서 나아가 소비자와 상호작용의 기회를 넓히고 그들의 적극적인 참여를 도출해 내야 한다.

소비자 참여consumer engagement의 형태에는 다양한 모습이 있지만 이는 크게 인지, 감정, 행동, 이렇게 세 단계로 나눌 수 있다. 이를 바탕으로 홀빅(Hollebeek, 2011: 555)은 소비자 브랜드 참여를 "소비자의 브랜드와의 상호작용에 있어 인지적·감정적·행동적 투자"로 정의했다. 브로디 등(Brodie et al., 2011: 7)은 소비자 참여는 관여involvement나 참가participation와는 구분되는 개념이라고 하면서 다섯 가지 명제를 내놓았는데 소비자 참여는 ① 기업과의 상호작용의 결과로 나타나는 심리적인 상태이고, ② 소비자의 관여나 행동 참여가 전제가 되어야 하고, 기업과 소비자의 연속적이고 역학적인 상호 과정이 반복적으로 일어나며, ③ 이 과정에서 기업이 중심적인 역할을 하고, ④ 인지, 감정, 행동 차원으로 구성된 다차원적인 특징을 가지고, ⑤ 기업과 소비자의 상호작용의 형태나 그 상호작용이 이루어지는 상황이 무엇이냐에 따라서 어떤 종류의 그리고 어느 정도의 참여가 이루어지는지가 달라질 수 있다고 이야기한다.

소비자 참여의 형태는 매장에 들르거나 제품을 구매하는 것으로부터 시작하여, 제품 디자인 과정에 아이디어를 제공하는 것, 기업이 주최하는 제품 판촉 이벤트에 참여하는 것, 제품에 대한 리뷰를 남기는 것, 소셜미디어에서 기업에 대한 정보를 공유하거나 기업의 사이트에 댓글을 남기거나 '좋아요'를 누르는 것, 기업이 주관하는 소셜미디어 콘테스트에 참여하는 것 등 다양하다(Ashley and Tuten, 2015). 또한 홀빅(Hollebeek, 2011)과 브로디 등(Brodie et al., 2011)의 정의에 따르면, 이러한 행동 단계의 참여뿐만 아니라 캠페인 메시지를 보고 어떠한 감정이 유발된다든지 캠페인 메시지에 관심을 가지고 그것을 읽고 생각하는 것 자체가 모두 소비자 참여의 형태가 될 수 있다.

그렇다면 소비자 참여형 PR전략이란 무엇인가. 한마디로 정의하자면 소비자의 자발적인 참여를 이끌어내는 전략이다(Ruiz de Maya, Lardín-Zambudio and López-López, 2016; von Weltzien Høivik and Shankar, 2010). 이 장에서 소개하는 소비자 참여형 PR전략에는 몇 가지 전제 조건이 있다. 첫째, 캠페인 전략 기획 또는 실행 과정에 있어서 소비자의 참여가 필수 요소가 되어야 하고, 이 참여는 행동 단계의 참여를 말한다. 둘째, 소비자 참여는 기업의 참여를 불러올 수 있는 선행 과정이 되어야 하고, 소비자 참여를 통한 기업 참여는 이 둘 간의 관계를 형성할 수 있는 기반이 된다. 기업의 '링크를 공유해라', '기부를 하라'는 메시지 자체는 소비자의 참여를 권고하지만 이 자체를 참여형 PR전략으로 볼 수는 없는 것이다.

소비자 참여형 PR전략은 크게 세 가지로 나눌 수 있다. 첫째, 오픈 아이디어를 바탕으로 한 크라우드소싱crowdsourcing이 대표적인 예인데 크라우드소싱은 기업이 일반 대중으로부터 아이디어나 의견을 구하고 이를 전략에 반영하는 방식이다. 온라인 투표 참여 형식일 수도 있고, 아이디어를 직접 투고하는 등 상대적으로 간단한 온라인 투표 이상의 노력을 요구하는 형식일 수도 있다.

레고는 '레고 아이디어스LEGO Ideas'라는 온라인 커뮤니티를 운영하고 있는데 두 개의 크라우드소싱 전략을 응용한 프로그램이 진행 중이다

(Lego, 2019). 첫 번째는 새로운 레고 세트에 대한 제품 디자인 아이디어를 구하는 프로그램이다. 소비자는 새로운 제품 아이디어를 조립하여 사진을 찍거나 3D 렌더링rendering을 하여 아이디어를 제출할 수 있고, 온라인 투표를 통해 1만 명 이상의 지지를 받으면 전문가의 심사를 받을 수 있게 된다. 이를 통과한 아이디어가 실제 제품으로 만들어져 판매가 되면, 아이디어를 냈던 소비자는 1%의 수수료를 받는다. 두 번째 프로그램은 레고 콘테스트이다. 예를 들어, 미국의 오토바이 회사인 할리데이비슨Harley-Davidson을 주제로 한 콘테스트는 소비자들이 미래의 오토바이는 어떤 모습일까를 레고를 이용하여 구현해 내는 콘테스트이다. 2019년 10월 23일부터 10월 30일까지 온라인 투표를 통해 3명의 수상자를 결정했으며, 수상자는 다양한 레고 상품과 할리데이비슨 제품을 수여받았다. 두 프로그램 다 전 세계 레고 팬을 대상으로 하고 있으며, 수상자가 온라인 투표를 통해 정해진다는 데에 공통점이 있다.

캐나다 아웃도어 브랜드 아크테릭스Arc'teryx는 '문제해결사Problem Solver'라는 캠페인을 진행했는데 소비자들은 2019년 8월 1일부터 9월 1일까지 한 달 동안 소비자의 마음을 울린 따뜻한 행동 사례나 모범적인 지역사회 활동 프로젝트를 추천할 수 있었다(Arc'teryx, 2019). 우승자는 매장을 방문하는 소비자들의 투표를 통해 선정되는데, 이 중 지역별로 각각 세 프로젝트씩 선정이 되며 우승자는 프로젝트 진행을 위한 지원금과 함께 아크테릭스 상품권을 받게 된다.

둘째, 소비자들의 온라인이나 소셜미디어 참여를 기반으로 하는 전략이다. 소비자가 소셜미디어에 특정 캠페인 해시태그hashtag를 사용해 사진, 비디오, 또는 스토리를 공유하면 기업이 그 수에 따라서 비영리단체나 개인에게 기부를 하기도 하고, 경품을 제공하는 등 참가자에게 다른 직접적인 혜택을 주기도 한다.

그림 8-1 아크테릭스 '문제해결사' 캠페인 광고

자료: ARCTERYX 커뮤니티 이벤트 게시판(http://community-events.arcteryx.com/problemsolverswashington).

　　네이버 산하 비영리 재단법인인 해피빈은 콩 1개당 100원의 가치를 지닌 '해피빈 콩'이라는 기부 아이템을 만들어 소비자들이 네이버 쇼핑 사이트에 리뷰를 남기거나, 네이버 카페나 블로그에 글을 쓰거나, 네이버 지식인에 참여할 때마다 '해피빈 콩'을 적립받는다(해피빈, 2019). 그 밖에도 해피빈에서 진행 중인 캠페인 미션에 참여하거나 해피빈 콘텐츠 하단의 콩배너를 클릭하는 등 다양한 방법을 통해 콩을 적립할 수 있다. 적립된 콩은 도움이 필요한 단체에 대한 현금 기부의 대용으로 사용될 수 있다. 이와 비슷하게 월마트, 페이스북을 포함한 미국의 많은 기업들은 자연 재해가 발생한 직후 피해자들을 돕기 위해 기업들의 웹사이트에 배너를 만들어 소비자들이 링크를 통해 기부하면 그에 상응하는 또는 두 배의 금액을 기부하겠다는 캠페인을 벌이기도 한다.

그림 8-2 **해피빈 캠페인의 더블 프로젝트와 해피빈 적립 방법**

작은 단체를 두 배로 응원합니다.
당신이 기부한 만큼 해피빈도 기부하는 '더블프로젝트'

해피빈 콩, 이렇게 모아보세요

네이버 활동을 통해서 해피빈 콩을 어렵지 않게 받아볼 수 있습니다.
지금 콩을 받을 수 있는 곳을 확인해 보세요!

| 쇼핑 | 블로그 | 카페 | 지식인 | 해피빈 |

100원 지급
하루 한번
텍스트 리뷰 작성하기
바로가기

300원 지급
하루 한번
포토/동영상 리뷰 작성하기
바로가기

자료: 네이버 블로그 '함께 N'(https://blog.naver.com/nv_withn/221024853568)(위), '해피빈' 홈페이지(https://happybean.naver.com/introduction/cong)(아래).

디즈니에서는 2018년 11월 디즈니 창립 90주년을 기념하고, 디즈니가 3년째 후원하는 메이크어위시Make-A-Wish라는 비영리 단체를 위한 기금 모음 캠페인으로 '셰어유어이어스Share Your Ears' 캠페인을 진행했다 (The Walt Disney Company, 2018). 소비자들이 미키마우스 귀를 포함한 사진 또는 다른 창의적인 귀를 포함한 사진과 캠페인 해시태그인 '#쉐어유어이어즈(#ShareYourEars)'를 페이스북, 인스타그램, 또는 트위터를 통해 공유할 때마다 디즈니는 5달러씩, 최대한 200만 달러까지 메이크어위시를 후원하기로 했다. 캠페인을 위해 디즈니는 매장이나 놀이공원, 크루즈에 캠페인 로고가 들어간 포토존을 만드는 등 캠페인을 알리는 노력을 펼쳤다.

셋째, 오프라인이나 멀티 플랫폼을 활용한 전략이다. 멀티미디어 시대에 가장 큰 특징 중 하나는 같은 콘텐츠가 여러 채널을 통해 확대 재생산된다는 것이다. 이때 채널 각각의 장단점을 잘 활용하여 캠페인의 효과를 극대화할 수 있는 전략을 만드는 것이 중요하다. 소비자 참여형 PR에서는 하나의 채널에서의 전략이 다른 채널에서의 참여를 불러오도록 하는 '옴니omni 플랫폼' 전략을 통해 소비자와 기업 간의 상호작용을 확대할 수 있다.

현대자동차 브랜드 중 하나이며 친환경 자동차를 모토로 하는 '아이오닉'은 2016년부터 매해 '롱기스트런Longest Run' 캠페인을 진행해 왔다. '롱기스트런'은 환경 캠페인으로서, 참가자는 캠페인 전용 앱을 다운받아 달리기를 할 때마다 앱을 실행시키거나 전용 스마트 밴드, 또는 스마트워치를 연동시켜 오프라인에서 달린 거리를 전용 앱에 누적한다(현대자동차, 2019). 앱은 참가자가 달린 만큼의 거리를 기록할 수 있는 기능을 가지고 있고, 2018년까지의 캠페인에서는 참가자들이 축적된 거리를 현대자동차에 기부하고, 현대자동차는 기부된 거리에 따라 그에 상응하는 사회 기부를 해왔다. 이 과정에서 참가자들은 다양한 이벤트에 참여할 수도 있어 이는 건강, 친환경, 재미 요소를 겸비한 캠페인이 되었다. 2019년에는 방식을 조금 바꿔 게임이나 재미 요소를 강화했는데, 마일리지 기부 부분은 더 이상 진행하지 않지만 환경과 건강이라는 두 가지 목표의 연속성은 유지했다. 예를 들어, '에코러너 무브먼트 챌린지' 이벤트는 참가자들이 대중교통 이용, 친환경 자동차 이용, 자전거 타기, 텀블러 이용, 분리수거, 식물 키우기 등 생활 속에서 미세먼지를 줄일 수 있는 활동들을 사진으로 인증할 때마다 참가자들은 에코 마일리지를 증정받게 되고, 이를 이용해 전용 앱에 있는 '에코 마일리지 숍'에서 경품에 응모할 수 있다. '아이오닉 러닝 배지와 빙고게임'은 16개의 다양한 미션들로 구성된 게임인데, 참가자들이 그 미션을 수행할 때마다 배지를 받을 수 있고 이 배지를 이용해 빙고게임을 하여 빙고가 1줄, 3줄, 또는 6줄이 될 때마다 경품을 받을 수 있다. 또한 앱은 참가자들끼리의 연계성을 높이기 위해 달리기 결과를 공유하고 함께 달릴 수 있는 커뮤니티 만들기 기능도 제공했다. 이 외에도 단체 달리기와 콘서트를 함께 실시하는 페스티벌도 계획 중이다.

참여의 형태와 목적, 시간적·물리적 소모의 정도는 다를지라도 많은 연구들이 이러한 참여형 PR전략의 효용성을 시사하고 있다(Ashley and Tuten, 2015; Kumar, Meng and Kabiraj, 2019; Ruiz de Maya et al., 2016). 애슐리와 튜튼(Ashley and Tuten, 2015)은 세계 100대 브랜드의 소셜미디어 이용을 내용 분석한 결과 기업들은 기능적인 어필functional appeal, 경험적인 어필experiential appeal, 감정적인 어필emotional appeal, 사용자 생성 콘텐츠 user-generated content 등 다양한 전략을 사용하고 있었으며, 그중 경험적인 어필과 사용자 생성 콘텐츠가 브랜드의 소셜미디어에서 소비자 참여 정도와 상관관계가 있는 것으로 밝혀졌다. 루이스 드 마야, 라딘 잠부디오, 로페스 로페스(Ruiz de Maya, Lardín-Zambudio and López-López, 2016)의 실험 연구에서는 참여형 사회공헌 메시지에 노출된 참가자가 비참여형 사회공헌 메시지에 노출된 참가자보다 사회공헌 캠페인에 대해 더 좋은 인상을 가졌으며 기업에 더 호의적인 태도를 보였다.

그렇다면 소비자 참여형 PR전략은 왜 효과가 있는 것일까. 소비자에게의 권한 부여consumer empowerment라는 특징을 하나의 이유로 생각해 볼 수 있다. 소비자 권한 부여란 "소비자가 물건 디자인이나 의사결정에 있어 느끼는 영향력"을 말한다(Füller et al., 2009: 71). 몇몇 연구들은 이러한 영향력이 기업의 신뢰도 및 참여형 PR전략에의 참여 의지 또는 브랜드나 기업에 대한 인식에 긍정적인 영향을 미친다는 것을 보였다(Füller et al., 2009; Kim and Ahn, 2017).

자기결정이론self-determination theory에 따르면 사람들은 자율성autonomy, 유능성competence, 관계성relatedness이라는 세 가지 기본적인 심리적 욕구를 가지고 있는데, 이들은 인간이 어떤 행동을 하는 데 있어 동기 부여의 기반이 된다(Deci and Ryan, 1985; Ryan and Deci, 2000). 자율성은 외부 환경으로부터 얼마나 개인이 독립적으로 자신의 행동이나 결정에 영향력을 행사할 수 있느냐를 이야기한다. 유능성은 본인이 얼마나 유능한 존재인가를 지각하고 싶어 하는 욕구를 의미하고, 관계성은 타인과 안정된 관계를 맺고 좋은 관계를 유지하고자 하는 욕구이다. 이러한 세 가지의 심리적 욕구가 얼마나 어떻게 내재적·외부적 동기 부여에 영향을 미치는지, 그리고 이 세 가지 심리적 욕구가 어떻게 서로 영향을 주는지에 대한 것은 이 장에서는 논외이지만 이 이론에서 이야기하는 것과 지금까지 연구들을 종합해 보면 이 세 가지 기본적인 심리적 욕구가 강할수록, 다시 말해 자신의 결정권에 대한 인식 정도가 강할수록 행동에 대한 동기가 강해진다고 할 수 있다. 물론 그 행동이 개인의 관심 분야에 속해야 한다는 것을 전제로 한다.

소비자 참여형 전략은 이 중에서도 자율성 및 유능성과 밀접한 관련이 있다고 할 수 있다. 기업이 어떤 기관에 또는 어떤 아이디어에 후원을 해야 하는지에 대한 결정 과정에 소비자가 참여하는 것은 소비자에게 자율성을 부여한다. 또한 해시태그를 사용해 사진을 올리거나 소비자가 너무 어렵지 않게 참여할 수 있는 다른 미션을 주는 것은 소비자가 참여를 통해 성취감을 느낄 수 있기 때문에 유능성과 관련이 있다. 아울러 이러한 전략에 기업이 참여자 커뮤니티를 만들거나 참여자들끼리 커뮤니티를 만들 수 있는 기능을 내재한다면 이는 관계성 욕구와도 관련이 있다고 할 수 있다. 이러한 참여형 전략은 궁극적으로 기업과 소비자 간의 상호작용을 활성화시켜 기업과의 관계 형성이나 충성도, 신뢰, 만족도, 구전 효과 등 기업에 긍정적인 효과를 가져올 수 있다.

2. 인플루언서 마케팅

2018년 조사에서는 미국에서 39%의 마케터가 '인플루언서influencer' 마케팅 전략에 앞으로 예산을 더 많이 쓸 것이라고 대답했고, 19%의 마케터가 10만 달러 이상을 쓸 것이라고 이야기했다(Bevilacqua, 2018). 이러한 트렌드는 홍보 효과의 실효성에서 그 가치를 더하는데, 94%의 실무자들은 이러한 인플루언서 마케팅이 효과적이었다고 대답했고, 일반 광고에 비해 11배에 달하는 투자 자본 수익률ROI: return of investment을 가져올 수도 있다고 했다(Ahmad, 2018).

여기서 인플루언서란 소셜미디어상에서의 인플루언서들을 말한다. '소셜미디어 인플루언서'는 "소셜미디어에서 팔로어follower들과 관계를 만들고 구축해 나가면서 본인 스스로를 브랜딩해 나가는 사람이고, 정보를 전달하거나 팔로어들을 즐겁게 해주고, 팔로어들의 의견이나 생각, 태도, 행동에 잠재적으로 영향을 미칠 수 있는 사람"을 이야기한다(Dhanesh and Duthler, 2019: 3). 이전에 인플루언서라면 방송인이나 정치인, 스포츠 스타와 같이 TV나 신문과 같은 전통 매체를 통해 알려진 소위 '특별한' 사람들이었다. 이에 반해 '소셜미디어 인플루언서'들은 대부분 일반인이었다가 하나의 소셜미디어 플랫폼 또는 여러 플랫폼에서 콘텐츠를 통해 입소문을 얻고 팔로어들이 늘어나면서 유명세를 타게 된 사람들이다. 물론 유명인이 소셜미디어 인플루언서가 되는 경우도 있다. 하지만 이 역시 콘텐츠를 정기적으로 업데이트하면서 소셜미디어에서 많은 팔로어를 가져야 하며 인기와 유명세가 소셜미디어의 네트워크를 통해 시작 또는 유지된다는 것을 전제로 한다.

'인플루언서 마케팅'은 인플루언서들이 팔로어들과 축적해 놓은 관계나 그 관계에서 비롯되는 신뢰성을 마케팅에 이용하는 전략이다. 인플루언서들의 콘텐츠에 자신의 브랜드의 제품이나 서비스가 들어갈 수 있도록 하여 그 인플루언서들의 팔로어나 타깃 고객층에게 자연스럽게 제품이나 서비스가 노출될 수 있도록 하는 것이다(Yodel, 2017). 인플루언서 마케팅은 광고나 웹사이트와 같이 기업이 메시지에 통제 권한이 있는 미디어와 뉴스 미디어와 같이 메시지에 통제 권한이 없는 미디어를 섞어놓은 일종의 하이브리드hybrid 전략이며, 유료 프로모션과 무료 프로모션의 중간이기도 하다. 기업은 보통 인플루언서들에게 대가를 지불하는데 이는 천차만별이다. 예를 들면, 팔로어가 100만 명이 넘는 인플루언서의 경우는 포스트당 1만 5000달러 정도(한화 약 1700만 원)를 요구하는가 하면 이보다 팔로어 숫자가 적은 마이크로인플루언서의 경우는 무료로 실어주거나 150달러(한화 약 17만 원) 아래로 돈을 받기도 한다(Crain, 2018).

인플루언서 마케팅은 높은 신뢰도를 특징으로 한다. 전통적인 광고에서는 제품이나 서비스가 메시지의 중심이었다면, 인플루언서 마케팅에서 제품이나 서비스는 인플루언서 스토리의 일부로 자연스럽게 녹아들어 간다. 또한 제품이나 서비스가 중심이 되더라도 제3자인 인플루언서의 목소리를 통해 전달되기 때문에 기업에서 직접 제작한 광고나 홍보물보다 진정성이나 신뢰도가 높은 장점이 있다. 사람들은 대부분 정보 습득의 목적이든 단순한 동경이든 본인의 관심사와 비슷한 부분이 있는 사람들을 팔로우하기 때문에 인플루언서와 그 팔로어들로 구성된 네트워크는 자연스럽게 소비자 타깃 집단을 구성한다. 인플루언서들 역시도 팔로어들의 관심사를 잘 알고 있으며 그에 맞는 콘텐츠를 만들기 때문에 기업은 일괄적으로 내보내는 일방적이고 획일적인 메시지가 아닌 다양한 콘텐츠로 잠재 고객들에게 접근할 수 있는 기회를 얻게 된다.

하지만 여러 가지 어려운 점도 있다. 유명한 인플루언서의 경우에는 비용이 만만치 않으며, 한 인플루언서가 여러 브랜드에서 동시에 후원을 받아 제품이나 서비스 홍보의 차별성이나 진정성이 떨어지는 경우도 있다. 따라서 브랜드 예산과 성격에 잘 맞는 인플루언서를 찾아내는 과정은 만만치 않다. 보다 전략적인 접근을 위해서는 우선 인플루언서가 소비자에게 어떻게 영향을 미칠 수 있는지에 대한 이해가 필요하다.

전통 광고, PR, 마케팅과 비교해 인플루언서 마케팅이 갖는 가장 차별화된 특징 중 하나는 인플루언서와 팔로어 간에 높은 신뢰도를 기반으로 하며, 인플루언서가 팔로어의 의견 또는 행동에 영향을 미치는 오피니언 리더의 역할을 하게 된다는 것이다(Lou and Yuan, 2019). 소비자가 물건을 살 때 친구나 온라인 리뷰 등에 의존하는 것과 비슷하게 소비자는 본인이 신뢰하는 소셜미디어 인플루언서들의 콘텐츠를 믿으며, 인플루언서는 기존의 전통 매체가 하던 제3자 인증3rd party endorsement 역할을 대체하게 된다. 프리버그 등(Freberg et al., 2011: 90)은 소셜미디어 인플루언서는 "블로그나 트위트, 또는 다른 소셜미디어를 통해서 청중의 의견을 형성하는 새로운 종류의 독립적인 제3자 인증인이다"라고 이야기했다. 인플루언서는 패션, 뷰티, 건강, 여행, 음식, 스포츠 등과 같은 한 가지 분야에 전문성을 가진 경우가 많기 때문에 소비자는 그들의 콘텐츠를 신뢰한다. 또한 팔로어는 인스타그램, 유튜브, 트위터, 페이스북과 같은 소셜네트워킹사이트에서 인플루언서와 친구 관계를 맺거나 구독 등을 통해 일대일 관계를 맺기 때문에 인플루언서에게 친근감을 느끼고, 내가 아는 사람 또는 친구 같은 느낌을 받으며, 준사회적 parasocial 관계를 형성한다. 한 연구에서는 소비자가 이러한 소셜미디어 인플루언서에게 자신의 친구와 비슷한 정도의 신뢰도를 보이는 것으로 나타났다(Swant, 2016).

그렇다면 인플루언서를 통한 메시지는 다 같은 효과를 가질까? 다시 말해, 인플루언서를 통해 메시지가 타깃 소비자에게 닿기만 한다면 기업은 원하는 효과를 낳을 수 있을까? 기존 연구들은 크게 세 가지의 요인들이 복합적으로 상호작용을 하여 인플루언서 마케팅의 결과에 영향을 미칠 수 있다고 이야기하는데, 이는 인플루언서의 특징과 관련된 요인들, 메시지 내용과 관련된 요인들, 그리고 플랫폼에서 기인하는 요인들이다(Hughes, Swaminathan and Brooks, 2019; Lou and Yuan, 2019; Xiao, Wang and Chan-Olmsted, 2018).

첫째, 인플루언서의 특징과 관련된 요인으로는 신뢰도trustworthiness, 전문성expertise, 호감도attractiveness, 동질성similarity이 있다(Lou and Yuan, 2019). 정보원 신뢰성source credibility 이론에 따르면, 수신자가 느끼기에 정보원이 얼마나 믿을 만한가가 메시지 설득 효과에 영향을 미친다고 하는데, 정보원의 신뢰성은 다음 세 가지 차원에서 기인한다(Hovland, Jannis and Kelley, 1953; Hovland and Weiss, 1951; McGuire, 1985). 첫째는 신뢰도로서 소비자 또는 대중이 느끼기에 정보원이 얼마나 솔직하고, 진정성 있고, 진실한가에 대한 것이고, 둘째는 전문성으로서 정보원이 어떤 분야에 대해 얼마나 많은 지식이나 기술을 가지고 있느냐 하는 것이다. 마지막으로 세 번째는 호감도인데 이는 정보원이 얼마나 매력적으로 느껴지는지에 대한 것이다. 따라서 인플루언서의 신뢰도, 전문성, 호감도가 높을수록 노출되는 브랜드나 서비스의 효과가 높아질 수 있는 것이다. 이에 덧붙여 러우와 위앤(Lou and Yuan, 2019)은 인플루언서 마케팅에 있어서는 팔로어가 얼마나 인플루언서와 서로 비슷하다고 느끼는지(similarity)가 또 하나의 요인이 될 수 있다고 했다. 인플루언서를 팔로우하는 538명을 대상으로 한 설문조사에서는 인플루언서의 신뢰도, 전문성, 호감도, 동질성 모두가 포스팅에 대한 신뢰도나 브랜드 인지도와 상관관계가 있는 것으로 나타났다(Lou and Yuan, 2019). 하지만 최근 3개월 이내에 유투버 인플루언서가 올린 비디오를 본 적이 있는 497명의 사람들을 상대로 한 서베이에서는 인플루언서의 특징과 관련된 네가지 변수 중 신뢰도만이 정보 신뢰도와 나아가 비디오와 브랜드에 대한 태도에 영향을 미쳤다(Xiao, Wang, and Chan-Olmsted, 2018). 이는 소셜미디어 안에서도 채널에 따라 효과에 미치는 요인들이 다를 수 있음을 시사한다.

둘째, 메시지 내용의 성격이나 목적에 따라 인플루언서 마케팅의 효과가 달라질 수 있다. 구체적으로 메시지가 정보 전달을 목적으로 하는지 아니면 재미 요소 또는 즐기기를 목적으로 하는지에 따라서 효과가 달라질 수 있고, 물건 구매를 촉진하는 마케팅적인 성격이 얼마나 명백하게 그리고 강하게 드러나느냐에 따라 효과가 달라질 수 있다. 소셜미디어 인플루언서를 팔로우하는 사람들을 대상으로 한 설문조사에서는 정보의 유용성에 대한 인식이 포스트의 신뢰도와 구매 의도와는 상관관계가 있었지만, 재미 요소에 대한 인식은 포스트의 신뢰도 및 브랜드

인지도, 구매 의도와 상관관계를 보이지 않았다(Lou and Yuan, 2019). 이와 비슷하게 유튜브를 주제로 한 연구에서도 정보의 질 또는 유용성이 정보의 신뢰도에, 그리고 나아가 비디오와 브랜드에 대한 태도에 긍정적인 영향을 미쳤다(Xiao, Wang and Chan-Olmsted, 2018). 또한 다네시와 더슬러(Dhanesh and Duthler, 2019)의 연구에서는 인플루언서의 콘텐츠에 등장하는 제품이나 서비스가 얼마만큼 기업의 후원이나 유료 계약에 의한 것인지를 인지하는 정도가 인플루언서와 팔로어의 관계와 구매 의도에 영향을 미쳤는데, 다네시와 더슬러는 기업의 협찬을 받았다고 드러내는 것이 팔로어가 느끼기에 더 솔직하고 정직하다고 믿을 수 있기 때문이라고 설명했다. 이는 프리버그(Freberg, 2019)가 강조한 인플루언서 마케팅에 있어서의 윤리성과도 일맥상통한다.

셋째, 소셜미디어의 플랫폼에 따라 달라질 수 있다. 이용과 충족 이론uses and gratification theory에서는 미디어 수용자가 개인의 특정한 욕구를 충족시키기 위해 미디어를 능동적으로 이용한다고 한다. 바꾸어 말하면, 팔로어들이 소셜미디어를 이용하는 목적이 플랫폼에 따라 다를 수 있고, 이 목적에 따라 인플루언서 마케팅의 효과 또한 달라질 수 있다. 예를 들어 휴스·스와미너선·브룩스(Hughes, Swaminathan and Brooks, 2019)는 페이스북을 관계 형성에 초점을 맞춘 저관여low involvement 소셜미디어로 본 반면, 블로그를 정보 습득 또는 내용에 초점을 맞춘 고관여high involvement 소셜미디어로 보았다. 그들은 페티와 카시오포(Petty and Cacioppo, 1986)의 정교화 가능성 모델elaboration likelihood model에 근거해 플랫폼의 성격에 따라 소비자가 정보를 처리하는 과정이 달라질 수 있다고 보았다. 페이스북에서는 사람들이 정보를 깊이 있게 처리하려는 동기가 약하고 집중을 방해하는 요소들이 많으며, 블로그에서는 사람들이 콘텐츠에 집중할 수 있고 정보처리에 대한 동기나 관여도가 일반적으로 더 높다는 것이다. 따라서 저관여 소셜미디어인 페이스북에서는 메시지보다는 관계에 집중하기 때문에 메시지 자체를 깊이 있게 보기보다는 인플루언서의 전문성, 매력도, 재미 요소와 같은 주변 경로 peripheral route가 영향을 더 미칠 수 있고, 반대로 고관여 소셜미디어인 블로그에서는 메시지의 질과 같은 중심적 단서central cues가 메시지 처리과정에 더 영향을 미칠 수 있을 것이라고 보았다.

인플루언서 마케팅의 성공을 좌우하는 것은 이 세 가지 분야 이외에도 다른 다양한 요인들이 있을 수 있으며, 이 요인들 간에도 서로 상호작용할 수 있고 예기치 못한 상황 변수들도 있을 수 있기에 어떤 한 가지 전략이 성공을 이끄는 절대적인 전략이라고 말할 수 없다. 또한 뉴미디어와 디지털 기술의 발전에 따른 새로운 형태의 마케팅PR 전략이기 때문에 아직까지 연구가 미비하고, 실무자들의 경험을 바탕으로 한 의견이나 제안들 역시도 아직 부족한 점이 많다. 하지만 지금까지의 이론들과 연구 결과 및 실무 보고서, 기타 전문가들의 의견들을 통합해 볼 때 다음과 같은 점들이 중요하다고 할 수 있다.

첫째, 캠페인에 맞는 인플루언서를 찾아야 한다. 정해진 예산을 고려하여, 브랜드와 인플루언서 간의 공통분모는 물론 팔로어들이 잠재 고객으로서 맞는 타깃인지를 살펴서 이에 적합한 인플루언서를 찾아야 한다.

소셜미디어 인플루언서는 크게 100만 이상의 팔로어를 가진 메가인플루언서mega-influencer와 1만에서 15만 또는 50만 명 사이의 팔로어를 가진 마이크로인플루언서micro-influencer로 나눌 수 있다(Dhanesh and Duthler, 2019; Freberg, 2019; Gottbrecht, 2016). 메가인플루언서는 많은 숫자의 팔로어를 가진 인플루언서로, 넓은 범위의 사람들에게 브랜드를 노출시킬 수 있다는 장점을 가지고 있다. 마이크로인플루언서는 팔로어 수는 메가인플루언서보다는 적지만 한 분야에 대한 전문성과 지식을 바탕으로 매우 구체적인 주제를 가지고 있다는 것을 특징으로 한다(UserGems, 2017). 또한 팔로어에게 접근성이 높고 공감대가 강하기 때문에 메가인플루언서에 비해 인플루언서와 팔로어 간의 관계가 더 강하다(Dhanesh and Duthler, 2019). 팔로어도 어떤 분야에 대해 구체적인 지식이나 정보를 얻기를 기대하는 경우가 많고, 전문성을 바탕으로 한 내용에 대한 신뢰도와 진정성은 마이크로인플루언서를 이용한 마케팅PR의 가장 큰 강점이며, 특정 타깃 공중을 가지고 있는 브랜드 PR을 하고자 할 때 적합하다.

인플루언서를 선택할 때 가장 큰 기준 중 하나는 인플루언서가 가지고 있는 팔로어 수이다. 하지만 무조건 팔로어가 많다고 좋은 선정 기준이 되는 것은 아니다. 비용이 비쌀 뿐만 아니라 메가인플루언서는 대부분 여러 개의 브랜드의 후원을 받는 경우가 많기 때문에 인플루언서와 브랜드 간 연결 고리가 느슨해질 수 있고, 이는 브랜드 차별성 면에서 효과를 반감시킬 수 있다. 반대로 마이크로인플루언서의 경우는 메가인플루언서들보다 저렴하기 때문에 비용 절감이 될 뿐만 아니라 특정 분야에 대한 전문성으로 공중 범위는 더 좁을지라도 메가인플루언서보다도 콘텐츠에 대해 오히려 더 강한 신뢰감을 줄 수 있다.

인플루언서가 팔로우하는 사람의 숫자도 고려 대상이 될 수 있다. 한 실험 연구에서는 인스타그램에서 인플루언서가 가지고 있는 팔로어 수는 인플루언서에게 느끼는 인기도나 오피니언 리더십opinion leadership에 영향을 미쳐서 인플루언서의 호감도를 상승시키는 데 영향을 미치기는 하지만, 인플루언서가 팔로우하는 사람들의 숫자가 적을 경우에는 오히려 호감도에 부정적인 영향을 미친다는 결과를 보였다(De Veirman, Cauberghe and Hudders, 2017).

또 하나는 충성 고객층, 팬, 사원 등으로 구성된 앰배서더ambassador를 인플루언서 마케팅에 활용하는 전략이다. 앰배서더는 옹호자advocate로 불리기도 하는데 앞선 두 인플루언서가 외부 공중, 또는 새로운 공중이라 하면 앰배서더는 충성도 높은 고객들이나 내부 직원같이 이미 관계를 수립한 기존 공중이다(Freberg, 2019; UserGems, 2017). 이미 호의적인 관계를 가지고 있는 이들의 목소리를 이용하는 전략은 브랜드에 대한 강한 신뢰감을 줄 수 있다. 소셜미디어 인플루언서 중에서 앰배서더 층을 찾을 수 있다면 이보다 더 좋은 전략도 없을 것이다.

둘째, 플랫폼과 캠페인의 목적에 따라서 전략이 달라질 수 있다. 휴스·스와미너선·브룩스(Hughes, Swaminathan and Brooks, 2019)의 실험 연구에서는, 블로그에서 인지도를 높이는 것이 목적인 캠페인에서는 인플루언서의 전문성이 중요했지만 구매 유도가 목적인 캠페인에서는 전문성이 영향을 미치지 않음을 보였다. 블로그 캠페인의 경우 재미를 강조한 콘텐츠는 캠페인 목적에 관계없이 전반적으로 효과적이었다. 또한 페이스북, 트위터, 인스타그램과 같이 방해 요소가 많은 저관여 플랫폼 여러 개를 한꺼번에 이용할 경우에는 네트워크에 깊게 침투하는 것이 중요하기 때문에 팔로어가 많은 인플루언서를 타깃으로 하는 것이 중요하다고 했다. 하지만 이런 플랫폼에서 인센티브를 통해 구매를 촉진하는 것은 지양하는 것이 좋고, 구매 유도가 목적일 경우에는 재미를 강조한 내용의 콘텐츠를 사용할 것을 제안했다.

셋째, 아직 결론을 내기에는 좀 이른 감이 있지만 유료 광고처럼 인플루언서들이 기업으로부터 돈을 받고 제품이나 서비스를 포스팅에 싣는 경우 팔로어에게 기업 광고임을 밝히는 것이 팔로어와의 관계 증진과 메시지에 대한 효과에 도움이 될 수 있다(Dhanesh and Duthler, 2019; Freberg, 2019).

3. 사회적 가치 창출

디지털 기술과 직결된 전략은 아니지만, 변화하는 시대의 흐름을 읽고 소비자의 기대와 가치가 어떻게 변화하고 있는지를 읽어내는 것 또한 중요하다. 그중에 하나 눈에 띄는 것은 기업에 대한 기대의 변화와 소비자의 사회의식 성장이다. 미국계 PR 컨설팅 회사인 에델만Edelman은 매년 사회 전반적인 신뢰도를 측정하고 '에델만 신뢰 지표Edelman Trust Barometer'를 발표하는데, 2018년 조사 결과를 바탕으로 한 2019년 보고서에 따르면 73%의 응답자가 기업이 이윤 추구와 동시에 그들이 기반을 둔 지역의 사회적·경제적 문제를 개선해 나가는 데 앞장서야 한다고 대답했다(Edelman, 2019). 또한 76%의 응답자가 정부가 나서기 전에 기업의 최고 경영자들이 사회 문제에 적극적으로 참여하거나 주도적으로 나서야 한다고 했다. 이는 그전 해 결과에 비해 각각 9%, 11% 증가한 수치였다. 소셜미디어 분석 툴 중 하나인 스프라우트 소셜Sprout Social의 2017년 설문조사에서도 비슷한 결과를 보였는데 미국인 1000명을 대상으로 설문조사에서 66%의 응답자가 브랜드가 사회적이나 정치적인 이슈에 관여하기를 기대한다고 답했다(Sprout Social, 2019).

소비자들 역시 자신의 소비가 미치는 사회적·환경적인 영향력을 고려한 책임 있는 소비에 대한 의식이 깊어지고 있다. 유로모니터 인터내셔널Euromonitor International의 2019년 글로벌 소비자 트렌드 리포트는 이를 10대 글로벌 소비자 트렌드 중 하나로 꼽았으며, 그중에서도 동물 복지에 대한 관심이 늘어나 동물을 활용한 실험을 하지 않은 제품들과 식물을 재료로 한 제품들에 대한 관심이 늘어나고 채식주의자들이 증가하고 있다고 했다(Angus and Westbrook, 2019). 예를 들어, 프라이드치킨 체인점인 KFC는 치킨이 제품의 주를 이룸에도 불구하고 이러한 트렌드를 반영해 캐나다, 뉴질랜드, 남아프리카공화국 등지에 채식 버거를 선보였다. 2016년에 대만에서는 2019년부터 동물 실험을 기반으로 한 화장품 판매를 금하는 법안이 통과되었다.

이러한 소비자 트렌드는 Z세대에서 더욱 두드러진다. Z세대는 대략 1998년부터 2016년 사이에 태어난 사람들을 말하며 디지털과 소셜미디어 기술 발전의 성장과 함께 자라난 세대이다. 직접적인 인간관계보다는 소셜미디어를 통한 관계 속에서 살아가며, 그 속에서 뉴스 및 미디어 콘텐츠를 소비한다. 이들은 한 플랫폼에 여러 계정을 가지고 여러 개의 자신을 만들어내기도 한다. 사회적으로 책임 있는 소비나 사회적으로 책임 있는 기업에 대한 관심은 밀레니얼millennial 또는 Y세대부터 나타나기는 했지만 많은 보고서들이 Z세대에서는 이 트렌드가 지속되거나 더욱 강화될 것이라는 전망을 내놓고 있다(Cone Communication, 2017; OC&C, 2019; Parker, Graf and Igielnik, 2019; Salfino, 2019). 전략 컨설팅 회사인 OC&C의 2019년 「경계 없는 세대A Generation without Borders」라는 보고서에 따르면 기업이 얼마나 사회적 책임을 다하고 윤리적이냐에 대한 인식이 Z세대의 소비 결정에 큰 영향을 미치는데, 그중에서도 평등, 다양성, 동물 복지, 인권 문제를 가장 중요하게 생각한다고 했다. 미국의 마케팅 분석 기관인 콘커뮤니케이션Cone Communication의 2017년 「Z세대 기업 사회공헌 연구Gen Z CSR Study」에 따르면 Z세대 응답자 중 94%가 기업이 사회적·환경적인 문제에 관여해야 한다고 했고, 이는 87%를 보인 밀레니얼 세대와 86%를 보인 전체 일반인들보다 높은 수치였다. 또한 89%의 Z세대들은 사회적·환경적 이슈에 동참하는 기업의 상품을 구매하기를 원했으며, 65%는 구매에 있어 기업의 사회공헌 노력을 고려한다고 답했다. 또한 81%의 응답자들은 소셜미디어를 통해서 본인들이 직접 사회적·환경적인 문제에 영향력을 행사할 수 있다고 말했다(Cone

Communication, 2017).

이러한 트렌드를 반영해 기업들은 마케팅PR 전략에 조직의 이익을 넘어선 사회적 가치 창출을 고려해야 한다. 정도와 방식의 차이는 있지만 이미 많은 기업들이 사회적·환경적 가치를 창출하기 위한 많은 노력을 하고 있으며 이는 더 이상 선택이 아닌 필수가 되어가고 있다.

예를 들면, SK에서는 계열사별로 각 사의 특성과 기술 또는 노하우를 반영한 사회공헌 프로그램을 운영하고 있다(SK, 2019). SK텔레콤은 자체 정보통신기술을 활용하여 정부 및 지역 단체와 함께 돌봄 일자리 지원을 통해 독거노인들의 사회적 문제 해결에 기여하고 있고, SK건설은 재능 기부를 통해 저소득층 주거 환경 및 복지 시설을 개선하는 주거개선 활동을 하고 있다. "우리 강산 푸르게 푸르게"로 잘 알려진 유한킴벌리는 1984년부터 환경 캠페인을 해왔고, 2012년부터는 고령화 사회에 대비해 고령화 문제 해결과 시니어 비즈니스 기회 창출을 연계한 공유가치 창출CSV: Creating Shared Value 프로그램을 운영하고 있으며 시니어 일자리 창출을 위한 노력을 기울이고 있다(전영선, 2017). 아모레퍼시픽은 여성의 삶을 아름답게 한다는 회사의 미션과 함께 여성의 건강과 웰빙, 역량 강화에 집중한 사회공헌 활동을 하고 있는데, 예를 들어 2019년에 시작한 '메이크업 유어 라이프Make up Your Life' 캠페인은 항암 치료 중 피부 변화, 탈모 등 갑작스러운 외모 변화로 힘들어하는 환자를 위해 메이크업 및 피부 관리 등의 노하우를 전수하는 활동이다. 유방암 조기 발견의 중요성을 알리는 러닝 페스티벌인 '핑크런'과 유방암 자가 검진 교육 프로그램인 '핑크투어'도 주최하고 있으며, 한부모 여성이 자립할 수 있도록 경제적·사회적 자립을 지원하는 '희망가게'라는 프로그램도 운영하고 있다(권태홍, 2019).

어떤 기업들은 지역사회 기부나 사회적 약자를 도와주는 방식의 사회공헌 활동에서 한발 더 나아가 사회적·정치적으로 민감한 문제에 지지 또는 반대하는 입장을 표명하고 사회적 의식의 변화를 촉구하기도 한다. 예를 들어, 미투 운동이 전 세계적인 관심을 받으면서 여권 신장과 다양성이 사회 문제로 떠오르는 가운데 많은 기업들이 이를 겨냥한 캠페인을 벌이고 있다. 맥주 회사인 스텔라 아르투아Stella Artois는 〈스카이캐슬〉로 큰 인기를 얻은 배우 김서형, 가수 김윤아, 개그우먼 송은이를 모델로 한 '비컴 언 아이콘Become an Icon' 캠페인을 통해 어려움을 극복하고 끊임없이 꿈을 향해 도전하는 여성을 응원하고 있다.* 이와 비슷하게 나이키Nike의 '너라는 위대함을 믿어'라는 캠페인 역시 여성의 잠재력과 여권 신장을 강조하고 있다.**

이러한 캠페인은 사실 미투 운동이 확산되기 전부터도 몇몇 기업들이 시작해 왔었는데, 2000년대 이후에 가장 잘 알려진 캠페인 중 두 개를 뽑으라면 유니레버Unilever의 브랜드 도브Dove의 '리얼 뷰티 캠페인The Campaign for Real Beauty'과 미국 피앤지P&G의 생리대 브랜드인 올웨이즈Always의 '라이크 어 걸Like a Girl' 캠페인일 것이다. 2003년 도브는 아름다움에 대한 고정관념을 빼고 나이, 체격, 피부색에 관계없이 모든 여성은 아름답다라는 내용을 담은 캠페인을 시작했다(Dove, 2016). 2006년 〈도브의 진화Dove Evolution〉 영상은 평범한 외모를 가진 여성에게 전문가들이 화장을 하고 머리를 하고 광고 사진을 찍은 뒤 컴퓨터 보정 기술을 통해 옥외 광고에 실리는 일련의 과정을 그렸는데, 우리가 생각하는 아름다움이 실제로는 왜곡된 아름다움일 수도 있다는 메시지를 담았으며, 유튜브를 통해 퍼지면서 전 세계적으로 많은 관심을 받았다. 이와 비슷

---

* '비컴 언 아이콘' 유튜브 비디오: https://www.youtube.com/watch?v=9V2TFxhyC1M.
** '너라는 위대함을 믿어' 유튜브 비디오: https://www.youtube.com/watch?v=rKo-vh1GNM8.

하게 2014년 올웨이즈에서는 어린아이들과 청소년 또는 성인을 대상으로 여자처럼 달려보라고 한 후 비교하는 실험을 해서 영상으로 만들었는데, 여기서 어린아이들은 힘차고 씩씩하게 달리는 반면 청소년이나 어른들은 폴짝폴짝 또는 나풀나풀 뛰는 모습을 하며 대조되는 모습을 보였다(Neff, 2014). 이는 여성에 대한 고정관념이 청소년기를 거치며 어떻게 사회적으로 학습되고 형성되는지를 말해주고 있는데, 올웨이즈는 유튜브에 캠페인 페이지를 만들어 이 영상을 올렸고, 이 영상 역시 소셜미디어를 통해 급속히 퍼지면서 큰 관심을 불러일으켰다.

2017년 도널드 트럼프Donald Trump가 7개 무슬림 나라에서 피난민과 이민자들을 받아들이지 않겠다는 발표를 한 후에 스타벅스Starbucks는 전 세계 지점에서 1만 명의 피난민을 고용하겠다는 발표를 했다. 2016년 8월, 샌프란시스코 포티나이너스Sanfrancisco 49ers 쿼터백이었던 콜린 캐퍼닉Colin Kaepernick은 인종 차별에 항의하는 표시로 미국 프로미식축구연맹 NFL: National Football League 경기 중 국기에 대한 맹세 의식에서 기립하지 않고 무릎을 꿇음으로써 논란을 일으켰는데 2018년 나이키는 '저스트 두잇 Just do It' 캠페인에 콜린 캐퍼닉을 모델로 씀으로써 미국 백인 보수주의에 맞선 메시지를 간접적으로 표명했다(Brito, 2019). 미국 면도기 브랜드 질레트Gillette는 2019년 1월 성추행과 괴롭힘 등 남성성의 유해한 면을 고치자는 내용의 캠페인을, 그리고 6월에는 트랜스젠더 아들이 첫 면도를 하면서 아버지에게 면도를 배우는 내용을 담은 광고를 선보였다. 2019년 매장에서 일어난 총기 사고와 관련해 소매 유통 업체인 월마트Walmart는 2019년 9월부터 미국 내 매장에서 총기를 보이도록 지닐 수 없으며, 권총 탄약과 몇 가지 소총 판매를 금지하겠다고 발표했다(Peterson, 2019).

이러한 사회적 가치 창출을 위한 전략에서 가장 중요한 것은 진정성

authenticity이다. 소비자들은 기본적으로 기업의 이런 사회적 노력에 대해 회의적인 경우가 많다. 따라서 소비자들이 어떻게 기업의 이러한 노력이 진정성 있는 활동이라고 느낄 수 있도록 하는지가 사회적 가치 창출 전략 성공의 관건이다.

첫 번째 고려할 점은 기업의 정체성과 기업이 캠페인을 벌이고자 하는 분야나 주제, 그리고 타깃 소비자들의 특성과의 연계성이다. 연계성은 기능적인 연계성과 이미지 연계성으로 나눌 수 있다. 기능적인 연계성은 기업의 제품이나 서비스와 그 기업이 관여하는 사회적인 문제와의 관련성이고, 이미지 연계성은 기업의 이미지와 그 사회적인 문제들과의 관련성을 이야기한다(Alcañiz, Cáceres and Pérez, 2010). 지금까지 연구들은 대체적으로 이 연계성이 높을수록 기업에 긍정적인 영향을 가져온다고 말한다(Bigné, Currás-Pérez and Aldás-Manzano, 2012; Ellen, Web and Mohr, 2006). 그 이유 중 하나는 소비자들이 기업과 캠페인의 주제 사이에 연결 고리를 쉽게 만들기 때문인데, 연계성이 강할수록 소비자는 이러한 캠페인을 자연스럽게 기업활동의 일부 또는 연장선상에 있는 것으로 인식하며, 보다 진정성이 있다고 본다. 하지만 이러한 캠페인이 기업의 제품이나 서비스 판매 증진에 직접적인 영향을 미친다거나 캠페인으로부터 기업이 받는 혜택이 메시지에 강조될 경우 캠페인 효과는 오히려 떨어질 수 있다(Forehand and Grier, 2003; Yoon, Gurhan-Canli and Schwarz, 2006).

또한 이러한 캠페인은 연속성이 있어야 한다. 사회적 가치의 측정이 어려운 이유는 그 결과가 바로 나타나지 않는다는 것인데 기업은 신념을 가지고 이러한 캠페인을 꾸준히 밀고 나가야 한다. 단순한 이벤트성 캠페인이 아닌, 가치와 정체성에 부합하는 정책이나 캠페인을 만들고 이는 경영 철학의 일부로 녹아들어 가야 한다. 그리고 말과 행동이 일치되는 것이 중요하다.

　미국 스타벅스의 경우는 2015년에 인종차별 철폐를 주장하며 컵에 '#레이스투게더(#RaceTogether)'를 써넣는 캠페인을 벌인 적이 있다. 하지만 2018년 불거진 일련의 두 사건은 인종 문제에 있어 스타벅스의 말과 행동의 불일치를 보이며 스타벅스는 논란의 중심에 서게 되었다. 2018년 1월에 LA의 스타벅스 매장에서 한 흑인 남성이 음료 구매 전에 화장실을 사용하기 위해 비밀번호를 물었지만 직원은 음료를 구매해야 이용할 수 있다며 알려주지 않았고, 이어서 백인 남성이 음료 구매 전에 문제없이 화장실을 사용할 수 있던 일이 있었다. 한편, 같은 해 4월 필라델피아 스타벅스에서 두 흑인이 음료를 시키지 않고 앉아 있었다는 이유로 경찰에게 체포되는 일이 발생했다. 이에 CEO가 직접 사과를 했고 2018년 5월 29일 오후에는 미국 전역에 있는 직영 매장을 닫고 인종차별 예방 교육을 실시했다(Siegel, 2018).

　또한 고정관념 뒤집기 같은 창의적인 아이디어도 중요하다. 미국에서는 11월 말경 추수감사절이 미국 최대 명절 중 하나이고 추수감사절 다음 날인 금요일은 블랙프라이데이Black Friday로 대대적인 할인이 들어가는 쇼핑의 날로 유명하다. 많은 상점들이 전날 자정이나 아침 일찍부터 문을 열어 손님들을 맞는다. 하지만 아웃도어 용품 쇼핑몰인 레이REI에서는 2015년부터 파격적인 캠페인을 벌였다. 장사 대목인 금요일에 문을 닫고 손님들에게 실내 쇼핑이 아닌 야외 활동을 권장하는 '#옵트아웃사이드(#OptOutside)' 캠페인을 시작했는데 지금은 150개도 넘는 조직들이 이 캠페인에 참여하고 있다(Beer, 2018). 이는 조직원들을 위한 캠페인이기도 한데, 직원들에게 큰 명절에 매장에 나와서 일하는 대신 가족과 함께 보낼 수 있는 시간을 갖게 하는 것이다. 아웃도어 용품을 파는 레이의 비즈니스와 가치에도 잘 부합하며 기업이 추구하는 운영 목적이 기업의 단기적 이윤을 넘어서 장기적인 사회적 가치 창출에 있음을 내부·외부 공중들에게 높이 평가받고 있다.

4. 사례: 미쉐린의 '운전면허 시험 그 이상'

이 사례는 2019년 미국 PRSAPublic Relations Society of America의 최고상인 베스트 실버 앤빌Best Silver Anvil을 수상한 사례이며, 위에서 강조한 세 가지 전략이 적절하게 배합되어 성공을 이끈 사례이다(Michelin, 2018a, 2019).

타이어 회사로 잘 알려진 프랑스 회사 미쉐린Michelin이 미국 7개 주요 도시 16세에서 19세 청소년을 대상으로 한 설문조사 결과에서 42%가 안전하지 않은 수준의 마모가 된 타이어를 낀 채로 운전을 하고 40%가 타이어 압력이 충분하지 않은 상태에서 운전을 한다는 결과가 나왔다. 전미 고속도로 교통안전위원회National Highway Traffic Safety Administration에 의하면 매해 미국 내 220만 건의 교통사고 중에 약 30만 건이 청소년 운전에서 비롯되고 이는 타이어의 상태와 밀접한 관계가 있다고 보고했다. 문제는 75%의 청소년들이 타이어의 안전을 테스트할 수 있는 쉬운 방법을 알고 있고 중요성을 알고 있음에도 불구하고 실제로 실행에 옮기지 않는다는 사실이었다. 43%의 응답자는 타이어의 트레드tread 깊이를 재어 본 적이 없으며, 32%의 응답자는 타이어 압력을 살펴본 적이 없다고 했다.

이 문제를 해결하기 위해 2018년 미쉐린은 2014년부터 실행해 온 '운전면허 시험 그 이상Beyond the Driving Test' 캠페인의 일환으로 청소년들의 타이어 안전 문제 해결을 주제로 잡고 캠페인을 계획했다. 캠페인의 목표는 청소년들이 타이어 안전 테스트를 실제로 하도록 촉구하는 것과

그림 8-3 미쉐린 반스 신발 한정판(좌)과 대형 신발을 싣고 장거리 여행하는 미쉐린
자동차(우)

자료: Michelin Newsroom 홈페이지(https://michelinmedia.com/pages/blog/detail/article/c0/a728/).

'#스트리트레드콘테스트(#StreetTreadContest)'에 대한 메시지가 100만
명 이상의 청소년에게 닿을 수 있도록 하는 것이었다.

이 목표를 달성하기 위해 미쉐린은 다음과 같은 전략과 전술을 캠페
인 실행에 사용했다.

① 스포츠/라이프스타일 브랜드 반스Vans와 협력해 한정판 반스 신발
을 만들었다. 미쉐린은 조사 결과 청소년들이 보통은 트레드 깊이와 공
기 압력에 대해 관심이 없는 것 같지만, 그것이 스니커즈와 관련될 때
에는 중요한 문제가 된다는 것을 알게 되었다. 또한 청소년들은 자동
차, 비디오게임, 기타 가전제품에 쓰는 돈과 비슷한 수준의 돈을 신발
구매에 쓰고 있었다. 따라서 청소년들에게 관심 품목인 신발과 자동차
의 연결 고리를 만들어 신발을 통해 메시지를 전달할 수 있으면 타깃
공중인 청소년의 관심을 이끌어낼 수 있을 것이라고 생각했다. 이에 신
발의 바닥과 자동차의 타이어를 비교하는 전략을 펴며, 신발 바닥 고무
의 트레드와 압력이 중요하듯이 타이어의 트레드와 압력이 중요하다는

메시지를 기반으로 했다. 미쉐린은 청소년들에게 가장 인기 있는 신발 브랜드 중 하나이면서 스트리트 문화 및 젊은 감성을 상징하는 브랜드인 반스와 협력하기로 했고, 반스의 신발에 미쉐린 로고와 캐릭터를 넣는 아이디어에 착안해 한정판 신발을 만들었다.

② 미쉐린은 '#스트리트트레드(#StreetTreadContest)' 콘테스트를 개최했는데, 동전을 이용해 트레드의 깊이를 측정하거나 타이어 압력을 체크하는 방법을 안다는 것을 보여줄 수 있는 인증샷을 찍어서 공유하면 콘테스트에 응모할 수 있었고, 추첨을 통해 100명에게 한정판 미쉐린 반스 신발을 제공했다.

③ 뉴욕 반스 매장에서 캠페인 시작을 알리는 파티를 열었고, 미쉐린 캐릭터를 비롯해 관련 있는 블로거들 및 미디어들을 초대했다.

④ 자동차 크기만 한 반스 스니커즈를 만들어 여기에 미쉐린 캐릭터와 로고, 캠페인 웹사이트를 넣고 이를 차에 달아 캘리포니아의 코스타 메사Costa Mesa에서 뉴욕까지 운전했다.

⑤ 캠페인을 홍보하기 위해 청소년들에게 인기 있는 인플루언서들과 블룸버그Bloomberg, 폭스 비즈니스Fox Business, 포브스Forbes와 같은 미디어들과도 접촉했다.

5월 말경인 메모리얼데이Memorial Day가 포함된 주말이 청소년들의 자동차 운전 사고가 급격히 증가하는 시점임을 감안해 캠페인 기간을 5월에서 8월 사이로 잡았다. 결과는 매우 성공적이었으며 16억 이상의 그로스 임프레션Gross impression을 얻어냈고, 소셜미디어와 오프라인상에서 580만 명 이상의 참여를 이끌어냈다. 또한 4500명 이상의 청소년들이 콘테스트에 참여했다.

5. 결론

이 장에서는 디지털 기술의 발전으로 변화하는 시대에 기업이 어떠한 마케팅 전략들을 사용하고 있는지 살펴보고 효과적인 전략 실행을 위한 제안들을 덧붙였다. '소비자 참여형 전략', '인플루언서 마케팅', '사회적 가치 창출'이라는 세 전략에 초점을 맞추었지만, 이 세 가지 전략들 이외에도 감정을 이용한 마케팅PR 전략이라든지 스토리텔링, AI, VR, 웨어러블wearable 기기 등의 기술을 이용한 전략 등 다양한 다른 전략들이 있을 수 있다. 어떤 전략을 사용하든 간에 기업의 쌍방향 소통을 통한 공중과의 관계 증진이라는 기본적인 원칙은 변하지 않는다. 문제는 세분화되어 가는 다양한 공중의 관심을 어떻게 끌어내고 여기에 새로운 기술들을 어떻게 잘 활용하는가이다. 기업이 주도하고 이끌어가는 의사소통의 방식보다는 기업은 변화하는 기술과 소비자의 기대와 특성을 이해하고 적용해 사회의 한 일원으로서 그리고 리더로서 대화의 참여자가 되어야 하며, 이 대화는 지속적으로 이루어져야 한다.

생각할
거리

❶ 디지털 시대에 마케팅PR, 마케팅, 광고, 통합 마케팅 커뮤니케이션(IMC: integrated marketing communication)의 경계가 허물어져 가고 있고, 유료와 무료, 통제 가능한 미디어와 통제 가능하지 않은 미디어라는 이분법적인 미디어의 경계도 의미가 없어져 가고 있다. 이러한 환경 속에서 PR의 차별화되는 역할과 기능은 무엇일까?

❷ 소비자들의 미디어 이용 행태와 가치가 변화하는 가운데 세대별로 차이가 있다. 점점 더 세분화되어 가는 시장에서 이들의 특성을 이해하는 것은 마케팅PR의 성공을 가르는 중요한 변수이다. X, Y, Z세대 등 각각 다른 세대의 미디어 이용과 가치, 그리고 소비에 있어서의 특성을 어떻게 비교할 수 있을까?

❸ 마케팅PR의 전략은 정치적·경제적·문화적 환경과 밀접한 관계가 있는데 이는 타깃 공중의 특성이 이에 크게 영향을 받기 때문이다. 이 장에서는 해외 사례들을 많이 다루고 있는데 국내 사례들과 비교해 어떤 비슷한 점과 다른 점이 있을까? 국내의 특수한 환경적 요소가 있다면 이를 어떻게 마케팅PR 전략에 적용해 볼 수 있을까?

❹ 디지털 기술의 발전에 비해 마케팅PR 전략에의 적용은 아직 한정적이다. 지금까지의 흐름을 바탕으로 마케팅PR의 미래를 전망해 본다면 어떠한 PR전략들이 많이 쓰일까? 이러한 미래 전략들이 보편화된 시대에도 지금까지 우리가 알고 있던 전통적인 PR의 접근과 이해가 도움이 될 수 있을까?

제9장

디지털
공공PR

    디지털 시대의 PR은 커뮤니케이션 기술의 발전과 맥을 같이한다. 인터넷 기반의 다양한 매체가 발전하면서 소셜미디어의 등장, 나아가 AIartificial intelligence, ARaugmented reality, VRvirtual reality 등 기술의 발전은 조직과 공중 간의 관계 구축에 기반하는 PR의 영역에도 많은 과제와 기대를 함께 부여했다.

    특히 2000년대 이후 웹2.0을 기반으로 한 소셜미디어의 사용이 확산되면서 공적·사적 영역에서 많은 조직들이 디지털미디어의 중요성을 인식했다. 공공 영역에서는 ICTinformation and communication technology를 활용하여 각종 사회 문제를 해결하고 행정 서비스의 품질을 높이려는 분위기가 확산되었는데(이태준·김병준, 2015), 이 중에서 소셜미디어의 등장은 조직과 공중 간의 상호 이해를 바탕으로 한 균형적 커뮤니케이션의 실천에 획기적인 영향을 미쳤다(Grunig, Grunig and Dozier, 2002). 이 장에서는 디지털미디어 발전으로 변화하는 환경 속에서 공공 영역의 성공적 PR활동을 위해서는 어떠한 접근이 필요한지 검토하고자 한다.

1. 매체 환경과 공공PR

공공PR은 공공 부문에서 행해지는 PR활동으로 흔히 공공 커뮤니케이션 캠페인 또는 공공PR 캠페인으로 다루어진다. 공공 부문은 정부의 재정 지원으로 설립·운영되는 기관으로서 공기업, 준정부기관을 포함하는 공공 기관을 말한다. PR활동을 수행주체별로 나눌 때, 크게 정부PR, 기업PR, 그리고 비영리PR로 구분하는데(Broom, 2009), 이러한 구분에 의거할 때 공공PR은 공공 기관에서 조직의 목적을 달성하기 위해 행해지는 다양한 PR활동으로 정의할 수 있다. 특히 공익을 위해 개인의 행동을 변화시키거나 국민들에게 사회적으로 중요하고 의미 있는 쟁점을 인식시키고 태도를 형성하게 하는 공공 캠페인은 정부의 PR활동 중에서도 매우 중요한 분야이다(황성욱·조윤용, 2014).

역사적으로 공공 부문의 PR은 공공 정보 전달과 확산을 위해 전통적인 매스미디어에 의존해 왔다(Dixon, 2010). 기술 발전으로 인한 매체 환경의 변화, 특히 소셜미디어는 공공의 선과 사회적 가치를 추구하는 공공 영역의 PR에도 많은 변화를 가져왔다. 정부 기관들은 정책홍보 매체로서 다양한 소셜미디어를 사용하게 되었고, 개방적이고 대화적인 특성을 지닌 소셜미디어는 공공PR의 영역에서 활용성이 점점 커지고 있다.

커뮤니케이션 채널로서 소셜미디어는 몇 가지 장점이 있다. 첫째, 소셜미디어는 정부 조직과 공중 간의 상호작용성을 증대시키고 다른 기업 영역만큼 전통 매체를 소비하지 않고도 인구 전반에 도달할 수 있게 한다(Bertot, Jaeger, Munson and Glaisyer, 2010). 디지털 매체의 대표 주자 격인 소셜미디어는 이용자의 정보 게시, 공유 그리고 재생산을 쉽게 가능하게 하며 점점 더 빠르게 변화하는 매우 역동적인 영역이다. 이 점에서 소셜미디어를 비롯한 다양한 디지털 매체를 활용한 전략은 사회 조직에 있어 매우 중요한데 특히 공공 영역에서는 공동체 의식을 고양하고 시민사회의 참여를 유도하기 위해 그 중요성이 증대되고 있다(Graham and Avery, 2013). 대부분의 정부 기관들이 조직의 보유 매체로 소셜미디어를 운용하고 있다. 기관 웹페이지를 통한 정보 전달, 소셜미디어를 통한 즉시적인 질문 응답은 투명한 정부와 민주적 참여를 위한 새로운 방안이라 할 수 있다. 이는 소셜미디어의 특성인 상호성과 즉시성을 통해서 공공 기관이 얻을 수 있는 수혜이기도 하다(Bertot, Jaeger, Munson and Glaisyer, 2010).

두 번째로 소셜미디어는 정부와 시민들의 적극적인 관계 형성을 촉진한다. 블로그, 팟캐스트를 비롯한 다양한 SNS 채널의 도래는 정부 또는 공공 기관의 PR실무자가 게이트키퍼로 활약할 수 있는 다양한 계층의 방해 없이 그들의 공중과 직접 소통할 수 있게 했다(Smith, 2010). 소셜미디어를 통해 시민과 소통하고 시민의 참여를 도모하기 위한 정부의 능력을 증대시킬 수 있고 투명한 정보 제공에 대한 시민의 기대에 부응할 수 있다(Graham and Avery, 2013). 무엇보다 PR의 핵심인 관계 형성이 소셜미디어를 통해 가능하고 확장될 수 있다는 것은 PR실무자에게는 더없이 반가운 일이다. 게이트키핑의 과정을 거치지 않고 공중과 직접 소통하며 조직의 입장을 거짓 없이 전달함으로써 공중의 의견을 수렴하는 쌍방향 균형적 커뮤니케이션의 실천에 한층 더 가까워졌다.

셋째, 중앙정부와 지방정부를 포함한 대부분의 공공 기관에서는 온라인 채널을 통한 정책 소통을 시행하고 있는데, 이 또한 디지털 환경에 부응하는 변화 중의 하나이다. 온라인 채널을 활용한 정책PR은 정부가 필요한 정보를 제공하고 시민들의 피드백을 수용할 수 있다는 점에서 정부의 투명성 제고에 기여할 수 있다(Harris, McKenzie and Rentfro, 2009). 온라인 채널의 발달이 시민의 정보 접근을 가능하고 용이하게 했고 시민들은 정보를 공유함으로써 정부에 그들의 의견을 피력할 수 있게 되었다.

요약하면, 매체의 발전은 현 시대의 조직-공중 간 쌍방향 커뮤니케이션을 촉진하고 다각화하는 데 기여함으로써 디지털 시대의 PR활동에 많은 영향을 미쳤다. 특히 공공PR의 영역에서는 디지털 매체를 통해 메시지 도달 범위의 확장, 즉 보다 더 넓은 범위의 공중에게 도달하는 것이 가능하게 되었으며 복잡한 게이트키핑 과정을 거치지 않고 공중과의 직접적이고 쌍방향적인 커뮤니케이션이 가능하게 되었다.

2. 디지털 기술을 활용한 공공PR의 특징

디지털 기술의 발전은 단순히 미디어와 정보의 디지털화를 넘어 새로운 콘텐츠 양식을 창조하고 수용자를 커뮤니케이션 과정에 더 적극적으로 관여하도록 끌어들임으로써 커뮤니케이션의 패러다임을 변화시켰다(박동숙·전경란, 2002). PR의 영역에서도 디지털미디어의 등장이 관계적이고 대화적인 커뮤니케이션의 활성화에 기여할 것을 예측했다(Hon and Grunig, 1999; Kent and Taylor, 2002). 이와 관련하여 관계적이고 대화적인 커뮤니케이션의 활성화에 기여한 디지털 기술의 발전이 공공PR 영역에 어떤 변화와 의미를 가져왔는지 알아볼 필요가 있다.

1) 상호작용성

기존의 매체와 뉴미디어를 구분하는 가장 중요한 기준 중 하나는 '상호작용성Interactivity'으로, 많은 학자들이 뉴미디어 기술 이용과 효과 연구에 있어 가장 눈여겨보아야 할 주요 개념으로 상호작용성을 꼽았다. 상호작용성은 "상호호혜적인 영향을 주고받는 과정"(Pavlik, 1996: 135)으로 상호작용은 주어진 환경에서 사람이나 사물 등이 영향을 주고받는 행위라 할 수 있으며, 그러한 가능성을 제공하는 매체를 상호작용적이라고 할 수 있다(Lombard and Snyder, 2001). 매체 융합이 증가하면서 상호작용성은 콘텐츠 생성 능력이 있는 동시에 콘텐츠를 수용하고 상호작용할 수 있는 이용자로서의 의미를 지니게 되었다(Sundar, Kalyanaraman and Brown, 2003).

공공 캠페인의 수단으로 활용되는 매체의 상호작용성과 관련해서는 히터(Heeter, 1989)의 정의를 살펴볼 필요가 있다. 히터는 상호작용성의 차원으로 6개를 제시했는데, 선택의 복잡성, 사용자의 노력, 반응성, 정보 사용 모니터링, 정보 추가의 용이성, 대인 커뮤니케이션의 촉진으로 매우 포괄적이다. 이 6개 차원은 공공 캠페인의 수용자, 메시지, 채널의 관련성을 제시함으로써 공공 캠페인 기획에 있어 상호작용성이 웹 사이트의 기능적 차원뿐만 아니라 콘텐츠 차원에서도 구현될 필요가 있음을 강조한다.

디지털미디어의 상호작용적 특징은 수용자에게 미디어 및 콘텐츠를 이용하는 과정 전반에 걸쳐 다양한 통제권을 부여한다는 점에서 매체 환경의 변화가 가져온 가장 큰 특성으로서 중요성을 갖는다(Brug et al., 1999). 수용자는 다양한 매체 환경 속에서 스스로가 원하는 매체를 취사선택할 수 있고 매체 이용에 익숙해짐으로써 스스로 매체를 통제할

표 9-1 상호작용성의 차원과 개념

차원	개념
선택의 복잡성 Complexity of choice	• 사용자의 정보 욕구를 만족시키기 위해 정보를 선택할 수 있는 콘텐츠 옵션 범위와 관련 • 캠페인의 콘텐츠가 풍부할수록 개인 맞춤형 메시지를 개발할 수 있는 능력이 있는 것으로 판단
사용자의 노력 Effort exerted by users	• 사용자가 콘텐츠를 통해 정보를 찾고 선정하는 상당한 노력을 기울여야 함 • 사용자가 노력을 많이 할수록, 사용자는 정보 획득에 있어 적극적 역할을 하게 됨 • 사용자가 콘텐츠 선정과 이해에 적극적 역할을 하려고 할수록 메시지는 효과적인 것이 됨
반응성 Responsiveness	• 사용자 필요성에 즉각적으로 반응하는 컴퓨터 시스템일수록 맞춤형 메시지 구성에 효과적(사용자 측면에서의 평가를 의미)
정보 사용 모니터링 Monitoring of information use	• 콘텐츠 개발자의 입장에서 제공되는 서비스 활용에 대한 지속적 평가를 할 수 있는 능력(캠페인 과정에서 평가와 유사한 것으로 정보제공자의 입장에서 평가를 의미)
정보 추가 용이성 Ease of adding information	• 사용자의 콘텐츠 수정을 가능하게 하는 시스템의 허용 범위 • 맞춤형 메시지 제작에서 콘텐츠 수정은 매우 혁신적인 아이디어가 될 수 있음
대인 커뮤니케이션의 촉진 Facilitation of interpersonal communication	• 사용자가 다른 사용자와 대화할 수 있는 편의성 • 타인과의 대화를 통해 사회적으로 구성된 메시지의 효과성을 평가할 수 있음

수 있는 능력을 지니게 된다.

상호작용성은 온라인상의 관계적 성과로 이끌 수 있는, 즉 관계 형성의 과정에 있어 매우 주요한 요소이다(Hallahan, 2003). 상호작용성에 대해 다양한 논의가 존재하지만, 미디어가 지닌 특성으로서 보여지는 '실제적 상호작용성'과 이용자들이 미디어를 사용하면서 느끼는 '인지된 상호작용성'에 대한 논의로 구분할 수 있다(McMillan and Hwang, 2002). 실제적 상호작용성은 미디어에 고정된 기술적 특성으로, 예를 들어 온라인 채팅룸, 하이퍼링크, 검색 기능과 같이 다양한 기능의 존재 여부에 따라 결정된다. 반면, 인지된 상호작용성은 상호작용적 미디어 사용자의 주관적인 경험을 의미한다.

실제적 상호작용성이 미디어 그 자체의 특징에 초점을 맞춘 것이라면, 인지된 상호작용성은 미디어 사용 경험에 대한 주관적인 인식이라고 할 수 있다. 따라서 인지된 상호작용성의 관점에서 상호작용성은 미디어를 사용하는 개개인의 경험과 인식에 따라 달라지는 것이다. 기술적으로는 동일한 상호작용성을 지닌다 해도 상호작용성에 대한 효과는 이용자마다 다를 수 있다. 유승희와 차희원(2019)은 정부의 SNS 사용 경험에 대한 주관적 인식이 긍정적일수록, 즉 정부 SNS에 대한 인지된 상호작용성이 높을수록 정부가 국민과 대화를 잘한다고 느낀다는 연구 결과를 제시했다. 이 점은 변화하는 매체 환경에서 시사하는 바가 크다. 기술적으로 동일한 매체 환경을 구현했다고 하더라도 사용자의 경험은 다를 수 있다. 중요한 것은 기술적 환경에 대한 사용자 인식을 구현하는 것이다.

이와 유사한 맥락에서 상호작용성의 차원을 기능적functional 차원과 상황적contingent 차원으로 구분하기도 한다(Sundar, Kalyanaraman and Brown, 2003). 기능적 상호작용성은 미디어의 특징에 초점을 맞춘 것으로 사용자와 인터페이스 간의 대화 또는 정보 교환을 유도하는 인터페이스 능력이다. 상황적 상호작용성은 사용자-매체-메시지 사이의 행위적인 상호작용을 의미한다.

순다르와 그 동료들(Sundar, Kalyanaraman and Brown, 2003)은 기능적 상호작용성은 상호작용성의 외적 표현의 촉진에 기반한 것으로 상호작용적 커뮤니케이션의 효과를 적절하게 명시하지 못한다고 지적했다. 백혜진과 이혜규(2013)는 인터넷의 가장 중요한 특성이 상호작용성임에도 불구하고 실제 상호작용성의 정도에 따른 웹사이트의 효과를 측정한 연구는 별로 없음을 지적하기도 했다. 즉, 다양한 공공 캠페인이 웹사이트를 통해 운영되고 있고 상호작용성이 활성화되어 있는 웹사이트가 더 효과적이라고 전제되기는 했지만, 실제 웹사이트의 어떤 기능이 상호작용성을 의미하는지 매우 다른 정의를 내리고 있다는 것이다. 웹사이트를 포함한 다양한 상호작용적 매체들이 기능적 상호작용성을 갖추었다고는 하지만 이로 인해 나타난 쌍방향적 커뮤니케이션의 결과물이 무엇인지 구체적으로 제시하고 있지는 못하다.

상호작용성의 결과로 정보 제공, 참여 도모와 관계성이 어떻게 형성되고 유지되는지를 이해하기 위해서는 상황적 상호작용성을 검토할 필요가 있다. 커뮤니케이션 연구자들은 상황적 상호작용성은 "이용자, 미디어, 그리고 메시지를 포함하는 과정"이며 그 안에서 "커뮤니케이션 역할은 발생할 수 있는 모든 상호작용성을 위해 서로 교환 가능해야 하는 것"으로 규정한다. 여기서 상황적이라 함은 상호적 커뮤니케이션 과정에서 메시지의 이해가 이전 메시지에 달려 있다는 것을 의미한다. 즉, 두 사람 사이에 이전에 얼마나 많은 내용이 오고갔는가, 이러한 과정이 엮이고 누적될수록 상호적인 과정이 완성되어 가는 것이다.

이러한 상황적 상호작용성의 개념은 할라한의 언어적 상호작용성과 유사하다(Hallahan, 2003). 할라한은 언어적 상호작용성을 이용자들이 쓰거나 말을 할 때 그들의 생각을 반영하고 언어적 대화에 참여하게 하는 상위 형태의 상호작용성이라고 설명했다. 파블릭J. V. Pavlik은 이를 "상호호혜적인 영향reciprocal influence"으로 규정했다(Pavlik, 1996: 135; Sundar et al., 2003; Walther et al., 2005). 이는 상황적 상호작용성을 촉진시킴으로써 PR의 목적인 관계 구축에 다가갈 수 있음을 제안하는 것이다. 지리적·문화적으로 동떨어진 공중과의 관계 구축을 위한 커뮤니케이션 과정에서 연결성, 관여도, 감사, 의미와 같은 감정을 자극하는 커뮤니케이션 행동 요소는 상황적 상호작용성 촉진을 위해 필요한 부분이다. 상황적 상호작용성을 촉진시키는 것이야말로 긍정적인 관계적 성과로 이끌 수 있는 주요한 캠페인 전략이 될 것이다.

2) 대화적 특성으로서 투명성

대화는 균형적 커뮤니케이션이 진화된 개념으로 기만으로부터 진실을 구분해 주는 커뮤니케이션의 가장 윤리적이고 중심적인 기능이며 (Kent and Taylor, 2002), 조직과 공중 간의 대화커뮤니케이션은 상호호혜적인 관계를 이끌어내기 위한 상호성에 대한 지향과 개방적인 분위기라 할 수 있다(Yang, Kang and Cha, 2015). PR의 영역에서 대화커뮤니케이션이 중요한 이유는 대화커뮤니케이션을 높이 평가할수록 공중은 조직과 대화가 잘된다고 생각한다는 점에 있다. 이는 곧 성공적인 쌍방향 균형 커뮤니케이션의 결과라 할 수 있고, 이에 대화커뮤니케이션의 어떤 특징이 공공PR의 영역에 활용되고 있는지 위에서 논의한 상호작용성과 관련지어 살펴보기로 한다.

대화커뮤니케이션을 제안한 PR학자들은 PR에서 웹 기반 커뮤니케이션의 관계적 잠재력은 웹페이지의 디자인 특성에서 나타난다고 했다 (Kent and Taylor, 1998; Kent et al., 2003; Taylor et al., 2001). 예를 들어, 이용자가 서베이와 투표를 할 수 있는 사이트, 웹사이트 호스트에게 이용자가 정보에 대한 반응을 전달할 수 있도록 하는 사이트는 모두 '대화의 순환 고리dialogic loop[*]'를 촉진한다고 할 수 있다. 이와 유사하게, 이벤

---

[*] 대화의 순환 고리는 조직이 인터넷 기술의 이점을 이용해 공중으로부터 피드백을 도출하는 과정이다. 인터넷 사용자, 즉 공중은 조직에 대한 궁금증을 해소하고 조직은 공중의 관심사와 문제에 대한 질문에 응답한다. 피드백 여부는 콘텐츠에 따라 결정되므로 콘텐츠의 질도 대화의 순환 고리에 매우 중요한 요건이다.

트 달력event calendar, 다운로드 가능한 정보 및 며칠 앞서 게시되는 뉴스 아이템은 사이트를 호스팅하는 조직이 방문자가 웹사이트로 돌아오도록 격려함으로써 대화를 장려한다는 지표로 사용된다(Kelleher, 2009). 즉, 웹사이트 특성을 기록해 나감으로써 기능적 상호작용성을 측정할 수 있다는 것으로 기능적 상호작용성은 대화커뮤니케이션의 특성 중 하나인 유용한 정보 제공, 즉 투명성과 관련이 있다.

공공 기관의 커뮤니케이션 담당자들은 종종 일반 기업 또는 비영리 조직과는 다른 커뮤니케이션 전략 수립이 필요하다고 한다. 그루닉과 자티넨(Grunig and Jaatinen, 1999: 219)은 모든 조직에 해당하는 일반적인 원칙이 있지만 "특정 원칙이 적용되어야 하는 특수 상황"도 있음을 강조했다. 공공 영역은 사적 영역의 PR과는 다른 어려움에 부딪힐 때가 많다. 즉 정치, 공공선, 법적 제약, 커뮤니케이션의 평가 절하, 열악한 공중의 인식, 전문성 개발 지연, 그리고 연방주의federalism는 모두 공공 영역의 PR환경에서 맞닥뜨리는 도전과 기회이다(Liu and Horsley, 2007). 특히 정부에 대한 시민의 불신이 증대되는 상황에서 투명성은 효과적인 정부 관계에 매우 중요하다(Bertot, Jaeger, Munson and Glaisyer, 2010).

투명성은 공중의 우려와 관심사에 대한 정보 획득 가능성, 정치적 의사결정에 참여할 수 있는 시민의 능력, 그리고 여론에 대한 정부의 책임성으로 정의된다(Cotterrell, 1999). 투명성은 조직과 공중 간 효과적인 관계를 구축하기 위한 대화커뮤니케이션의 주요 개념인 개방성openness을 구성하는 주요한 차원 가운데 하나이기도 하다(차희원·김수진, 2018; Kent and Taylor, 2002; Yang, Kang and Cha, 2015). 롤린스(Rawlins, 2008)는 투명성은 ① 진실하고 중요하며 유용한 정보, ② 필요한 정보를 규명하기 위한 이해관계자의 참여, ③ 책임 있는 조직이 보유한 조직 활동과 정책에 대한 객관적이고 균형적인 보고라는 세 가지 주요한 요소로 구성된다고 했다. 이 점을 바탕으로 볼 때 투명성은 정보 공개의 차원에서 공중을 향한 정부 조직의 커뮤니케이션 특성이라 할 수 있고 공공PR 캠페인을 통해 구현되어야 하는 부분이기도 하다.

정부의 투명성은 공중이 현재 정부에서 어떤 일이 일어나고 있는지와 관련하여 좀 더 정확한 그림을 그릴 수 있게 하고 이는 정부 기관의 업적을 평가하고 정부에 대한 신뢰를 쌓을 수 있게 하는 주요한 요인이 된다. 공공 기관의 투명성을 증대할 필요성을 강조하기 위해 페어뱅크스·플로먼·롤린스(Fairbanks, Plowman and Rawlins, 2007)는 투명한 의사소통 과정을 기반으로 하는 모델을 개발했는데 이 모델의 주요 요소는 커뮤니케이션 실무, 조직의 지원, 그리고 자원 제공이다. 하이스(Heise, 1985)에 따르면, 공공 커뮤니케이션의 가장 중요한 부분은 정부 조직과 공중 간에 공유하는 정보에 대한 일체의 조작 없이 이루어지는 개방적이고 정직하며 시의성 있는 소통이다. 인터넷과 소셜미디어로 인해 그 어느 때보다 풍성한 매체 환경이 공공PR의 목적인 개방적이고 정직하며 시의성 있는 소통을 통해 정부 조직과 공중 간의 신뢰를 증진할 기회를 제공하는 것임에는 틀림없다.

3. 공공 영역의 PR 커뮤니케이션 캠페인

공공 영역의 PR활동은 정부의 정책을 국민에게 알리고 여론을 수렴해 정부 정책에 반영하고 이와 관련된 공중의 태도와 행동의 변화를 위한 일련의 활동을 포함한다(신호창·이두원, 2002). 오늘날 공공 부문의 PR활동은 다양한 정부 정책에 대한 정보 전달로부터 시작해 국민의 의견 반영과 참여까지 목적으로 하는 다양한 공공 커뮤니케이션 캠페인의 형태로 PR메시지를 전달하고 있는 것을 볼 수 있다. 특히 다양한 정책을 알리고 정책의 필요성을 느끼게 함으로써 참여를 도모하는 등의 캠페인 메시지를 통해 PR활동의 주체인 정부 기관에 대한 긍정적 신념을 형성하고 호감도와 신뢰도를 높일 수 있다는 점에서 정부가 주도하는 캠페인의 중요성은 더해지고 있다.

공공 커뮤니케이션 캠페인은 구체적으로 정해진 기간에 다수의 사람들을 대상으로 특정한 결과를 창출하기 위해 다양한 미디어를 활용하여 메시지를 전달하는 일련의 조직화된 커뮤니케이션 활동으로 정의된다(Rice and Atkin, 2009; Rogers and Storey, 1987). 공공 커뮤니케이션 캠페인은 몇 가지로 유형화해 볼 수 있는데, 잭슨 잭슨 앤드 와그너Jackson Jackson & Wagner의 공동 창업자이며 수석 카운슬러인 패트릭 잭슨Patrick Jackson은 캠페인 유형을 6개로 정리했다.

첫째, 공공 인식 제고 캠페인public awareness campaign이다. 인식 제고 캠페인은 비정부기구NGO 또는 비영리조직NPO에서 행해지는 경우가 많다. 조직 미션을 알리는 메시지를 전달하는 활동을 통해 특정 이슈에 대한 공중의 관심과 인식을 형성하는 것이 인식 제고 캠페인의 목적이다. 2014년 루게릭병에 대한 관심 환기를 통해 전 세계의 이목을 끌고 기부에 동참하게 한 아이스버킷 챌린지는 대표적인 인식 제고 캠페인이라 할 수 있다. 인식 제고 캠페인은 다른 어떤 캠페인보다 소셜미디어의 활용이 두드러진다. 캠페인 참여 동영상을 촬영하고 업로드하여 공유함으로써 개인 간 상호작용이 쉽고 원활하게 이루어지며 확산되는 효과를 볼 수 있다. 이러한 상호작용의 과정은 온라인, 즉 소셜미디어를 통해 더욱 용이하게 이루어진다.

둘째, 공공 정보 캠페인public information campaign이다. 공공 정보 캠페인은 이슈에 대한 공중의 인식 제고뿐만 아니라 정보도 함께 제공하는 캠페

그림 9-1 **미국 매사추세츠 주정부의 공공 정보 캠페인 "Make the Right Call"**

자료: 메사추세츠 주정부 홈페이지(https://www.mass.gov/make-the-right-call-public-information-campaign).

인이다. 미국 매사추세츠 주정부에서 진행하고 있는 아편류 약품 과다 복용 방지를 위한 "Make the Right Call" 캠페인이 여기에 속한다. 이 캠페인은 아편류 약품 과다 복용으로 어려움을 겪는 사람들에게 상비약을 휴대하고 911 신고를 하는 즉각적인 행동으로 생명을 구할 수 있다는 정보를 준다. 공공 정보 캠페인은 정부 기관에서 관련 공중을 대상으로 하는 일방향적인 커뮤니케이션이 주를 이루어왔다. 그러나 웹기반 온라인미디어의 발전과 함께 정부 기관은 SNS를 포함한 다양한 소셜미디어를 조직의 보유 매체로 활용하며 PR캠페인의 반경을 넓혔다고 할 수 있다.

세 번째 유형인 공공 교육 캠페인public education campaign은 교육을 통한 공중의 태도 변화를 목표로 한다. 공공 교육 캠페인은 공공 정보 캠페인과 혼용되어 사용되기도 하는데, 공공 정보 캠페인은 정부가 주체가 되어 시행하는 것이고, 공공 교육 캠페인의 주체는 비영리기관이라는 차이가 있다(Coffman, 2002). 이 외에 조직의 입장에 동의하는 사람들의 태도와 행동 재강화 캠페인, 조직의 입장에 동의하지 않는 사람들의 태도를 바꾸기 위한 캠페인, 그리고 변화를 위한 또는 공중의 행동을 수정하는 캠페인이 있다. 잭슨이 제시한 6개 유형의 캠페인은 인지·태도·행동의 변화라는 목표에 따라 캠페인을 유형화한 점, 태도 및 행동 변화에 있어 재강화의 필요성을 공중의 특성과 관련지어 제시한 점이 특이하다.

공공 커뮤니케이션 캠페인은 근본적인 목적에 따라 두 가지로 구분되기도 한다(Coffman, 2002; Dungan-Seaver, 1999; Henry and Rivera, 1998). 첫째, 개인의 바람직한 행동 변화 또는 사회의 안녕을 목적으로 한 캠페인으로 공공 정보 또는 공공 교육 캠페인이 여기에 속한다.[*] 이러한 캠페인 유형으로는 금연, 약물 사용 금지, 안전벨트 착용과 같이 공중 보건 영역에서 행해지는 것이 많으나 교육, 범죄, 아동과 관련된 영역의 캠페인으로 확장되고 있다.

두 번째는 정책 입안 또는 정책 변화를 위해 정치인에게 영향을 미칠 수 있는 공중의 의지를 창출하는 데 목적을 둔 캠페인이다. 이러한 공공 의지 캠페인은 정책 변화를 위해 공중의 관점에서 사회적 문제를 제기하고 중요성을 정당화하는 노력이다. 이러한 캠페인은 바람직한 개인의 행동 변화를 지원하는 데 필요한 환경의 조성을 강조하고 이와 관련한 공중의 책임성에 초점을 맞춘다. 공공 의지 캠페인은 종종 개인의 행동 변화 캠페인으로부터 시작되어 연결되기도 한다. 예를 들어, 금연

---

[*] 코프먼(Coffman, 2002)에 따르면, 공공 커뮤니케이션 캠페인은 공공 정보(public information), 공공 교육(public education), 공공 인지(public awareness) 또는 공중 참여 캠페인(public engagement campaign)을 포함하는 가장 폭넓은 차원의 개념이며, 공공 정보 캠페인과 공공 교육 캠페인은 그 주체가 각각 정부와 비영리기관이라는 차이점이 있다.

캠페인의 경우 흡연자에게 초점을 맞추어 시작된 것이지만, 캠페인 과정에서 비흡연자는 간접흡연의 폐해를 알리는 등 주변의 흡연자에게 금연을 권유하는 것을 볼 수 있다. 이러한 움직임은 공공장소에서 흡연을 금지하는 것과 같은 정책의 필요성에 대한 인식으로 이어지게 한다. 최근에는 이처럼 개인의 행동 변화와 공공 의지 요소에 동시에 기반하는 캠페인이 늘어나는 추세이다(Atkin, 2001).

공공PR 캠페인을 실행 주체에 따라 정부 주도형과 비영리조직 주도형으로 구분해 볼 수도 있다. 대부분의 국가에서는 전국 규모의 정부 주도형 캠페인이 실행되고 있다. 중국과 인도의 경우에는 주로 산아 제한 캠페인, 새롭게 민주주의를 택한 루마니아와 불가리아는 경제 부흥 캠페인을 펼쳤고, 호주에서는 여행객 증진을 위한 캠페인을 꾸준히 진행하고 있다. 미국에서는 다양한 정부 부처가 그들의 이해관계가 서로 일치하는 영역에서 캠페인을 공동으로 진행하기도 하고, 비슷한 목적을 지닌 비영리조직과 연계해 캠페인을 진행하기도 한다.

제3부문the third sector으로 불리는 비영리조직은 정부와 기업 영역이 아닌 강제력이나 경제적 이윤 동기에 입각하지 않은 자발적인 활동 영역이다. 이러한 설명에 의하면, 비영리조직은 정부 조직도 아니고 일반 사기업도 아닌 조직이다. 비영리조직의 PR의 목적은 ① 조직 미션에 대한 공중의 승인 획득, ② 조직 미션에 맞는 공공 정책 개발 및 유지, ③ 조직 구성원에게 미션에 근거한 목적과 목표에 대한 정보 제공 및 동기 부여, ④ 조직과 우호적인 커뮤니케이션 채널 구축, ⑤ 기금 조성을 위한 우호적인 분위기 생성 및 유지로 요약된다(Cutlip, Center and Broom, 2000).

영리를 목적으로 하지 않고 사회의 공동선을 조직 활동의 근거로 삼고 있는 비영리조직에서는 관련 공중과의 커뮤니케이션은 가장 중요한

표 9-2 **공공PR 캠페인 유형**

캠페인 유형/ 목적	개인의 행동 변화 Individual Behavior Change	공공의지 Public Will
목표	• 행동 및 행동 결과의 중요성에 대한 개인의 신념과 지식에 영향 • 행동 지원을 위한 태도에 영향을 미치고 설득을 위함 • 개인의 행동이 동료들에 의해 수용될 수 있는지에 대한 인지된 사회적 규범에 영향 • 행동 수행을 위한 의도에 영향 • 행동 변화 창출(지원 프로그램이 수반되는 경우)	• 이슈 가시화와 이슈 중요성 증대 • 사회적 이슈 지각과 그 이슈에 대해 책임이 있는 사람들에게 영향 • 책임 당사자에 기반한 해결에 대한 지식 증대 • 정책 판단에 사용되는 기준과 정책 입안자에게 영향 • 서비스 도입 및 공적 모금을 위해 가능한 사안이 무엇인지 결정하는 데 도움 • 행동을 위한 지지층 참여 및 동원
타깃 수용자	행동 변화가 필요한 사람들	동원될 일반 공중과 정책입안자
전략	소셜마케팅	미디어 옹호 지역사회 조직화 및 동원
미디어 수단	공공 서비스/공공 문제해결 프로그램: 인쇄 매체, TV, 라디오, 전자 광고	뉴스미디어: 인쇄 매체, TV, 라디오, 전자 광고
예시	금연, 콘돔 사용, 음주 운전, 안전벨트 사용, 육아	양질의 육아 정책, 방과후 프로그램, 보건 정책 지원

자료: Coffman(2002: 6).

요소이다. 홀츠(Holtz, 1999)는 인터넷은 행동주의activism 또는 시민운동의 속성을 가지고 있다고 했다. 이는 온라인상의 활발한 쌍방향 커뮤니케이션을 통해 능동적으로 관계 쌓기가 수월해졌음을 의미하는 것으로, 공중의 지지를 얻음으로써 사회에 영향을 미치고자 하는 비영리조직의 입장에서는 매우 반가운 일이다.

최근 소셜미디어 채택과 관련된 많은 문헌들이 비영리조직은 소셜미디어를 활용함으로써 그들의 커뮤니케이션 활동에 다양한 특혜를 받을 수 있다고 설명한다. 소셜미디어는 제한된 저비용 예산의 플랫폼으로 공중과 대화커뮤니케이션을 가능하게 하며 이는 미디어가 조직에 제공하는 탁월한 능력이라는 것이다. 공공 인식 제고 캠페인을 통해 기부

활성화를 하는 것이 주요한 목표 중 하나인 비영리조직에서 저비용 예산 플랫폼의 활용은 가장 매력적인 부분이 될 수 있다.

4. 성공적인 공공PR 캠페인을 위한 이론의 적용

성공적인 캠페인을 위해서 지켜야 할 몇 가지 원칙이 있다. 첫째, 공중의 우선순위를 파악하고 그들의 요구·목적·능력에 대해 평가하는 것이 필요하다. 둘째, 체계적인 캠페인 기획과 실행이 필요하며, 셋째, 캠페인 효과에 대한 평가와 지속적인 모니터링도 수반되어야 한다. 이 과정에서 커뮤니케이션 실행을 위한 다양한 매체의 상호보완성에 대한 검토와 우선공중priority public에 적합한 미디어와 메시지 전달 매체의 역량에 대한 검토도 필수적이다.

최근에는 성공적 캠페인을 위해 지켜야 할 원칙의 토대가 되는 이론의 적용이 강조되고 있다. 공공 캠페인은 개인 차원 또는 사회 차원에서의 변화라는 공통적 목적을 지닌다. 캠페인 토대가 되는 이론을 다양한 기준에 따라 구분해 볼 수 있으나 이 장에서는 캠페인의 목적에 따라 미시적 차원의 이론과 거시적 차원의 이론으로 나누어보고자 한다.

미시적 차원의 이론들은 사회심리학적 측면에서 개인의 지식, 태도 또는 행동 변화에 초점을 맞추고 있고, 거시적 차원의 이론들은 개인 수준의 행동 변화를 넘어 사회문화적 환경 전반에 걸쳐 영향을 주기 위해 행동 변화에 대한 큰 그림에 초점을 맞춘 이론들이다. 미시적 차원의 이론들과 거시적 차원의 이론들은 변화를 위해 서로 다른 방법들을 제시하고 있다(Lapinski and Witte, 1998).

그렇다면 성공으로 이끌 수 있는 캠페인 전략 구성은 어떻게 가능한

표 9-3 **공공PR 캠페인 이론**

미시적 차원(micro-level) 이론	거시적 차원(macro-level) 이론
건강신념모델(HBM: Health Belief Model) ☞ Janz and Becker(1984), Rosenstock(1974)	**사회적 마케팅 이론**(Social Marketing Theory) ☞ Kotler(1984)
합리적 행동이론(TRB: Theory of Reasoned Action) ☞ Fishbein and Ajen(1975)	**개혁확산이론**(Diffusion of Innovation Theory) ☞ Rogers(1995), Rogers and Shoemaker(1971)
사회적 인지이론(사회적 학습이론)(Social Cognitive Theory) ☞ Bandura(1989)	**지역사회 강화**(Community Empowerment)
변화단계모델(Stages of Change Model) ☞ Prochaska and DiClemente(1983)	
위험 커뮤니케이션과 위험 소구(Risk Commu-nication/Fear Appeals)	
정교화 가능성 모델(Elaboration Likelihood Model) ☞ Petty and Cacioppo(1986)	
접종이론(Inoculation Theory) ☞ McGuire(1984)	

가? 슬레이터(Slater, 1999)는 효과적인 행동 변화를 위해서는 행동 변화 단계별로 필요한 이론을 이해하고 적용하고자 하는 노력이 필요함을 강조했다. 행동 변화 단계별로 적용 가능한 이론들로는 미디어 효과 모델(예: 어젠다 세팅, 다단계 흐름 이론), 설득이론(예: 정교화 가능성 모델, 보호동기이론), 행동변화이론(예: 합리적 행동 이론, 사회인지이론, 태도접근이론)이 있다.

위의 이론들은 설득과 행동 변화 과정에 있어 서로 다른 문제에 초점을 맞추고 있다. 따라서 이러한 이론들은 상반되는 것이 아닌 보완적인 것으로, 단일 캠페인에 다양한 이론을 어떻게 통합해 적용할 것인가가 문제인 것이다. 일례로, 흡연과 약물 남용과 같은 중독성 행위를 변화시키고자 하는 노력에 많이 적용되는 변화단계모델SOC: Stages of Change이 있다. 초이론적 모델TTM: Transtheorectical Model로도 불리는 이 모델은 변화의 과정으로 5개의 주요 단계를 제시하며 다양한 문제행동에 대한 폭넓은 연구를 가능하게 한 의도적 행동변화모델이다(Prochaska and DiClemente, 1992). TTM의 전제는 사람들은 그들의 행동을 단번에 변화시키지 않고 변화의 단계를 거쳐 점차적으로 혹은 단계적으로 변화시킨다는 것이다.

변화의 5단계는 다음과 같다.

① 숙고 전precontemplation: 행동 변화의 필요성을 지각하지 못하고, 그럴 의도가 없음.

② 숙고contemplation: 문제를 인식하고, 행동 변화를 감행했을 때의 장단점을 비교.

③ 준비preparation: 행동 변화를 하려고 함.

④ 행동action: 행동 변화를 결심하고, 적극적인 변화 과정에 몰입.

⑤ 유지maintenance: 행동 변화를 수용하고 자신의 삶과 조화를 이루어 과거의 행동으로 돌아가지 않으려고 함.

개개인은 유지 단계에 이르기까지 변화 단계 과정을 몇 번 순회하는 것으로 밝혀졌다. 각각의 단계는 일정한 지속기간을 거쳐야 하며, 그 단계에는 꼭 치르고 가야 하는 일련의 과제가 있다. 캠페인 수용자를 단계에 따라 분류해서 단계에 따른 적절한 개입을 고안할 수 있는데, 변화단계모델에서 미디어의 메시지는 여러 단계에 걸쳐 효과적일 수 있다.

따라서 이 모델은 다른 모델보다 몇 가지 유리한 점을 지니고 있다. 첫째로, 행동 변화를 하나의 사건이 아닌 일련의 과정으로 보고 있다. 즉, 변화의 과정을 단계로 세분화함으로써 각각의 단계에 적용할 수 있는 관련 변인과 적합한 개입을 생각해 볼 수 있다. 두 번째로, 각각의 구성 개념을 측정함으로써 모델에 대한 강력한 기반을 제공할 수 있다는 점이다. 다양한 사람들의 상이한 문제행위를 변화의 단계를 위한 움직임의 과정과 연관시켜 다양한 변인을 연구해 볼 수 있다. 그러므로 각각의 단계에 개인화되고, 단계에 적합한 전문가 시스템과 같은 적절한 개입에 대한 디자인이 가능하다. 예를 들어, 숙고 전 단계에서는 고전적인 미디어 효과를 다루는 이론, 사회심리학적 이론과 인지이론의 적용을 생각해 볼 수 있고, 숙고 단계에서는 주의 집중과 인식이 관련된 상황이론, 어젠다 세팅 이론 그리고 다단계 흐름 이론의 적용을 생각해 볼 수 있다.

캠페인 기획자의 주요한 문제 중의 하나는 캠페인 스폰서들은 행동 변화를 유도하려고 하나 정작 변화가 필요한 목표 공중은 아예 변화에 준비하고 있지 않은 경우가 많다는 것이다. 준비되어 있지 않은 사람들에게 행동 변화를 요구하면 다양한 문제에 봉착하게 된다. 행동 변화의 선결 요건인 인지도 태도의 형성 이전에 행동 변화를 강조하는 전략을 선택하는 것은 적절치 않다. 변화에 준비되지 않은 공중을 대상으로 한 캠페인 결과는 매우 실망스러울 수밖에 없다. 변화 단계에 대한 접근은 이러한 문제를 세부적으로 강조하기 위한 의도를 지니며 단계별로 적용 가능한 이론에 대한 검토를 통해 개인이 처한 단계에 맞는 메시지와 미디어 전략 구성이 필요함을 제안한다. 무엇보다 문제 인식과 변화를 갈망하는 의지가 우선되어야 함은 물론이다.

5. 공공PR 캠페인 성공을 위한 전략적 요소

뉴섬과 터크, 크루크버그(Newsom, Turk and Kruckeberg, 2012)는 성공한 캠페인의 요소로 5E를 강조했다. 첫째, 공중에게 그들이 알지 못했던 사실을 알려주어야 하고, 공중이 기존에 생각했던 방식이나 관점과 다른 관점을 제시해야 한다. 즉, 캠페인은 항상 공중을 계몽enlighten해야 한다는 것으로 이는 캠페인의 목적과 관련이 있다. 두 번째는 공중의 행동 변화를 유도하고 원활하게 하기 위해 개발된 기술적 수단이 있음을 캠페인 기획자인 PR실무자가 깨닫고 행동 변화 목표를 달성하기 위해서 활용해야 한다는 것이다. 즉, 캠페인에 공학engineering의 활용이 필요하다는 것으로 이는 캠페인의 실행과 관련이 있다. 2015년, 멕시코에서 비만 인구가 급증하자 정부는 국민들이 운동을 생활화하게 하기 위해 버스를 기다리는 동안 화면을 보면서 운동을 할 수 있도록 전자 장비를 설치했다. 이 전자 장비 위에 올라가 앉았다 일어났다를 10번 반복하면 공짜 버스 승차권이 나오는데, 누구나 이런 방법으로 승차권을 무료로 받을 수 있다. 이러한 방법이 바로 엔지니어링이다. 엔지니어링은 행동에 대한 접점을 제공하는 기술이라 할 수 있다.

성공적 캠페인을 위한 세 번째 요소는 강력한 집행 또는 제재enforcement이다. 이는 교육과 엔지니어링을 통해 인식 개선에는 어느 정도 성공했지만 행동 변화에는 이르지 못한 경우 고려해야 할 요소이다. 예를 들어, 안전벨트 착용과 운전 중 휴대전화 사용 금지와 같은 캠페인은 교육과 엔지니어링을 통해 일정 부분 성공했다고 생각할 수도 있지만 행동 변화로 이어지기는 쉽지 않다. 이 경우, 실제로 안전벨트를 착용하지 않았을 때, 그리고 운전 중 휴대전화 통화를 했을 경우 벌금을 물리는 강력한 제재를 통해 한 단계 발전된 행동 변화를 유도할 수 있다.

네 번째, 공중에게 캠페인 메시지가 어떤 혜택과 가치를 보장하는지 확신시키는 활동으로 자격entitlement을 부여하고 재강화reinforcement하는 것이 필요하다. 메시지를 지속적으로 전달함으로써 현재 행동 변화를 보인 공중의 행동을 유지해 나갈 수 있고, 동시에 새롭게 유입되는 공중에게도 메시지 권유 내용을 실천했을 때 얻는 혜택을 알려줌으로써 그들을 행동 변화로 이끌어야 한다.

다섯 번째 요소는 평가evaluation이다. 캠페인 목표 공중과 그들의 행동 변화에 대한 평가를 진행함으로써 새로운 시작 또는 재강화를 위한 발판으로 삼아야 한다. 오랫동안 지속되어 온 캠페인뿐만 아니라 현재 진행 중인 캠페인도 평가를 한다. 매년 또는 3년 차, 5년 차 평가와 같이 캠페인 실행 기간에 따라 단기 또는 중장기로 평가를 진행하고 캠페인 보고서의 형태로 보고하게 한 뒤 기록물로 보관해 후속 캠페인 기획을 위한 자료로 활용하는 것이 필요하다.

6. 공공PR 캠페인 사례

사람들이 메시지를 잘 잊어버릴 뿐만 아니라 새로 유입되는 공중에 게도 메시지를 지속적으로 전달해야 하기 때문에 필요한 부분이 재강화reinforcement이다(Newsom, Turk and Kruckeberg, 2012). 또한 이미 행동의 변화를 보이고 있는 공중에게도 변화된 행동을 유지하기 위한 재강화는 필요한 부분이다. 이제 소개하는 미 산림청 사례는 50년 넘게 일관적인 메시지를 다양한 커뮤니케이션 채널을 통해 전달·유지·강화한 성공적인 사례이다.

1) 사례 1. 미 산림청의 'Smokey Bear'

(1) 배경

일본의 진주만 습격 이듬해인 1942년 봄, 일본 잠수함이 미국 캘리포니아 산타바버라 해안 근처에 나타나 포탄을 발사했다. 이 포탄은 미국

로스 파드레스Los Padres 국유림과 매우 가까운 유전에서 폭발했고, 이로 인해 미국인들은 전쟁이 미국 본토로 들어왔다는 충격을 받았다. 더 많은 공격이 치명적인 인명손실과 재산파괴를 가져올 것이라는 두려움과 동시에 태평양 연안의 숲에서 폭발하는 소이탄이 수많은 격렬한 산불을 발화시킬 것이라는 두려움도 커졌다. 또한 숙련된 화재 진압관들이나 건장한 청년들이 전쟁에 파병되면서 본국에는 일반인 또는 노약자만 남게 되었고, 이들이 본토에서 발생하는 화재를 진압하는 것은 상당히 어려운 문제였기 때문에 무엇보다 화재를 예방하는 것이 중요하다는 인식이 생겨났다. 또한 "전쟁 중 본국에서 예방/관리를 못하여 화재가 발생해 큰 피해가 생기면 이는 결국 적이 반사 이익을 얻는 것"이라는 인식에서 미국에서의 산불 예방은 자연보호의 차원이기보다 국가 안보의 관점에서 비롯되었다고 할 수 있다.

(2) 전략 및 실행

미 산림청의 산불 예방 캠페인인 스모키베어Smokey Bear 캠페인은 친숙하고 귀여운 동물을 캠페인의 캐릭터로 삼음으로써, 사람들이 캐릭터의 이야기에 감정이입해 캠페인의 목적과 메시지에 쉽게 동화되고 궁극적으로는 더욱 책임감을 느껴 행동하도록 유도했다. 미 산림청은 1941년 협력적 산불 예방Cooperative Forest Fire Prevention: CFFP 프로그램을 시작하면서 "산불은 적을 도와주는 것", "우리의 부주의함이 그들의 비밀 병기이다"라는 슬로건을 내세웠다. 1942년, 숲속에 사는 동물들의 이야기를 담은 디즈니 애니메이션 〈밤비Bambi〉가 인기를 끌었고, 디즈니사가 밤비 캐릭터 사용을 허락해 1944년 1년간 캠페인에 밤비 캐릭터를 사용했다. 1년 계약이 끝나면서 CFFP는 새로운 캐릭터를 개발했고, 이것이 바로 현재까지 75년간 유지되고 있는 스모키베어의 캐릭터이다.

그림 9-2 **미 산림청 '스모키베어' 캠페인 트위터 계정**

자료: Smokey Bear 트위터(https://twitter.com/smokey_bear).

1950년에 뉴멕시코주에서 발생한 대형 산불을 진압하는 과정에서 아기 곰이 구조되었고, 이 아기 곰을 스모키베어의 공식적인 살아 있는 심벌로 삼아서 캠페인에 스토리를 입히고 더 강력한 소구점을 만들어 냈다. 또한 이 캠페인은 시대에 맞게 미디어를 전략적으로 잘 활용한 것으로도 유명하다. 1940년대에는 포스터(옥외, 신문)를, 1950년대에는 라디오 광고, 우표, 포스터를, 1960년대부터는 TV 광고를, 2010년대에는 잡지, 빌보드, 버스 정류장에 캠페인 광고를 집행했고 현재는 소셜 미디어를 활발히 이용하고 있는데, 스모키베어가 주인공인 트위터 계정을 운영하고 있다. 텍스트, 이미지, 비디오를 고루 활용 중이며, 특히 뉴트로가 열풍인 요즘에는 예전에 만들어졌던 복고풍의 포스터 광고를 미디어에 재게재하면서 호응을 얻고 있다. 시대의 변천에 따른 미디어 환경의 다각화를 통해 미 산림청의 "당신만이 산불을 막을 수 있다"는 메시지는 재강화되고 있다.

(3) 평가

스모키베어 캠페인은 여전히 진행 중이다. 워싱턴 DC에 있는 스미소니언 국립 동물원은 스모키베어의 75번째 생일을 위해 2019년 5월 23일 야외전시회를 열었다. 스모키베어의 원래 서식지 앞 통로에 14개의 포스터와 보관했던 사진을 전시하고 입구에는 6피트의 만화캐릭터 동상을 세웠다. 전시회와 함께 새로운 광고 및 홍보 자료가 언론에 공개되고 미국 전역에서 이벤트가 개최되었다. 미국 국립농업도서관은 벨츠빌Beltsville 지역에서 영화, 광고 및 그림을 전시했고 이 자료들은 정부 기관에 대여되었으며, 2019년 한 해 동안 전국의 다양한 국유림에서 순회 전시했다.

2) 사례 2. 미국 콜로라도주 공중보건환경부의 'Man Therapy'

미국 콜로라도주 공중보건환경부의 '남성 테라피Man Therapy'는 디지털 매체의 상호작용성을 기반으로 다양한 기술적 활용을 통해 일원화된 메시지의 전달과 수용, 강화를 지속한 성공적 사례이다. 타깃 공중에게 메시지가 어떤 혜택과 가치를 보장하는지 확신시키는 활동으로 자격 entitlement을 부여하고 메시지를 지속적으로 전달함으로써 변화를 보인 공중의 행동을 유지해 나갈 수 있도록 한 재강화reinforcement적 요소가 돋보인다.

(1) 배경

해마다 적지 않은 수의 사람들이 자살을 시도하는데, 특히 여성에 비해 남성들은 도움을 받는 경우가 적고 그들의 자살률은 여성의 5배나 되는 것으로 알려져 있다. 2007년부터 수년간 콜로라도주 공중보건부는 남성들의 자살을 예방하기 위한 방법을 강구했고 연구를 수행함으로써 남성들의 자살 원인을 규명하고자 했으며, 자살 예방을 위한 커뮤니케이션 전략을 모색했다. 연구를 통해 남성들은 개인들이 가지고 있는 문제를 정신건강과 연계해 생각하지 않는다는 점이 밝혀졌다. 그들에게 다가가기 위해서는 '적어도 처음에는 정신건강 치료를 노골적으로 이야기하지 말라'는 점을 염두에 두어야 했다.

(2) 전략 및 실행

콜로라도주는 남성의 정신건강에 대한 사회적 낙인 인식을 극복하고, 남성들의 정신건강과 관련한 도움 요청 행동을 독려하며, 남성들의 자살률을 감소시키기 위해 2012년에 'Man Therapy' 캠페인과 웹사이트를 시작했다. 캠페인의 전략은 유머 소구를 활용해 콘텐츠와 이용 환경 측면에서 접근성을 높임으로써 적극적인 관여와 상호작용성을 증대시키는 것으로 결정되었다. 이를 위해 먼저 해당 캠페인은 가상 캐릭터인 심리상담가 리치 마호가니Dr. Rich Mahogany 박사를 가공해 내고, 웹사이트를 통해 그의 상담실을 구현했다. 일반적인 정신상담 전문가와는 달리 마호가니 박사는 때로는 해괴하다고 할 만큼 굉장히 엉뚱하고 우스꽝스러우며, 여러 정신건강 이슈와 그에 대처하는 방법을 짧은 비디오를 통해 가볍고 재미있게 설명했다. 이는 남성들이 자신의 정신건강을 문제화하거나 처음부터 치료를 위해 적극적으로 다가가는 것을 꺼려한다는 데에서 착안하여, 그들이 거부감을 낮추고 편하게 관심을 가질 수 있도록 한 것이다.

두 번째로, 해당 웹사이트는 비디오 콘텐츠를 주로 활용하고, 또 모바일 이용 환경에 최적화해 접근성을 높였다. 많은 남성들이 긴 글을 읽는 것을 싫어한다는 데 착안하여 비디오 콘텐츠를 주로 활용해 유사한 상황에 처한 남성들의 증언이나 각 정신건강 문제에 대한 설명과 관리법 등을 전달했다. 또한 주 캠페인 타깃층이 경제생활을 하는 20~50대의 남성이고 그들의 상당수가 휴대전화를 이용하여 콘텐츠를 소비한다는 데 착안하여, 모바일 이용 환경에 웹사이트를 최적화했다.

셋째, 해당 캠페인은 단순히 일방적으로 정보를 전달하는 데 그치지 않고 여러 수단을 통해 방문자의 상호작용성과 관여도를 높이는 것을 꾀했다. 우선 20가지의 가장 흔하면서도 중요한 정신건강 이슈에 대한 "머리 검사Head Inspection"라는 정신건강 테스트에 참여하여 웹사이트 방문자가 자신의 정신상태를 점검하고, 자신에게 맞춤화된 정신건강 관리법을 추천받을 수 있게 했다. 또한 가상의 인물 마호가니 박사의 상담실에서 그가 방문자와 마주보고 대화를 나누게 함으로써 방문자들이 마호가니 박사에게 감정적인 연결과 편안함을 느끼게 하여 그들의 관여도를 제고하는 효과를 가져왔다.

(3) 평가

웹사이트 개설 후 18개월이 흐른 뒤인 2014년 1월 10일 실시된 조사에 따르면, 해당 기간에 35만 6090명이 웹사이트에 접속했으며(그 가운데 9만 5807명이 모바일 접속), 20%가 재방문했고, 평균 웹사이트 잔류 시간은 6분, 머리 검사 테스트 완료 건수는 5만 9894건, 도움 요청을 위한 핫라인 등의 정보를 접속한 사람 1만 9586명, 주변 사람들에 대해 걱정이 되어 그들에게 필요한 조치에 대한 정보 링크에 접속한 사람 1만

그림 9-3 **미국 콜로라도주 공중보건환경부 "Man Therapy" 캠페인 홈페이지**

자료: Man Therapy 홈페이지(https://www.mantherapy.org/).

9747명으로 집계되었다. 2017년까지 해당 웹사이트의 핫라인을 통해, 자살 충동을 느끼는 25~64세 남성 594명을 구조했다.

콜로라도주에서 시작해 이처럼 굉장한 호응을 얻은 마호가니 박사의 유머러스한 비디오는 인터넷에서 바이럴 영상이 되어 널리 퍼졌다. 오하이오주, 애리조나주 등 다른 주와 호주에서도 해당 캠페인의 라이선스를 냈으며, 전국에서 TV, 인쇄, 옥외광고 등 무료로 미디어를 활용할 수 있도록 지면을 기증했다. 성공을 발판 삼아, 2016년에는 특정 남성 집단(소방관, 경찰, 군인) 등을 목표로 삼아 후속 캠페인을 전개했다.

3) 사례 3. 세계 유방암 단체의 'Know Your Lemons'

세계 유방암 단체Worldwide Breast Cancer의 '당신의 레몬을 확인하세요Know Your Lemons'는 비영리조직의 공공 교육 캠페인 사례이다. 여기에서는 캠페인의 전략적 요소인 공학적 요소를 활용하여 세계 유방암 단체라는 비영리조직의 미션 성취를 보여준다.

(1) 배경

유방암은 자가진단을 통해 상대적으로 쉽게 조기 발견이 가능한 질병임에도 불구하고, 여성들의 자가진단은 잘 이루어지지 않고 있다. 여성들의 자가진단을 독려하기 위한 다양한 유방암 캠페인이 전개되고 있기는 하지만 여성의 특수한 신체 부위에 대한 적나라한 표현을 터부시하는 사회적 분위기로 인해 대부분의 캠페인이 분홍색 리본 등 추상적인 시각적 자료 또는 심벌을 사용한 인지 제고 캠페인에 제한되어 있다. 게다가 자가진단에 대한 정보는 전문적인 내용으로 표현되는 경우가 많아 여성들이 즉각적으로 실질적인 도움이 되는 정보를 얻지 못한다는 어려움이 있다. 비영리조직인 세계 유방암 단체는 여성들이 즉각적으로 쉽게 이해하고 유용하게 활용할 수 있는 유방암 자가진단 정보를 제공해 2025년까지 유방암으로 인한 사망률을 25% 낮추는 것을 목표로 설정하고 유방암 교육에 전념하고 있다.

(2) 전략 및 실행

세계 유방암 단체는 먼저 소셜미디어를 통해 사람들이 쉽게 공감하고 공유할 수 있는 비주얼 콘텐츠를 만들었다. 이는 소셜미디어의 영향력이 전 세계의 다양한 문화권의 국가에 미치며, 다양한 문화적 맥락에서도 쉽게 수용되는 콘텐츠 제작에 주력하기 위함이었다. 특히 영어권뿐만 아니라 다양한 언어권에서 콘텐츠가 활용될 수 있고, 또 일부 국가들에서 상대적으로 여성들의 문맹률이 높다는 점을 고려하여 언어의 장벽을 넘어서도 여성들이 즉각적으로 이해할 수 있는 콘텐츠를 활용하고자 했다.

이러한 점에 착안해 세계 유방암 단체의 설립자인 보몬트C. E. Beaumont는 계란판에 놓인 12개의 다양한 모양의 레몬을 이용해 12개의 유방암 관련 증상을 설명하는 포스터와 동영상을 만들었다. 우선 레몬은 유방을 닮아 실제적인 정보를 전달할 수 있는 동시에 사람들에게 친숙하며, 너무 노골적이지도 너무 추상적이지도 않아 다양한 문화권에서 유방암 관련 자료로 활용될 수 있는 적절한 대상으로 판단했다. 또한 서양에는 "인생의 쓴맛을 볼 때When life you gives you lemons…"라는 관용 표현이 있으므로, 유방암이라는 질병에 걸리는 불운한 사건과 레몬의 이미지가 교묘하게 어울리기도 했다.

세계 유방암 단체는 2003년부터 해당 캠페인을 전개하고 계속 업데이트해 왔는데 2017년에 한 일을 계기로 큰 관심을 받게 된다. 2017년 1월에 유방암 생존자 치즈E. S. Chieze가 페이스북에 해당 콘텐츠를 게시하여 "이 포스터가 내가 스스로 유방암 진단을 하는 데 실질적인 도움을 줬고, 그래서 내 목숨을 살렸다. 심장 이미지 같은 것을 페이스북에 올리면서 다른 소셜미디어 이용자들에게 조용히 공감을 얻는 것보다는, '당신의 레몬을 확인하세요'같이 유방암에 대해 더욱 현실적인 이미지를 게시해야 실질적으로 유용한 정보를 줄 수 있다"라며 자신의 이야기를 포스팅한 것이다. 치즈의 이야기는 많은 사람들의 공감을 얻었고, 해당 글과 '당신의 레몬을 확인하세요' 포스터는 수일 만에 5만 회 가까이 공유되어 약 300만 명에게 노출된 것으로 추산되었다. 또 세계 유방암 단체의 설립자인 보몬트가 BBC, CNN 같은 메이저 방송사와 한 인터뷰가 잡지 등 수십 개의 미디어에 보도됨으로써 캠페인에 대한 관심 증대와 참여 확산에 기여했다.

이러한 관심의 기류를 타고 추가적으로 레몬을 활용한 유방암 교육 키트를 제작했고, 다양한 국가와 기관에서 무료로 해당 콘텐츠를 활용할 수 있도록 배포했다. 또한 문화와 언어의 장벽으로 제3세계 국가 여성들이 유방암 자가진단에 취약하다는 점에 착안해 해당 콘텐츠를 20

그림 9-4 **세계 유방암 단체의 '당신의 레몬을 확인하세요' 캠페인 웹사이트(위)와 애플리케이션(아래)**

자료: Know Your Lemons 홈페이지[https://knowyourlemons.com/(위), https://knowyourlemons.com/app(아래)].

여 개의 언어로 번역하여 현재 약 93개의 국가에서 활용하고 있다. 모바일 커뮤니케이션이 활성화됨에 따라 애플리케이션을 제작해 유방암 자가진단, 예방 및 관리법 등 유용한 정보를 게임 등의 방법을 통해 쉽고 재미있게 전달하고 있다.

(3) 평가

미디어의 집중적인 관심을 받은 첫 3주 동안, 해당 캠페인은 약 1억 6600만 번 조회되었고, 2억 2200만 명이 본 것으로 추산된다.

4) 사례 4. 미국 교통안전청(TSA)

미국 교통안전청Transportation Security Administration: TSA의 사례는 조직의 다양한 PR매체 활용이 타깃 공중의 행동 변화뿐만 아니라 조직에 대한 긍정적 태도 형성이라는 부수적인 효과까지 거둔 성공적 사례이다. 실시간 정보 제공을 통해 공중에게 그들이 알지 못했던 사실을 알려주고, 공중이 기존에 생각했던 방식이나 관점과 다른 관점을 제시하여 이해 enlighten시켜야 한다는 전략적 요소가 반영되어 있다.

(1) 배경

미 교통안전청은 미국 내 공공 교통안전을 책임지는 미국 국토안보부 산하 기관으로 9·11 테러 이후 여객기 등의 운행 안전 필요성이 대두되면서 설립되었다. 기관의 담당 업무가 국민 안전과 국가 안보에 직결되므로 까다로운 규칙과 제한을 적용해 업무를 수행해야 하는 정부 기관이다. 그러나 이 때문에 필연적으로 검열이나 검사 등에 시간이 오래 소요되는 등, 여행객(정책 서비스 고객)들의 불편을 초래할 수밖에 없고 서비스 만족 증대는 매우 어려운 부분이었다. 여행객들은 도대체 자신들이 왜 이리도 복잡하고 까다로운 검열을 통과해야 하며 그 과정은 또 왜 그리 오래 걸리는지에 대해 불평이 많았으며, 결국 해당 업무를 담당하는 교통안전청에 대한 불만과 비난으로 이어졌다.

(2) 전략 및 실행

미 교통안전청은 2008년에 소셜미디어팀을 결성한 뒤 다양한 소셜미디어 플랫폼을 활용하여 여행객들의 만족을 높이기 위해 노력 중이다. 미 교통안전청이 밝힌 자사의 대외 커뮤니케이션의 목표는 고객중심주의customer-centricity로서, 고객이 도움을 필요로 할 때 신속하고 효과적으로 돕는 것이다. 이에 기반한 두 가지 전략은 ① 실시간 소통을 통한 정보 전달과 ② 유머 소구를 활용한 조직-공중의 관계성 증진으로 정리할 수 있다.

먼저, 미 교통안전청은 트위터와 페이스북 메신저상에서 "각종 질문 코너Ask TSA"를 운영하는 소셜전담반social care team을 운영해 고객들의 질의에 365일 실시간(질문 등록 후 15~20분 이내)으로 응답을 해주었다. 2018년도 4월까지 45만 건의 질문에 응답했고, 고객들이 교통안전청 규정에 대한 궁금증이나 불만을 해소하는 동시에, 기관에 제기된 이슈를 즉각적으로 해결하여 조직의 명성에 영향을 줄 수 있는 소셜미디어상의 논쟁을 완화시키는 역할을 수행했다.

다음으로, 2017년 인스타그램 계정을 개설하여 교통안전청의 검열에 걸린 황당한 물체, 심각하기는 하지만 때로는 웃음을 자아내는 검열 과정 등의 영상과 사진을 업로드함으로써 팔로어에게 웃음과 정보를 동시에 제공했다. 2019년 8월 현재 1619개의 게시물을 업로드했으며 팔로어 99만 명을 보유하고 있다.

(3) 평가

소셜미디어상에 수많은 팔로어 수를 보유한 미 교통안전청 소셜미디어팀은 미국 내 공공 기관의 인터넷 매체 활용 우수 사례로 꼽혔다. 2017년과 2018년에는 국토안보부 장관이 수여하는 고객서비스상을 수

그림 9-5 **미국 교통안전청 공식 웹사이트**

자료: 미국 교통안전청 홈페이지(https://www.tsa.gov/).

상했고, 2018년에 우수 인터넷 사이트에 수여하는 국제적인 상인 웹비
어워즈Webby Awards의 3개 부문에서 수상했다.

시민들은 교통안전청의 소셜미디어 계정과 소통하고 콘텐츠를 소비
하면서 안전하고 기분 좋은 여행을 위한 정보를 확보하는 데에서 나아
가, 해당 기관에 소속된 검열 직원들에 대한 존중감과 조직에 대한 호
의적 태도를 지니게 되었다. 안전 및 안보 업무를 수행하는 국가 기관
이기에 소속 직원들과 조직에 대해 경직되고 엄격하다고 인식하며 막
연히 두려워하거나 방어적인 태도를 가지고 있던 사람들이, 특히 인스
타그램을 이용한 유머 소구와 이와 함께 자연스럽게 전달되는 정보(어
떤 물체를 가지고 여행하면 안 되는지, 여행객들이 얼마나 다양하고 황당한 것
들을 가지고 여행하면서 검열에 걸리는지, 얼마나 검열 과정이 어려운지 등)를
접하고 이해하게 되었으며, 결과적으로 여행객들이 교통안전청과 그
직원들에게 가졌던 부정적인 인식과 불만이 완화되었다.

❶ 정부 주도형 공공 캠페인과 비영리조직의 공공 캠페인의 공통점과 차이점은 무엇인가? 이들 캠페인의 목적과 특징을 조직-공중 관계성의 차원에서 논의해 보자.

❷ 어느 나라에서는 성공했는데 다른 나라에서는 실패한 캠페인의 사례를 들어보자. 성공과 실패의 요인은 무엇이며 성공을 위해 필요한 요인은 무엇인가?

❸ 디지털 시대의 공공 캠페인 기획에서 중요한 매체의 상호작용성이란 무엇인가? 매체가 지닌 기술적 특성을 넘어서 공중 세분화와 맞춤형 메시지를 전달할 때 필요한 상호작용적 요소는 무엇인지 대화커뮤니케이션 요소와 관련하여 논의해 보자.

❹ 공공 캠페인 효과를 증대시키기 위해서는 어떠한 노력이 필요한지, 공중, 메시지, 커뮤니케이션 채널의 관련성을 통해 논의해 보자.

제10장

디지털
위기PR

1. 서론

2019년 9월 1일 기준, 구글 검색창에 영어로 "fake news"를 치면 1억 2300만 개의 결과가 검색된다. 한글로 "가짜 뉴스"라고 쳐도 3300만 개의 결과가 나온다. 그만큼 요즘 가짜 뉴스로 인해 피해를 받는 기업, 정치인, 연예인들이 많다는 의미일 것이다. 한국의 대선 자료를 봐도 2012년 18대 대선 당시 비방 흑색선전은 4043건이었으나 2017년 19대 대선 때는 2만 6448건으로 554%나 증가했다(오원석, 2017). 그만큼 뉴스의 생산과 전파가 용이하고 뉴스의 진위를 구별하기가 어렵다는 말이다. 편리함만큼이나 부작용이 많은 디지털 시대의 자화상이다.

해마다 올해의 단어를 선정해 발표하는 옥스퍼드 사전이 2016년에 선정했던 올해의 단어는 탈진실post-truth이었다(Oxford Dictionaries, 2016).

탈진실이란 "여론을 형성하는 데 있어서 객관적 사실이 감정이나 개인적 신념에 호소하는 것보다 영향력을 덜 미치는 환경을 의미한다." 이 말은 남이 알아주지 않더라도 나만 잘못하지 않았으면 언젠가는 진실이 승리할 것이라는 믿음이 더 이상 통용되지 않는 시대가 되었다는 의미이다. 요즘 기업이든 개인이든 가짜 뉴스 또는 악의적 루머로 인한 위기가 발생했을 때 사실이 아니라고 해서 무시하다가 그 가짜 뉴스가 너무도 빨리 퍼져나가서, 미처 진실을 밝히기도 전에 돌이킬 수 없는 피해를 입게 되는 경우를 많이 본다. 인류의 생활 패턴을 바꿔놓은 디지털 기술의 발전과 인터넷, 소셜미디어의 확산이 기존의 뉴스에 대한 믿음, 나아가 위기관리 원칙마저 바꾸어놓고 만 것이다.

이 장에서는 디지털 시대에 발생하는 위기PR에 대해서 논하고자 한다. 디지털 시대에 발생하는 위기는 과거에 발생하던 위기와 어떻게 다른가, 그리고 이러한 새로운 형태의 위기에 어떻게 대응할 것인가, 위기를 어떻게 예방할 수 있는가, 그리고 성공적인 위기관리 사례에는 어떤 사례들이 있는가, 이 사례들의 성공 비결은 무엇인가, 실패 사례가 있다면 그 실패의 이유는 무엇인가 등에 대해서 논해보고 디지털 위기PR의 방향을 제시해 보고자 한다.

2. 디지털 시대 위기의 특징

인터넷의 보급과 소셜미디어의 확산은 위기의 발생 원인과 확산 형태에도 변화를 가져왔다. 바야흐로 1인 1미디어 시대이다. 과거의 위기가 오프라인상에서 발생하고 주로 언론을 통해서 확산되었다면 디지털 시대의 위기는 오프라인·온라인 구분 없이 발생하며, 언론뿐만 아니라 온라인상에서 소셜미디어를 통해서 상상도 못 할 속도로 빠르게 확산된다. 우리나라 속담에 "발 없는 말이 천리 간다"는 말이 있다. 오늘날 위기는 순식간에 천 리가 아니라 전 세계를 간다. 이 밖에 과거에는 없었던 형태의 위기 또한 자주 발생하고 있다. 디지털 시대의 위기는 어떤 특징들을 가지고 있는지 살펴보자.

(1) 위기가 급속도로 확산된다. 위기 내용이 실시간으로 공유된다. 국경도 없다.

디지털 시대 위기의 제일 큰 특징은 일단 발생하고 나면 위기의 확산 속도가 엄청나게 빠르다는 것이다. 그 위기가 온라인에서 발생하든 오프라인에서 발생하든 서로 상호작용을 하면서 상상할 수 없는 속도로 확산되어 나간다. 2017년에 미국 유나이티드 항공United Airlines에서 '오버부킹' 문제가 발생하자 항공사 측에서 동양인 승객을 강제로 끌어내린 사건이 있었다. 이 장면은 같은 비행기에 타고 있던 승객들에 의해서 고스란히 사진과 동영상으로 찍혔으며 순식간에 승객들의 지인들, 또 그 지인들의 지인들, 이들의 소셜미디어 네트워크를 통해서 전 세계로 퍼져나가게 되었다. 유나이티드 항공의 최고경영자가 사과를 했지만 사과의 진정성이 없다는 비판을 받았으며 게다가 직원들에게 보낸 내부 메일에는 "나는 직원 여러분의 편"이라고 쓴 것이 위기를 더욱 악화시켰다. 소셜미디어를 중심으로 보이콧유나이티드(#BoycottUnited) 해시태그를 단 불매운동이 급속도로 일어났으며 유명 할리우드 스타들도 이 불매운동에 동참했다. 또한 미국의 인기토크쇼 프로그램인 〈지미 키멜 라이브Jimmy Kimmel Live〉에서 이 사건을 패러디했으며(그림 10-1), 네티즌들이 이 동영상과 함께 이 사건을 패러디한 다양한 동영상을 만들어 퍼 나르는 등 이 사건으로 인해서 유나이티드 항공은 명성에 큰 타

그림 10-1 유나이티드 항공이 승객을 강제로 끌어내린 사건을 패러디한 미국의 인기 토크쇼 〈지미 키멜 라이브쇼〉에 관한 기사

WATCH: JIMMY KIMMEL ROASTS UNITED AIRLINES WITH PARODY COMMERCIAL AFTER HORRIFIC PASSENGER INCIDENT

BY TUFAYEL AHMED ON 4/12/17 AT 6:57 AM EDT

"Give us a problem and we'll drag your ass off the plane."

자료: Ahmed(2017).

격을 입었으며 매출도 감소했다(김장열, 2018; 안선혜, 2017).

유나이티드 항공뿐만 아니라 한국에서도 오너 리스크owner risk로 알려진 대한항공 '땅콩 회항사건'(Kim and Yoo, 2018), 포스코 '라면상무' 기내 승무원 폭행사건, 클럽 버닝썬 폭행사건 등 많은 사례에서 보여지듯이 위기가 발생하면 그 내용이 실시간으로 전 세계에 공유되는 시대가 되었다. 그만큼 위기관리를 하기가 어렵다는 말이다.

(2) 위기 확산과정에 네티즌들이 참여한다.

이처럼 위기가 빨리 확산되는 가장 큰 이유는 바로 네티즌들 때문이

다. 과거 아날로그 시대의 위기관리는 신문이나 방송과 같은 전통 언론을 통해서 이루어졌고 이들 언론을 이용하는 사람들은 미디어 수용자였다. 즉, 기업 입장에서 이들은 언론을 통해서 위기를 접하는 수용자이고, 특별히 위기로 인해서 직접적인 영향을 받는 것이 아니라면 특별히 관리를 하지 않아도 되는 소극적 의미의 공중이었다. 따라서 언론에서 부정적인 기사가 줄어들거나 없어지면 위기상황도 종료되는 것으로 인식할 수 있었다. 그러나 인터넷과 소셜미디어의 보급은 이러한 패러다임을 송두리째 바꿔놓았다. 오늘날의 네티즌들은 단순히 뉴스의 수용자, 정보의 소비자가 아니라 동시에 개개인이 정보를 수용하기도 하고 확대 재생산하는 미디어의 역할을 하고 있기 때문이다. 따라서 앞선 (1) 항목에서 서술했듯 위기가 실시간으로 공유되고 확산되는 이유는 바로 네티즌들이 과거 언론의 역할을 하고 있기 때문이다. 전통 언론과 차이점이 있다면 오늘날의 네티즌들은 공중이자 이해관계자인 1인 미디어 역할을 동시에 하고 있다는 점이다.

이들 네티즌들은 위기를 전달하고 확산시킬 뿐만 아니라 기업의 반응에 따라서 이슈를 위기로 증폭시키는 역할도 한다. 흔히들 말하는 '네티즌 수사대'가 바로 그것이다. 기업 또는 개인에게 이슈가 발생했을 때, 그 이슈의 원인이 어디에 있든지 간에 문제가 있음을 인정하고 신속하고 일관되게 진정성을 가지고 개방적으로 커뮤니케이션하는 것이 필요하다. 그러나 이슈가 발생했을 때 이렇게 대응하지 못하고 잘못을 감추거나, 누가 봐도 책임이 있는데 이를 부정하거나, 말을 바꾸거나 한다면 네티즌들이 바로 직접 사실 확인을 하고 그 결과를 공유함으로써 이슈를 확대시키고 이슈가 위기로 발전되게 된다. 오늘날의 네티즌들은 어떤 이슈가 발생했을 때 서치 엔진 기술을 활용함은 물론, 개인들의 네트워크를 이용하고 오프라인에서까지 직접 사실 확인을 하고 있다. 그리고 필요하다면 곧바로 온오프라인을 넘나들면서 집단행동까지 거침없이 하고 있다.

(3) 위기 확산과 관련된 언론의 역할이 줄어들었다. 하지만 여전히 인플루언서의 역할을 하고 있다.

이처럼 네티즌들이 위기를 확대시키는 데 절대적인 역할을 하는 반면에, 언론의 역할은 과거에 비해서 많이 축소된 것이 사실이다. 의제설정이론Agenda Setting Theory에서 주장했듯이 과거에는 일부 엘리트 언론들이 대중들에게 어떤 이슈가 중요한지 의제를 설정할 수 있었다. 따라서 위기커뮤니케이션을 할 때 언론의 역할이 절대적이었다. 언론이 위기를 어떻게 보는가에 따라서 기업의 위기관리가 성공할 수도 있고 실패할 수도 있기 때문이었다. 물론 디지털 시대에도 언론의 의제설정 기능은 유효하다. 다만 과거와 달리 언론의 역할이 절대적이지는 않으며 오히려 네티즌들의 움직임을 보면서 언론이 이런 상황을 정리하거나 이와 관련된 심층 보도를 함으로써 언론과 네티즌들이 서로 영향력을 미치는 관계가 되어가고 있는 것이다.

따라서 기업이 위기가 발생했을 때 언론만 잘 관리하면 될 것이라고 생각한다면 이 기업은 위기관리에 실패할 수밖에 없다. 오늘날 커뮤니케이션 생태계에서 볼 때 언론이 차지하는 부분이 과거와 같지 않기 때문이다. 과거와 같이 주요 신문이나 TV 모니터링만 해서는 위기상황을 파악하지 못하는 것은 물론 정보 취합도 제대로 할 수 없다. 이보다는 소셜미디어, 블로그 등 개인 미디어 사용자들의 동향과 이들이 자신들의 소셜미디어나 블로그에 올리는 글, 동영상에 더 주목하고 이에 대응하는 것이 더 필요한 것이다.

(4) 이미 지난 위기가 또 살아난다. 위기는 죽지 않는다, 다만 사라질 뿐이다.

디지털 자료의 특징은 무한 복제가 가능하고 확장성이 크다는 것뿐만 아니라 없어지지 않는다는 것이다. 개인의 경우 원하지 않는 과거의 게시글, 사진, 동영상 등 인터넷 기록을 없애고 싶지만 불가능한 경우가 있다. 본인이 지웠음에도 불구하고 이미 언론이나 네티즌들이 해당 화면을 캡처해서 보관하고 있다가 유통시킬 수 있기 때문이다. 특히 연예인이나 운동선수와 같이 유명인들이 이 때문에 곤혹을 치르는 경우가 자주 있다. 인터넷상에서 '잊혀질 권리'가 등장한 지는 오래되었지만 여전히 현실과는 거리가 좀 있다. 아직도 어떤 기업이나 유명인이 잘못을 하게 되면 항상 문제가 되는 것이 바로 그 기업 또는 개인이 과거에 한 일이 또다시 부각이 된다는 것이다. 영화제목처럼 "나는 네가 지난여름에 한 일을 알고 있다"는 식이다. 그리고 지난 과거의 일들이, 설령 그것이 루머로 밝혀졌고 사실이 아니라고 할지라도, 현재 진행 중인 이슈와 맞물려서 일반인들은 마치 지금 벌어지고 있는 일로 오해할수도 있고 이에 따라 기업이나 개인의 위기를 더욱 증폭시킬 수도 있게된다. 2016년에 방송통신위원회에서 "인터넷 자기게시물 접근배제요청권 가이드라인"을 발표한 것도 이러한 문제가 지속적으로 발생하기 때문이다(방송통신위원회, 2016). 이 가이드라인에 따르면 개인은 온라인에 올라와 있는 자신과 관련된 각종 정보의 삭제를 요구할 수 있다. 즉, 인터넷상에서 '잊혀질 권리'가 있다는 것이다. 심지어 이를 필요로하는 사람들을 위해 속칭 '인터넷 장의사', '디지털 장의사'라는 직업까지 생겼다. 이들이 삭제하는 데이터는 인터넷상에서 검색되는 모든 기록물들이다(조선일보 온라인뉴스팀, 2017).

하지만 개인이 이렇게 올렸던 자료가 아니라 제3자가 개인에 대해서 썼던 글들, 벌어진 일들에 대한 언론 보도, 그리고 기업과 관련된 뉴스들은 원한다고 지울 수 있는 것들이 아니다. 예를 들어서 다음과 같은 가상 상황이 언제든지 발생할 수 있는 것이다.

공금 횡령 건으로 한동안 언론에 이름이 보도되었던 모 기업 임원 A씨가 있다. 그 당시 A씨는 많은 부정적인 언론 보도와 네티즌들의 비난으로 인해 회사에서 사실 확인을 하기도 전에 마치 공금 횡령을 한 것이 사실인 것처럼 알려지게 되었다. 하지만 나중에 법원 판결을 통해서 A씨가 공금 횡령을 한 것은 아니며 마감 시한을 앞두고 융통성 있게 업무를 처리하는 과정에서 오해가 발생한 것으로 밝혀졌다. 그런데 얼마 전 그 기업의 거래처 대표인 B씨가 A씨가 갑의 지위를 이용해서 자신에게 부당한 요구를 했다는 내용의 글을 본인의 소셜미디어에 올렸다. 이에 대해 A씨는 그것은 사실이 아니며 오히려 B씨가 약속한 제품을 제때에 납부하지 못하자 그런 것이라고 해명했다. 그러나 B씨의 지인들은 B씨의 입장을 지지하며 그들의 소셜미디어에 A씨를 비난하는 글들을 퍼 나르며 A씨 회사의 제품 불매 운동을 전개하기 시작했다. 여기에 맞춰서 언론에서도 이 내용을 보도하며 과거에 A씨가 공금 횡령 건에 연루된 사실이 있었다는 내용을 다시 상기시켰다. 이어서 네티즌들이 A씨의 과거 공금 횡령과 관련된 내용뿐만 아니라 A씨의 사생활과 관련된 정보까지도 찾아서 이를 공개하며 A씨와 A씨의 회사를 비난했다. A씨의 주장이 사실이라면 A씨는 졸지에 억울하게 거래처에 갑질을 한 나쁜 사람이 되어버린 것이다. 그리고 B씨는 계약을 위반했으면서도 선한 그러나 약자인 기업인으로 자리매김한 것이다. 과거 공금 횡령 사건 때와 마찬가지로 회사에서 사실 확인을 해봤을 때 A씨는 모든 것을 적법하게 처리했고 오히려 B씨가 잘못한 것으로 드러났다. 하지만 이미 A씨는 여러 단체에서 고발을 당한 상태이고 회사의 매출도 20% 이상 감소했다.

위의 내용과 같이 디지털 시대에는 이미 종결된 과거의 위기라고 할지라도 새로운 위기가 발생할 때마다 다시 살아나서 위기를 증폭시키는 경우가 많다. 특히 검색 엔진의 발달과 함께 수많은 개개인들이 자신들만의 정보를 보관하고 있기 때문에 과거의 정보라도 언제든지 쉽게 검색되고 이들의 손끝에서 부활하게 되는 것이다. 따라서 기업으로서는 이런 문제가 생겼을 때 초기에 명확하게 대응하고, 과거의 일들에 대해서도 언제든지 사실을 확인할 수 있어야 한다. 특히 과거의 위기가 기업의 잘못으로 인한 것이 아니고 악의적 루머나 가짜 뉴스로 인한 것이라고 하더라도 마찬가지이다. 무시하거나 소홀히 반응하지 않도록 해야 한다.

이처럼 디지털 시대의 위기는 과거의 위기와 유사하면서도 다른 특징들을 가지고 있다. 또한 위기의 발생 원인과 형태에 있어서도 과거의 위기와는 차이가 있어 보인다. 과거에는 없던 형태의 위기가 발생하는가 하면 내용 면에서도 한층 복잡해지고 그 영향력도 더 막강해졌다. 아날로그 시대와는 다른 디지털 시대 위기의 원인과 그 형태에 대해서 한번 알아보자.

3. 디지털 시대 위기의 원인과 형태

(1) 가짜 뉴스로 인한 위기가 더 많이 발생한다.

한국언론진흥재단에 따르면 우리나라 국민의 76%가 "가짜 뉴스 때문에 진짜 뉴스를 볼 때도 가짜로 의심"한다고 한다(한국언론진흥재단, 2018). 가짜 뉴스란 "검증해 보면 명백히 사실이 아닌 거짓 정보임에도 의도적으로 이를 퍼뜨려 독자들을 오도하거나 호도하려고 만들어낸 뉴스"(유혜영, 2018)를 말한다. 과거에도 가짜 뉴스, 루머, 흑색선전으로 인한 위기는 발생해 왔다. 그러나 과거에는 가짜 뉴스로 인해 발생한 위기가 한정된 지역, 한정된 집단 간에 일어나고 이로 인해서 한정된 피해를 보았다면, 디지털 시대의 위기는 일단 발생하고 나면 지역에 관계없이 소셜미디어를 통해서 확산되며, 한정된 집단이 아닌 모든 사람들에게 전파된다는 면에서 그 파괴력이 과거와 비교할 수 없이 크다고 볼 수 있다.

또한 가짜 뉴스의 확산 속도는 진짜 뉴스보다 훨씬 빠르다. 2018년에 자연과학 분야에서 최고의 권위를 자랑하는 국제학술지 ≪사이언스 Science≫에 흥미로운 연구 결과가 실렸다. 미국 매사추세츠공과대학교 MIT의 보소우지·로이·아랄(Vosoughi, Roy and Aral, 2018) 연구팀이 트위터 이용자들을 대상으로 가짜 뉴스와 진짜 뉴스의 확산 속도를 비교연구한 것이다. 연구에 따르면 가짜 뉴스의 확산 속도는 진짜 뉴스보다 평균 6배 빨랐으며, 가장 빠르게 퍼진 가짜 뉴스는 가장 느리게 퍼진 진짜 뉴스보다 20배 빨리 확산되었다(안정훈, 2018).

이처럼 가짜 뉴스가 진짜 뉴스보다 더 빠르게 확산된다는 것은 그만큼 조직이든 개인이든 여기에 영향을 더 많이 받을 수밖에 없다는 의미이다. 실제로 조직이나 개인들은 가짜 뉴스와 관련해서 진실을 규명하기도 전에 가짜 뉴스를 사실로 받아들인 소비자단체의 불매운동, 가짜 뉴스로 인한 이미지 추락 등으로 인해서 피해를 볼 수밖에 없다. 특히 기업의 경우, 설령 시간이 지나서 그 내용이 가짜 뉴스로 판정되었다고 하더라도 가짜 뉴스로 인한 영업 피해는 고스란히 손실로 남을 수밖에 없는 것이고 이를 회복하는 데 많은 노력과 오랜 시간이 걸리거나 혹은 회복하지 못하고 파산하거나 사업 규모를 축소해야만 하는 경우도 있는 것이다.

우리나라는 과거부터 증권가에서 찌라시 형태의 뉴스가 고급 정보로 포장되어서 유통되어 왔다. 이들 정보는 기존 언론에서 공개적으로 다루지 못하는 취재 뒷얘기를 비롯하여, 사실이 확인되지 않은 소위 "카더라 통신"류의 정보들, 특히 재벌가나 연예인의 사생활과 관련된 정보가 포함되어서 일반인의 흥미를 자극했다. 이처럼 사실이 아닌 정보로 인해서 피해를 본 유명인 또는 연예인의 숫자 또한 상당하다. 더구나 최근 들어서는 이들 찌라시 뉴스가 카톡과 같은 모바일메신저를 통해서 과거보다 더 빠르고 넓게 유통되고 있다. 그 내용도 과거 주로 연예계 뒷이야기 등 유명인에 대한 내용에서 "불특정 다수의 흥미를 끌 만한 개인에 맞춰지고, 그 대상이 유명인에서 점차 평범한 일반인으로까지 확대"되고 있다(강미혜, 2014).

더욱 심각한 것은 단순히 가짜 문자뉴스 정도가 아니라 가짜 동영상 뉴스로 인한 피해이다. 사실 인터넷상에서 정치인이나 연예인의 합성 사진이 유포되는 경우는 종종 있어왔다. 그리고 이런 사진은 대부분 당사자의 적극적인 해명이 있고 이후에 합성인 것이 드러나게 되면 상황이 종료되게 되어 있었다. 하지만 오늘날 대세는 문자도 그림도 아닌 동영상인 시대가 되었다. 기술의 혁명적 발달이 이를 가능하게 한 것이다. 동영상은 제한된 시간 안에 문자와 영상, 소리까지 한 번에 전달함으로써 어떤 매체보다도 전달력이 강하고 효과도 뛰어난 것으로 평가받고 있다. 우리나라도 동영상 전문 사이트인 유튜브가 세대를 막론하고 정보 습득 및 공유 채널로 자리 잡고 있다. 앱 분석업체인 와이즈앱 Wiseapp의 조사 결과에 따르면, 세대를 불문하고 한국의 스마트폰 이용자가 가장 오래 쓰는 앱은 유튜브라고 한다. 2019년 4월 한 달간 유튜브 사용 시간은 총 388억 분으로 카카오톡(225억 분), 네이버(153억 분)보다 월등히 많다(조선닷컴앱티타이저, 2019)(그림 10-2).

그림 10-2 **한국인이 오래 사용하는 앱**

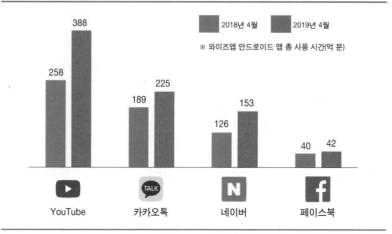

자료: 조선닷컴앱티타이저.

게다가 이상우(2019)의 연구에 따르면, 설문조사 응답자의 22%가 허위조작 정보가 가장 많이 유통되는 경로로 유튜브를 꼽았다. 즉, 유튜브가 "뉴스 다양성에 기여하는 긍정적인 측면이 있지만, 가짜 뉴스의 온상이라는 비판도 받고 있다"는 것이다. 또한 최홍규(2019)에 따르면, 유튜브 시청 시간이 증가할수록 정치 콘텐츠가 편파적이지 않고 자신의 의견과 유사하다고 느끼는 확증편향을 보였다(박원익, 2019).

그동안 미국에서는 유명 할리우드 배우들의 가짜 포르노 영상이 유통된 사례는 있었지만, 최근에는 AI 기술이 활용된 정치인의 가짜 동영상도 유통되고 있다. 이러한 가짜 동영상은 딥페이크Deepfake 기술을 활용해 만들어지는데, "딥페이크란 딥러닝과 페이크를 합성한 말로 인공지능 기술을 활용해 사람의 표정과 목소리 등을 똑같이 흉내 내어 만든 가짜 영상"(황규락, 2019)이다. 이런 동영상을 보면 미국의 트럼프 대통령이 우스꽝스러운 말을 늘어놓기도 하고, 페이스북 창업자인 마크 저커버그Mark Zuckerberg가 인터뷰를 하다가 다음과 같이 말하기도 한다. "수십억 명의 은밀한 비밀과 사생활이 담긴 데이터를 통제할 수 있는 사람이 누군지 떠올려 보라"(박성훈, 2019). 뭔가 이상하지 않은가? 실제 저커버그와 목소리, 발음, 표정도 같은데 발언 내용만 보면 저커버그가 말했다고는 믿기 어려운 내용이다. 게다가 그는 갑자기 자신을 비판하기도 한다. 그런데 문제는 이 영상들이 다 가짜라는 것이다. 미국 정치권에서는 이러한 가짜 동영상이 대선에 악용될 수 있다는 점에서 우려를 하고 있다. 게다가 최근에는 중국에서 신종 딥페이크 애플리케이션인 자오Zao를 출시했다. 어플 사용자가 자신의 얼굴 사진을 업로드하면 어플이 자동으로 특정 영상에 얼굴을 합성해 준다. 출시하자마자 중국 어플 다운로드 수 1위에 올랐다고 한다(박성훈, 2019). 메릴랜드대학교의 대니엘 시트론Danielle Citron 법대 교수는 "기업 공개 전날 밤에 CEO가 범죄를 저지르는 딥페이크 동영상이 나타난다면 그 기업의 주가는 폭락하고 막대한 돈을 잃을 수 있다. 며칠 뒤 그 동영상이 가짜라는 것이 들통나더라도 그때는 이미 손실을 본 뒤가 될 것"이라고 말했다(박성훈, 2019).

우리나라는 아직까지 이렇게 딥페이크를 이용해서 제작한 가짜 동영상으로 인한 위기에 대한 우려는 덜하지만, 가짜 동영상으로 인한 위기는 언제든지 발생할 수 있다.

(2) 과학기술의 발달로 인해서 과거에는 위기가 아니었던 일이 위기가 된다.

인류의 건강에 획기적인 도움을 준 대표적인 약을 꼽으라고 한다면 아마 해열진통제 아스피린을 들 수 있을 것이다. 아스피린은 인류 역사에서 의학의 발전에 획기적인 역할을 한 '세계의 3대 의약품'으로 꼽히기도 한다(류난영, 2018). 그런데 이 아스피린이 오늘날 나왔다면 어떻게 될까? 아마도 식약처 허가를 받지 못했을 것이라는 얘기도 있다. 그 이유는 아스피린이 효과가 뛰어나다고 해도 부작용이 없을 수는 없는데, 과거의 의학 기술로는 찾아낼 수 없었던 증상이나 부작용을 오늘날의 기술로는 찾아낼 수 있기 때문이며 그만큼 신약의 허가 기준이 엄격해졌기 때문이다. 특히 식품이나 의약품 분야에서 이러한 일들이 많이 생기고 있다.

2018년 한국을 뒤흔들었던 사건 중의 하나가 라돈 침대 사건이다. 사람들이 음이온을 발생시키는 침대라서 건강에 좋을 것이라고 생각하고 그래서 가격이 더 비싸도 구입했는데, 알고 봤더니 이 침대에 들어가 있는 모나자이트Monazite라는 성분에서 발암 원인 물질인 라돈이 검출되었다는 것이다. 게다가 이 문제를 담당하는 정부 부처의 미숙한 대응이 위기를 더욱 확산시켰다. 이처럼 과학의 발달로 인해서 과거에는 문제가 되지 않았던 일들이 문제가 되고, 이에 제대로 대응하지 못하면 바로 위기가 되는 것이다. 특히 이와 같이 과학적 판단이 필요한 위기는 전문가마다 다른 견해를 지니고 있는 경우가 많아서 위기가 조기에 종료되지 않고 더욱 확산되는 특징이 있다.

이와 더불어 사람들의 잘못된 과학 지식이나 선입관으로 인해서 발생하는 위기 또한 증가하고 있다. 2016년에 대한민국의 여성들에게 막대한 고통을 준 유해화학물질 생리대 사건이 그 대표적인 예이다. 이 사건은 여성 소비자 환경단체인 여성환경연대와 강원대학교 김만구 교수팀이 시중에 유통되는 생리대에서 유해화학물질이 발견되었다는 연구 결과를 발표하면서 시작되었다. 그 과정에서 화학물질이 가장 많이 포함된 제품명('깨끗한나라' 회사에서 생산된 '릴리안' 브랜드)이 알려지면서 이 제품에 대한 불매운동이 벌어지고, 릴리안 생리대를 사용해서 피해를 봤다고 느낀 이용자들은 깨끗한나라를 상대로 집단소송을 하기에 이르렀다. 깨끗한나라의 매출은 급감했으며, 생리대를 필요로 하는 대부분의 여성들은 어떤 제품을 사야할지 몰라서 불안에 떨며 불편을 감수해야 했다. 그런데 이 연구 결과에 대해서 식약처가 시중에 유통되는 제품을 전수 조사한 결과 화학물질(휘발성 유기화합물)들이 발견되기는 했지만 인체에 유해한 수준은 아니라는 다른 결과를 내놓았다. 식약처의 발표를 접한 국민들, 여성·환경단체들은 상반된 반응을 보였다. 권위 있는 정부 기관의 발표이니 이를 믿고 더 이상 불안해하지 말자는 반응과, 식약처가 책임을 회피하려고 또는 기업을 위해서 실제로는 유해함에도 불구하고 유해하지 않다고 발표한 것이라는, 식약처의 발표를 부정하는 반응이 동시에 일어난 것이다. 일부 전문가들은 식약처의 검증 능력에 의혹을 제기하기도 했다. 결국 이 사건은 생리대를 사용하는 우리나라 여성들에게 오랜 기간 심적 불안과 고통을 주었고, 주무 정부 부처인 식약처도 이 문제에 대처하느라 많은 인력과 시간을 소모해야 했다. 이 사건은 과학 커뮤니케이션이 얼마나 어렵고 복잡하고 대응하기가 어려운지가 잘 나타난 사건이다.

여기에서 흔히들 전문가의 오류라고 불리는, 전문가들이 실수를 함으로써 위기를 더욱 악화시키는 경우가 있다. 전문가의 오류란 문제가 되는 상황에서 이를 설명할 때 일반인들의 입장에서 생각하고 일반인들이 받아들일 수 있는 언어를 사용해야 하는데, 정확하게 설명을 하려다 보니 흔히 말하는 전문용어jargon를 사용함으로써 일반인들의 공감을 얻는 데 실패하는 경우가 많다는 것이다.

(3) 시민, 소비자 및 환경단체로 인한 위기가 더 많이 크게 자주 발생한다.

디지털미디어의 발달과 실생활에 파고든 소셜미디어는 시민단체, 소비자단체, 환경단체들의 활동에도 영향을 미치고 있다. 특히 이들 단체들은 대부분 소규모로 운영되는 경우가 많은데, 소셜미디어는 이들 단체들의 새로운 전략 도구로, 프로그램 실행의 장으로 활용되고 있다. 과거에는 대기업이나 정부와 비교해서 상대적으로 자본과 인력이 열세인 이들 단체들이 자신들의 의견을 주장하기 위해서 주로 오프라인에서 집단 시위나 가두행진과 같은 퍼포먼스를 하거나 법적 소송과 같은 행동을 통해서 시민들에게 해당 이슈의 중요성 또는 심각함을 알리곤 했다면, 오늘날 이들 단체들은 온라인을 통해서 과거 어느 때보다 신속하고 강력하게 자신들의 존재감을 알리며 기업에 위협을 주는 경우가 많다. 앞에서 언급한 생리대 사건의 경우, 여성환경단체인 '여성환경연대'에서 이를 이슈화함으로써 생리대를 생산하는 업체가 위기를 맞게 되었는데, 이들 단체들은 이슈 제기를 하면서 기업의 대응을 촉구할 때 단독으로 하는 것이 아니고 반드시 이 이슈에 동조하는 시민들의 지원을 받아서 행동을 한다. 또한 필요할 때는 유사한 단체들과 연대해서 자신들의 주장이 관철되도록 실력 행사를 하기도 한다. 이들 단체들의 영향력이 막강한 이유는 이들은 명분을 가지고 있기 때문이다. 즉, 소비자를 보호한다는 명분, 환경을 보존한다는 명분이 이들의 주장에 힘을 실어주기 때문이다. 따라서 기업의 입장에서는 이들 단체들의 움직임과 주장에 더욱 민감하게 반응할 필요가 있으며 평소에 모니터링을 통해서 이슈를 탐지했을 때 초기에 대응하여 이슈를 잠재우는 것이 필요하다.

(4) 네티즌들이 위기를 만들기도 하고 확산시키기도 한다.

바야흐로 1인 1미디어 시대이다. 그만큼 발생할 수 있는 이슈나 위기의 경우의 수가 많아졌다. 디지털미디어 시대의 주인공은 바로 소셜미디어를 이용하는 개개인이라고 봐야 한다. 과거에 일부 엘리트가 권력

그림 10-3 **2006년 올해의 인물로 당신(You)을 선정한 《타임》 표지**

자료: *Time* (2006).

을 보유하고 있었다면 디지털 시대는 소셜미디어를 이용하는 개개인, 즉 소비자와 공중에게 권력이 이동한 시대인 것이다. 이미 2006년에 권위를 자랑하는 시사지 《타임》에서 올해의 인물로 '당신You'을 선정 함으로써 디지털 시대가 본격화되었음을 전 세계인들에게 각인시킨 바 있다. 《타임》는 '당신'을 선정한 이유로 "당신이 바로 정보화 시대를 지배"하기 때문이라고 표지에 설명하고 있다(Grossman, 2006; Waxman, 2016)(그림 10-3). 즉, "보통 사람들이 단순히 인터넷 정보의 수신자가 아 니라 적극적인 참여자로 활동하며 디지털 민주주의라는 새로운 사회현 상을 만들어내는 데 적극 기여했다는 것"이다(정미경, 2006). 당시 《타임≫의 편집장인 리처드 스텐걸Richard Stengel은 세계가 어떻게 돌아가는지 알려면 TV를 1000시간 시청하는 것보다 영상파일 공유 사이트인 '유튜브'에 한 번 들어가 보는 것이 낫다고 했다. 이미 이 당시에 유튜브의 하루 평균 접속자 수가 1억 명에 달했다고 한다(정미경, 2006).

이렇게 정보화 세계의 주력으로 자리 잡은 당신, 즉 보통 사람들은 디지털 기술의 발전과 모바일 기기의 보급, 그리고 자신들의 파워를 몸으로 느끼면서 자신들의 뜻을 관철시키기 위해서 전략적으로 실력 행사를 하게 되었다. 이들은 정보 공유와 집단행동을 통해서 기업에 선한 영향력을 행사하기도 하고 기업을 위기에 빠뜨리기도 한다.

오늘날 전 세계적으로 공유경제가 대세인데 그 대표적인 사례가 '우버Uber'이다. 그런데 우리나라에서도 우버는 아니지만 카카오택시가 카풀 서비스 도입을 추진하면서 택시업계와 분쟁을 겪었다. 이 과정에서 승차 공유 서비스 도입을 강력히 주장하는 이용자들이 '승차공유이용자모임'이라는 단체를 만들어 구체적인 행동에 나섰다. 관심사에 기반한 정보를 공유하고 서로 교류하는 일반적 커뮤니티 역할을 넘어, 정부 정책과 신사업에 대해 적극적으로 관여하는 소비자 행동주의의 새로운 모습이 등장한 것이다(안해준, 2019).

이러한 소비자 행동주의는 기업뿐만 아니라 산업 전반, 나아가 국가의 전반적인 경제·정치에까지도 영향을 미친다. 물론 과거에도 특정 기업 상품에 반대하는 소비자 불매운동과 같은 집단행동은 있어왔다. 그러나 디지털 시대의 소비자 행동주의는 이보다 훨씬 더 규모가 크고 그 파급효과도 크다고 하겠다. 2019년 8월 일본 정부가 한국을 화이트 리스트 국가에서 제외하자 한국 정부는 지소미아(한일군사정보보호협정)를 파기했고 이로 인해서 양국 간의 관계가 악화되었다. 그러자 한국 소비자들 사이에 자발적으로 일본 제품 불매운동, 일본여행 안 가기 운

그림 10-4 **김용길 씨가 제작한 일본 제품 불매운동을 상징하는 로고**

BOYCOTT JAPAN
'가지 않습니다'
'사지 않습니다'

자료: 김용길(2019).

동이 벌어졌다. 한 온라인 커뮤니티에 '저부터 시작하겠습니다'라는 제목의 글과 함께 김용길 씨가 제작한 일본 제품 불매운동을 상징하는 로고가 게재되었다(그림 10-4). 그러자 또 다른 온라인 커뮤니티에서는 일본 기업 제품 불매운동에 동참하자며 불매운동 대상 기업 명단을 실은 게시물이 올라왔고 많은 누리꾼들이 동참의사를 밝혔다(강신우, 2019; 김도균, 2019). 이들이 나아가 자신들의 소셜미디어에 다른 사람들도 동참하기를 권하면서 일본 제품 불매운동이 전국적으로 퍼져나가게 되었다. 이 불매운동으로 인해 한국에서 승승장구하던 일본 기업들이 큰 타격을 입었다. 일부 유니클로 매장들이 폐쇄되었으며, 항상 수입 맥주 판매량 1위를 차지하던 일본 맥주들은 매출이 전년 대비 90%까지 떨어지며 10위권 밖으로 밀려나게 되었다. 닛산 자동차는 철수설까지 나돌게 되었으며, 한국인들이 많이 가던 일본의 관광지들 또한 심각한 타격을 입었다. 이 와중에 실제로는 일본 기업이 아님에도 불구하고 일본 제품 불매운동 대상 기업에 이름이 올라간 일부 기업들 또한 매출에 심각한 타격을 입는 일이 발생했다. 이처럼 디지털 시대에 네티즌들의 파위는 대단하다. 기업이 자신들과 관계없는 이러한 외부 정치적 요인으로 인해 매출 감소와 같은 위기를 겪는 일은 과거에도 있어왔다. 그러나 디지털 시대에는 이처럼 소비자로 인해 발생하는 위기가 형태도 훨씬 다양하고 그 영향도 커졌다. 이에 따라 기업은 더욱더 상시적인 이슈 모니터링을 통해 이슈가 발생하기 전에 이를 예방하고, 위기가 발생하게 되면 전략적으로 대응해야 할 필요가 있다.

(5) 내부 고발자로 인한 위기가 많이 발생한다.

디지털 시대의 위기는 또한 내부 고발자로 인해 많이 발생한다. PR에서 중요한 공중의 하나가 바로 내부 공중이다. PR을 광고나 마케팅과 구별해야 하는 이유 중의 하나가 바로 내부 공중에 대한 이해의 차이이다. 내부 공중과의 관계를 내부자 커뮤니케이션 또는 사내 커뮤니케이션, 종업원 커뮤니케이션이라고도 표현하지만, 기업이 외부 공중에게만 신경을 쓰고 내부 공중을 진정성 있게 대하지 못한다면 이 기업은 디지털 시대의 위기를 관리할 준비가 되어 있지 않다고 할 수 있다.

내부 고발자가 고발을 하는 이유는 여러 가지가 있을 수 있다. 조직 자체의 불합리성에 대한 고발, 상사나 동료의 성폭행, 상사의 부당한 업무지시 고발, 경쟁관계에 있는 다른 조직원의 불법행위 고발 등 다양한 이유를 가지고 고발을 할 수 있을 것이다. 과거에는 조직의 분위기, 고발을 해도 고쳐지지 않을 것이라는 인식, 그리고 실제로 고발을 하더라도 조직 내에서 이를 덮으려고 하기 때문에 이런 문제가 공론화되지 않고 유야무야 지나가는 경우가 많이 있었다면, 오늘날은 이렇게 그냥 넘어갈 수 없는 경우가 더 많아졌다. 그리고 조직에서 대충 무마할 수도 없게 되었다. 왜냐하면 디지털 시대의 내부 고발은 곧 인터넷을 이용하는 모든 사람이 그 사건에 대해서 '실시간으로' 알게 된다는 것을 의미하기 때문이다.

2018년 말에 온 국민을 놀라게 한 사건 중에 기획재정부 전 신재민 사무관이 주장했던 청와대 외압 논란 폭로가 있었다. 폭로 사실의 진위 여부를 떠나 디지털 위기관리 측면에서 본다면 그가 내부 고발(또는 공익 제보)의 방법으로 유튜브를 선택했다는 사실을 주목해야 한다. 우리나라 국민이 제일 오래 사용하는 앱이 바로 유튜브인 만큼(김인경, 2018) 사건의 파장은 일파만파로 퍼졌다. 결국 기재부 차관이 청와대의 외압은 없었다는 정부의 입장을 설명하는 기자회견을 열었지만, 이처럼 한 번 제기된 논란은 쉽게 가라앉지 않으며 언제든지 다시 수면 위로 올라올 수 있다는 것을 기억해야 한다. 아울러 앞으로 내부 고발자들이 커뮤니케이션 통로로 유튜브를 이용하는 사례가 늘어날 것을 예측할 수 있다.

또한 우리나라 기업에서 계속 문제가 되고 있는 갑질 논란 또한 내부 고발자를 통해 알려지는 경우가 많다. 해당 기업 당사자의 갑질 여부를 떠나 이런 일들이 온라인을 통해서 알려지면 여기에 해당하는 당사자뿐만 아니라 기업 자체의 이미지도 큰 타격을 받기 마련이다. 그리고 자신의 입장을 해명하고 사실 여부를 밝히는 데 시간이 걸리는 데 반해 이런 내용은 너무나 빨리 확산되기 때문에 기업의 입장에서는 당장 매출의 감소로 직결되고 개인의 경우 네티즌들의 '신상 털기'라는 가혹한 일을 당하기도 한다.

4. 디지털 위기에 어떻게 대응해야 하는가

(1) 위기에 신속하게 대응해야 한다.

　디지털 시대 위기의 가장 큰 특징은 위기가 급속도로 확산된다는 것이다. 일단 위기가 발생하면 모든 위기 내용이 실시간으로 해당 이해관계자는 물론 지역과 국경을 넘어서 전 세계 네티즌에게 알려지게 된다고 봐야 한다. 따라서 이러한 위기에 대응하기 위해서는 상시 모니터링과 실시간 위기 대응이 필요하다. 과거에는 위기가 주로 언론을 통해서 확산되었기 때문에 위기관리를 하는 입장에서도 언론의 마감 시간을 감안하고, 또 언론인들과의 좋은 관계를 활용하면 어느 정도는 부정적인 기사를 막거나 톤을 다운시킬 수 있었다. 그러나 디지털 시대의 위기는 언론만 관리해서는 극히 일부분만 효과가 있을 뿐이다.

　하지만 실시간으로 위기에 대응하기가 쉬운 일이 아니다. 화재나 건물 붕괴와 같이 당장 희생자가 발생하고 조치를 해야 하는 경우는 누가 봐도 위기이기 때문에 어느 정도 커뮤니케이션 경험이 축적되어 있고 홍보 조직이 있는 기업이라면 실시간으로 대응하는 것이 가능하다. 문제는 위기가 발생했을 때 과연 그것이 위기인지 아닌지 판단하기 어려운 경우 어떻게 실시간으로 대응하는가 하는 것이다. 소비자가 회사의 제품에 클레임을 제기했을 때, 내부 직원이 회사의 비윤리적인 의사결정에 이의를 제기했을 때, 직장 내 성폭력 행태가 발견됐을 때, 하청업체가 갑질 문제로 억울함을 호소했을 때 어떻게 실시간으로 대응할 수 있을까? 많은 경우에 이런 문제들이 발생했을 때 CEO나 경영진에서 '설마 이런 문제까지 언론에 나겠어?'라고 판단하고 문제해결을 위해 즉각적으로 대응하지 않거나 '내부 직원 문제인데 좀 두고 보자'라며 성의껏 대응하지 않는다면, 즉각적인 조치를 통해서 관리될 수 있는 사소

　　　　　　　　　　　　　　　제3부 디지털PR: 전략과 사례

한 사건이라도 큰 위기로 증폭될 수 있다.

(2) 이해관계자를 정확하게 파악하고 이들과 제일 먼저 커뮤니케이션해야
한다.

따라서 위기가 발생했을 때, 또는 위기가 발생할 조짐을 발견했을 때
기업이 제일 먼저 해야 할 일은 '이해관계자stakeholder'가 누구인지를 찾
아서 이들을 대상으로 위기관리를 하는 것이다. 물론 사안에 따라서 이
해관계자가 달라질 수밖에 없다. 내부 직원, 제품에 불만을 품은 소비
자, 제품을 이용하다가 사고를 당한 피해자, 지역 주민, 거래처와 같은
이해관계자도 있을 것인데, 필요하다면 이들과 직접 커뮤니케이션을
함으로써 이슈를 잠재워야 한다. 그러나 이들이 온라인 커뮤니티나 본
인들의 블로그나 소셜미디어(SNS)에 회사에 대해서 부정적인 내용을
올린다면 회사에서는 이들 이해관계자들뿐만 아니라 온라인 커뮤니티,
네티즌들까지 다 관리해야 한다.

그런데 물리적으로 이런 이슈들을 일일이 다 찾아서 실시간으로 관
리한다는 것은 거의 불가능한 일이다. 그래서 전통적으로 기업이 위기
관리 교육과 훈련을 통해서 위기에 민감한 조직이 될 수 있도록 하고,
평시에 위기관리 매뉴얼 개발과 이에 따른 모의 훈련 등을 통해서 위기
관리 역량을 갖추고 있어야 한다.

(3) 진정성 있는 커뮤니케이션을 해야 한다.

가끔 연예인들이나 정치인들 간에 발생한 갈등이 뉴스 소재가 되는
경우가 있다. 걸그룹 가수들 사이에 불화가 발생했는데 '상대방이 먼저
심한 말을 해서 감정이 상했다'든지, 여기에 대해서 '원래 그런 의도가
아니었는데 상대방이 오해를 했다'든지 하는 내용이다. 그런데 이런 일

은 서로 통화를 하거나 직접 만나서 오해를 풀면 될 일인데 정작 당사자들끼리는 대화를 하지 않으면서 언론이나 본인들의 소셜미디어를 통해서 자신들의 입장을 밝히는 경우가 많다. 심지어는 기자회견까지 하면서 자신들이 '공인의 입장에서 국민 여러분께 심려를 끼쳐드려서 죄송하다'고 사과를 한다. 하지만 이는 진정성이 결여된 사과일 뿐이다. 누가 잘못했다고 판단했으면 당사자에게 직접 사과를 하면 된다. 느닷없이 국민들에게 사과를 하는 것은 이치에도 맞지 않고 과연 본인이 잘못했다고 진짜로 생각하는지도 의심하게 된다. 진정성 있는 사과란 본인이 잘못했으면 잘못했다라고 하고 본인의 잘못으로 인해 발생한 결과를 책임지는 자세를 보이는 것이다. 사과를 할 때 '잘못했다. 하지만 어쩔 수 없었다', '나만 잘못한 것은 아니다'와 같이 조건을 붙이게 되면 진정성이 부족한 사과로 보이게 되는 것이다.

기업이든 개인이든 위기를 당할 수밖에 없다. 위기의 희생자가 될 수도 있고 위기의 원인 제공자가 될 수도 있다. 이럴 때 위기 발생에 책임을 져야 한다면 피해자의 입장에서 생각하는 것이 무엇보다 중요하다. 진정성이란 상대방의 입장에서 바라봐야 상대방에게 전달되는 것이기 때문이다.

(4) 현대 과학기술을 최대한 활용해야 한다.

위기관리를 효과적으로 하기 위해서는 가능하다면 현대 과학기술을 활용하는 것이 좋다. 모니터링을 예로 들자면 과거에는 PR실무자들이 전날 저녁 가판신문 기사를 보거나 이른 아침에 출근해서 신문기사를 보는 것이 뉴스 모니터링을 하는 방식이었다. 하지만 지금 이렇게 하는 기업은 시대에 뒤처지는 기업이다. 왜냐하면 언론뿐만 아니라 블로그, 소셜미디어에 기업과 관련한 온갖 내용이 끊임없이 올라오는데 실시간

으로 모니터링을 하고 대응하지 않으면 불과 몇 시간 만에 부정적인 내
용이 걷잡을 수 없이 확산될 수 있기 때문이다. 그렇기 때문에 할 수 있
으면 실시간 모니터링을 해야 하는 것이다. 전 세계적으로 온라인 이슈
를 실시간으로 모니터링해 주는 컨설팅 회사들이 있다. 시전Cision이나
멜트워터Meltwater와 같은 회사들이 대표적인데, 이들 회사는 AI를 이용
해 언론뿐만 아니라 국내외 포털, 소셜미디어에 올라오는 내용을 실시
간으로 검색해 주는 서비스를 제공하고 있다. 실시간으로 기사의 양과
내용, 댓글뿐만 아니라 소셜미디어 댓글의 톤(긍정, 중립, 부정)까지 분
석하고 있으며, 또한 이상 징후가 발견되면 고객사에 이를 바로 알려서
기업이 위기에 신속하게 대응할 수 있도록 도와주고 있다. 이런 서비스
를 제공하는 회사들도 계속 생겨나고 있으며 과학기술과 AI의 발달로
이들의 서비스도 점점 더 정교해지고 있다. 앞서 소개한 회사 외에도
멘션Mention, 크리티컬멘션CriticalMention과 같은 회사들도 실시간 위기 모니
터링 서비스를 제공하고 있다. 이들 회사가 많이 사용하는 AI는 레이디
언6Radian6라는 소셜미디어 모니터링 플랫폼이다. 구글에서 레이디언6
를 검색하면 이 플랫폼을 이용해서 모니터링 서비스를 제공하는 회사
들을 쉽게 발견할 수 있다.

또한 방송에 특화된 모니터링 회사들도 있다. 티브이아이즈TVEyes는
실시간으로 방송 내용을 모니터링할 뿐만 아니라 스크립트도 함께 제
공하고 있다. 이들 기업은 영어뿐만 아니라 한국어를 포함해, 공히 전
세계의 매체와 소셜미디어를 분석하고 있다.

또한 위기관리 솔루션을 제공하는 회사들도 늘어나고 있는데 락도브
솔루션스RockDove Solutions 같은 회사는 휴대폰을 활용한 위기관리 플랫폼
을 제공하고 있으며, 이미 많은 대기업이 이 서비스를 활용해서 위기에
대응하고 있다(그림 10-5). 이 밖에 비즈니스와이어BusinessWire나 피알뉴

그림 10-5 휴대폰으로 위기관리 솔루션 플랫폼을 제공하는 락도브솔루션스 홈페이지

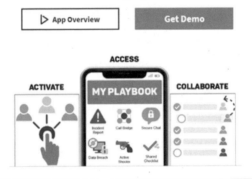

자료: 락도브솔루션스 홈페이지(www.rockdovesolutions.com).

스와이어PR NewsWire와 같은 회사들은 모니터링뿐만 아니라 미디어 리스트 제공, 보도자료 배포 서비스까지 종합적으로 제공하고 있다. 따라서 기업들이 이런 모든 기능을 다 홍보실 내에 두고 모니터링부터 위기관리까지 직접 하려고 하기보다는 이와 같은 전문적인 서비스를 활용하는 것이 더 효과적일 수도 있다.

한국에도 '굿모니터링'과 같이 실시간 온라인 검색 서비스를 제공하는 업체가 있다. 빅풋9은 페이스북과 유튜브 분석으로 이름이 나 있다. 이들을 통하면 기업과 관련 이슈 및 위기를 신속하게 감지하고 대응할 수 있을 것이다(표 10-1 참조). 또한 중소규모 기업이라면 구글의 검색 기능만 잘 활용해도 기업과 관련한 웬만한 이슈는 모니터링할 수 있다.

표 10-1 **실시간 모니터링 및 위기관리 서비스 주요 업체들**

회사명	주요 서비스	웹사이트
시전	실시간 미디어/소셜미디어 모니터링 서비스	www.cision.com
멜트워터	실시간 미디어/소셜미디어 모니터링 서비스	www.meltwater.com
버렐리스	실시간 미디어/소셜미디어 모니터링 서비스	www.burrelles.com
멘션	실시간 미디어/소셜미디어 모니터링 서비스	www.mention.com
크리티컬멘션	실시간 미디어/소셜미디어 모니터링 서비스	www.criticalmention.com
크리스프	위기관리에 특화된 모니터링 서비스	www.crispthinking.com
락도브솔루션스	휴대폰 위기관리 플랫폼 서비스	www.rockdovesolutions.com
비즈니스와이어	미디어 리스트, 보도자료 배포 서비스	www.businesswire.com
피알뉴스와이어	미디어 리스트, 보도자료 배포	www.prnewswire.com
굿모니터링	실시간 미디어 모니터링 서비스	www.goodmonitoring.com
빅풋9	페이스북, 유튜브 전문검색 및 분석	www.bigfoot9.com

물론 모니터링만 해서는 의미가 없다. 이슈가 제기되면 온라인상에서 적극적으로 대응해야 한다. 특히 올라오는 댓글에 대해서 소홀히 하지 말고 최대한 신속하게 성의껏 기업의 입장을 설명해야 한다. 물론 이 작업은 시간과 인력이 많이 들어간다. 요즘 일부 기업은 평상시의 소비자 서비스에 인공지능AI 챗봇을 활용해 소비자들의 대기 시간을 단축시켜 좋은 평가를 받고 있다. 그리고 이렇게 인공지능을 대소비자 업무에 활용하는 기업의 수는 계속 늘어나고 있다. 앞으로 다수의 기업이 이렇게 위기관리에도 인공지능을 활용하게 될 것으로 보인다.

문제는 위기에 대한 경영진의 인식이다. 많은 경우에 이슈가 위기로 발전하는 것은 그렇게 될 줄 몰랐기 때문이다. 설마 하다가 낭패를 보게 되는 것이다. 막상 위기가 발생했을 때 전혀 예측하지 못하는 위기도 있지만 '아, 그때 알았을 때 바로 조치했으면 되었을 것을 왜 몰랐을까, 그때 왜 안 했을까!'라고 뒤늦게 후회하게 되는 위기도 많다.

(5) 공중들과 직접 커뮤니케이션할 수 있는 채널을 많이 확보해야 한다.

디지털 시대의 특징은 전통 언론의 영향력 감소와 소셜미디어, 특히 소셜미디어상에서 동영상 콘텐츠의 부상이다. 기업이 위기에 처했을 때 언론 관리에만 신경을 쓴다면 이는 전체가 아니라 일부만 보는 것이다. 위기상황에 처할수록 기업은 이해관계자나 공중과 직접 커뮤니케이션할 수 있어야 한다. 특히 동영상으로 대응할 수 있어야 한다. 이를 위해 평시에 기업 뉴스룸이나 유튜브, 페이스북과 같은 소셜미디어를 활용하는 것이 필요하다. 과거에 일부 대기업에서 실험적으로 시행하던 기업 뉴스룸이 점점 보편화되어 가고 있다. 2019년에만 중견기업 일곱 곳 이상이 기업 뉴스룸을 런칭했다. 이들 기업 뉴스룸의 공통점은 동영상 콘텐츠를 강화하고 있다는 것이다(안선혜, 2019). 그리고 이렇게 평소에 공중들과 직접 커뮤니케이션을 할 수 있는 채널을 가지고 있어야 위기상황에 처했을 때 이 채널들을 통해 기업의 입장을 공중에게 전달할 수 있다.

지난 2009년에 미국 피자 체인점인 도미노피자Dominos Pizza 매장에서 한 직원이 피자 도우를 가지고 장난을 치는 모습을 유튜브에 올려서 비난을 받은 사건이 있었다. 도미노피자 측은 바로 다음 날 동영상을 제작한 직원 두 명을 해고한 뒤 경찰에 신고했으며, 해당 직원들이 사용했을 만한 모든 물품을 폐기 처분했다. 이어서 해당 유튜브 영상을 삭제하고, 트위터를 통해 소비자와 실시간 소통을 하면서 위기에 대응했다. 그리고 CEO인 패트릭 도일Patrick Doyle이 유튜브 영상으로 사과와 입장 표명을 하며 사태를 수습했다. 이 모든 일이 48시간 이내에 이루어졌는데, 이렇게 하는 것이 가능했던 것은 이 회사가 평소에 소셜미디어

그림 10-6 **트리플미디어 전략**

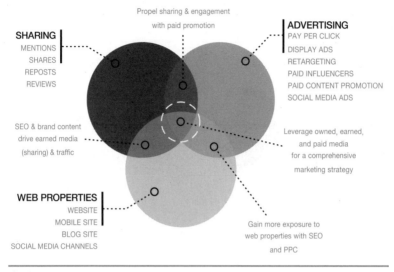

DIGITAL MARKETING TRIFECTA

EARNED, OWNED & PAID MEDIA

Propel sharing & engagement
with paid promotion

SHARING
MENTIONS
SHARES
REPOSTS
REVIEWS

ADVERTISING
PAY PER CLICK
DISPLAY ADS
RETARGETING
PAID INFLUENCERS
PAID CONTENT PROMOTION
SOCIAL MEDIA ADS

SEO & brand content
drive earned media
(sharing) & traffic

Leverage owned, earned,
and paid media
for a comprehensive
marketing strategy

WEB PROPERTIES
WEBSITE
MOBILE SITE
BLOG SITE
SOCIAL MEDIA CHANNELS

Gain more exposure to
web properties with SEO
and PPC

자료: Garman, n.a.

팀을 운영하면서 이러한 일에 대비할 수 있는 대소비자 채널을 갖추고
있었기 때문이다(윤형준, 2014).

(6) 트리플미디어 또는 PESO 모델을 활용하라.

과거의 미디어믹스는 기업에서 광고를 할 때 신문·잡지·라디오·TV·
옥외광고별로 광고 예산을 어떻게 가장 효과적으로 배분하는가가 관건
이었다. PR실무자 입장에서도 마찬가지로 도달하고자 하는 공중에 따
라서 이들 전통 매체를 어떻게 활용하는가가 미디어믹스의 중요한 기
준이었다. 그러나 디지털 시대, 특히 위기 시에 공중에게 기업의 입장을
효과적으로 전달하기 위해서는 언드미디어earned media, 온드미디어owned

그림 10-7 PESO 미디어 전략

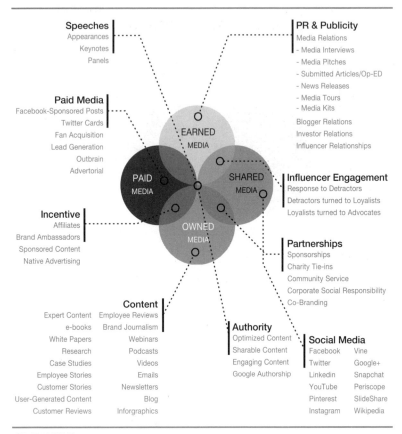

자료: Dietrich(2018).

media, 페이드미디어paid media로 불리는 트리플미디어triple media, 또는 페이드
미디어, 언드미디어, 셰어드미디어shared media, 온드미디어를 전략적으로
활용하는 페소PESO 미디어믹스 전략이 필요하다(그림 10-6, 그림 10-7).
그래서 언론에 기사화할 수 있는 내용은 적극적으로 언론을 활용하고,
보다 자세한 설명이 필요하거나 언론에서 써주지 않는 내용은 기업이
보유하고 있는 온드미디어나 페이드미디어를 활용할 수 있어야 한다.

(7) 인플루언서들을 활용하라.

온라인상에서 분야별로 영향력이 있는 인플루언서가 많이 있다. 이들의 말 한마디는 그들의 팔로어들에게 많은 영향을 미친다. 특히 1인미디어의 확산으로 인해 위기 시에 인플루언서들의 한마디는 위기를 기회로 바꿀 수 있는 기회가 될 수도 있다. 따라서 기업은 평상시에 이들 인플루언서들과 좋은 관계를 맺어서 이들이 위기 시에 우군이 되어줄 수 있도록 해야 한다. 팔로어 숫자가 1만 명 이상 되는 메가인플루언서도 중요하지만 팔로어 숫자는 좀 적어도 기업과 관련된 글을 많이 올리는 마이크로인플루언서들의 관리도 중요하다. 물론 인플루언서를 활용하는 것이 항상 좋은 점만 있는 것은 아니다. 인플루언서가 영향력이 큰 만큼 이들이 사회적으로 부적절한 행동을 하거나 잘못을 했을 경우 그 피해를 기업이 보는 수도 있음을 유념해야 한다.

(8) 원칙을 지켜라.

마지막으로 아무리 디지털 시대라고 해도 위기커뮤니케이션의 기본 원칙은 변하지 않는다. 즉, 기업은 위기상황에서 신속성·일관성·개방성의 원칙을 지켜야 한다(유재웅, 2015).

신속성의 원칙이란 위기가 발생하면 최대한 신속하게 대응을 해야 함을 말한다. 위기에 실시간으로 대응할 수 있으면 제일 좋겠지만 그렇지 못하더라도 위기 대응이 빠르면 빠를수록 그만큼 위기를 진화할 수 있는 가능성이 높아진다. 기업이 신속하게 대응하지 못하는 이유는 상황의 불확실성uncertainty 때문이다. 상황을 확실하게 파악하지 못한 상태에서 신속하게 대응한다는 것이 쉽지 않은 것이다. 또한 법률 부서와의 업무 조절이 원활하게 이루어지지 않아서 그럴 수도 있다. 그렇지만 디지털 시대 위기의 특징이 위기가 터지면 그 내용이 순식간에 사람들에게 퍼져나가는 것인데, 정확성을 기하느라 시간을 지체하기보다는 신속하게 대응하는 모습을 보여주는 것이 필요하다. 즉, 그 상황에서 파악된 만큼 말하고 파악되지 않은 부분은 파악하는 대로 말하겠다고 하는 것이 더 낫다.

일관성의 원칙은 위기 시에 기업에서 내보내는 내용에 일관성이 있어야 한다는 뜻이다. 즉, 여러 명의 대변인이 발표를 하든, 관련 부서장이 발표를 하든 같은 내용으로 발표를 해야 한다는 뜻이다. 그래야 메시지의 신뢰성이 유지될 수 있다. 이를 위해 기업은 평소에 위기관리 교육 훈련을 통해 위기관리 전문가를 양성해 놓아야 한다.

개방성의 원칙은 정보를 투명하게 공개하는 것을 의미한다. 기업이 위기 시에 정보를 어디까지 공개해야 하는가는 항상 논란의 여지가 있다. 정보를 투명하게 공개한다고 해서 모든 정보를 하나도 남김없이 다 공개하라는 의미는 아니다. 공개해야 할 정보를 공개하라는 것이며 이렇게 공개하는 정보는 사실에 입각한 진실한 정보여야 한다.

한 가지 원칙을 더하자면 진정성의 원칙이다. 진정성authenticity이란 기업이 위기상황에서 피해자를 진심으로 위로하고 보상해 주고자 하는 자세, 위기로 인해 피해를 보고 있는 이해관계자들에게 미안함을 느끼면서 빨리 위기상황을 종료하고 정상화하려는 노력을 하는 모습을 의미한다. 기업이 이해관계자, 피해자와 그 가족에게 이러한 모습을 보여줄 때 위기를 더 빨리 수습할 수 있을 것이다.

이하는 미국PR협회에서 제시한 위기 시에 해야 할 것들과 하지 말아야 할 것들에 대한 내용을 디지털 시대에 맞게 일부 수정한 것이다.

위기 시에 해야 할 것들
- 최대한 신속하게 사실을 파악하라. 신속하게 대응할수록 스토리를

컨트롤할 수 있는 기회가 많아진다. 가능하면 실시간 모니터링을 통하여 위기를 포착하고 최대한 신속하게 대응해야 한다.

- 진실을 말하고 확인된 사실만 말하라.

- 종업원이 다른 곳에서 정보를 듣기 전에 위기 관련 정보를 먼저 제공하라. 종업원과 언제든지 연락할 수 있는 커뮤니케이션 채널을 갖추고 있어야 한다. 휴대폰 문자메시지가 제일 빠르고 정확하다.

- 위기로 인한 희생자에게 애도, 유감, 미안함을 표하고 위기로 인해 영향을 받는 다른 그룹에게도 이같이 하라.

- 위기상황을 해결하기 위해서, 피해를 복구하기 위해서, 그리고 또 다른 위기가 발생하지 않도록 어떤 행동을 할 것인지 설명하라. 언론뿐만 아니라 온드미디어를 적극 활용하라.

- 언론이 잘못된 기사를 썼을 때 이를 알려 시정하도록 하라. 그러나 언론을 비판하지는 말 것. 또한 주요 블로그나 인플루언서를 대상으로도 마찬가지이다.

- 만약 기자가 위기가 발생한 장소에 있다면 이 기자와 함께 있을 것.

- 모든 가능하고 적합한 수단을 동원해서라도 정확한 정보를 제공하라. 즉, 대면커뮤니케이션, 인터넷, 소셜미디어를 적극 활용해 정보를 제공해야 한다. 언론만 염두에 둔다면 실패할 수밖에 없다.

- 종업원, 지역사회 리더, 그리고 정부 관계자가 (위기를 해결할 수 있는) 주요한 기여자이다. 그들의 지원과 염려에 대해 인정하고, 그들이 상황을 통제할 수 있도록 도와줄 것.

위기 시에 하지 말아야 할 것들

- 가능하다면 위기 관련 정보가 여러 소스를 통해 제공되지 않도록 하라. 정보는 지명된 대변인을 통해 제공해야 하며, 대변인은 가급

적이면 고위급 책임자가 맡아야 한다.

- 확인할 수 없는 정보는 제공하지 말 것. 만약 정확한 사실을 모른다면 기자의 질문에 모른다고 대답한 뒤 최대한 신속하게 사실을 확인해서 정보를 제공할 것.
- 가상 질문 또는 추측성 질문에 넘어가지 말 것.
- 종업원, 언론, 그리고 중요한 이해관계자에게 정보를 제공해서 이들이 정보부재dark 상태에 놓이지 않도록 할 것.
- 희생자의 가족이나 관계자가 개인적으로 연락받기 전에 이들의 이름을 언론에 제공하지 말 것.
- 오프-더-레코드 코멘트를 하지 말 것.
- 대공중 커뮤니케이션을 할 때 비난하지 말 것.
- 진실을 은폐하거나 회피하려고 하지 말 것.
- 지역사회 리더, 종업원, 언론에 서로 다른 정보를 제공하지 말고 같은 정보를 제공할 것. 일관될 것.

생각할
거리

❶ 위기는 언제든지 발생한다. "만약에 발생한다면(If)"의 문제가 아니고 "언제 발생하나(When)"의 문제인 것이다. 최근 발생한 위기 중에 본문에서 설명한 발생 원인이나 범주에 해당되는 위기가 있는지 찾아서 논의해 보자.

❷ 디지털 위기PR를 잘하기 위해서는 전통적인 언론에만 의존하기보다는 공중과 직접 커뮤니케이션할 수 있는 다양한 채널을 확보해야 한다. PESO 미디어 또는 트리플미디어 전략을 활용한 위기커뮤니케이션 사례를 찾아보고 논의해 보자.

❸ 디지털 시대 위기에 대응하려면 현대 과학기술을 최대한 활용해야 한다. 인공지능(AI)과 빅데이터를 위기PR에 어떻게 활용할 수 있을지 논의해 보자.

❹ 디지털 위기PR에서 온라인 인플루언서의 역할에 대해서 논의해 보자.

참고문헌

제1장 디지털PR 이론

권예지·차유리·유현재. 2014. 「웹 공간 이용만족도와 기관 명성 간의 관계」. ≪홍보학연구≫, 제18
  권 1호, 70~106쪽.

김귀옥·차희원. 2016. 「지자체 소셜미디어의 대화커뮤니케이션 특성과 공중 커뮤니케이션 행동이
  조직-공중관계성에 미치는 영향: 페이스북과 트위터를 중심으로」. ≪홍보학연구≫, 제20권 1호,
  138~174쪽.

김영석. 2012. 『사회조사방법론: SPSS WIN 통계분석』. 파주: 나남.

김유정. 2011. 「소셜네트워크서비스에 대한 이용과 충족 연구: 페이스북 이용을 중심으로」. ≪미디
  어, 젠더 & 문화≫, 제20권, 71~105쪽.

김재휘·부수현·김희연. 2012. 「공공 캠페인 효과 촉진을 위한 SNS 커뮤니케이션 전략: 해석수준이
  론의 사회적 거리와 규범적 영향을 통한 설득」. ≪한국광고홍보학보≫, 제14권 3호, 66~91쪽.

김지은·홍혜현. 2015. 「페이스북 건강 증진 메시지의 설득 및 구전 효과: 이득-손실 메시지 프레임
  과 위험성 인식의 영향을 중심으로」. ≪홍보학연구≫, 제19권 1호, 183~214쪽.

김효숙·양성운. 2014. 「조직-공중 관계성 이론의 발전 과정과 미래 연구 방향에 대한 고찰」. ≪홍보
  학연구≫, 제18권 1호, 476~515쪽.

김효숙·최혜민. 2011. 「트위터로 형성된 조직-공중 관계성이 공중의 갈등 해소 의지에 미치는 영향:
  A 대학 트위터를 중심으로」. ≪홍보학연구≫, 제15권 3호, 5~40쪽.

남화정·차희원. 2011. 「기업블로그의 대화커뮤니케이션이 고객만족도와 충성도에 미치는 영향: 인
  지된 상호작용성과의 비교를 중심으로」. ≪홍보학연구≫, 제15권 2호, 40~82쪽.

네그로폰테, 니컬러스(Nicholas Negroponte). 1995. 백욱인 옮김. 『디지털이다』. 박영률출판사.

박가빈·이형민. 2018. 「프로야구 팀 페이스북(Facebook) 페이지 이용을 통한 팀-팬 관계성 충족과
  그 효과에 대한 연구」. ≪홍보학연구≫, 제22권 2호, 64~100쪽.

박재진·박종민·캐머런(G. T. Cameron). 2005. 「기업 웹사이트의 초기 수용자와 후기 수용자의 특
  징 비교: 판별분석을 중심으로」. ≪한국방송학보≫, 제19권 3호, 106~129쪽.

박재진·황성욱·조윤용. 2018. 「엔터테인먼트 스타들의 자선적 기부 캠페인, 어떻게 공중의 참여를
  독려할 수 있는가?: 해석수준이론을 중심으로」. ≪홍보학연구≫, 제22권 3호, 1~32쪽.

송용회. 2006. 「미디어, 프레임, 현실구성: 미디어 프레임 연구의 과제와 발전방향 모색을 위한 소
  고」. ≪프로그램/텍스트≫, 제13권, 125~157쪽.

신경아·오현정·이병관. 2014. 「HIV/AIDS 지식 확산을 위한 온라인 채널 이용에 관한 탐색적 연구:
  "Hug AIDS" 온라인 캠페인의 확산을 중심으로」. ≪홍보학연구≫, 제18권 3호, 44~70쪽.

심홍진·황유선. 2010. 「마이크로블로깅(micro-blogging) 이용 동기에 관한 연구: 트위터(twitter)를

중심으로」. ≪한국방송학보≫, 제24권 2호, 192~234쪽.

윤영민·김경진·문백학. 2010. 「국내 200대 기업 영문 온라인 뉴스룸 분석 기업 웹사이트를 통한 해외 언론 커뮤니케이션」. ≪홍보연구≫, 제14권 2호, 115~144쪽.

이은미. 2003. 「인터넷 신문 이용의 영향 요인 연구」. ≪한국언론정보학보≫, 제21권, 177~201쪽.

이주희·고경아·하대권. 2018. 「1인 미디어 이용자들의 라이브 스트리밍 방송 시청 동기 및 사용자 반응에 관한 연구」. ≪한국광고홍보학보≫, 제20권 2호, 178~215쪽.

이현우·최윤형. 2014. 「위기관리에서 상황적 위기 커뮤니케이션 이론의 전개과정과 향후 연구를 위한 제언」. ≪홍보학연구≫, 제18권 1호, 444~475쪽.

자오빙난·황성욱·조윤용. 2018. 「중국 연예인 SNS에 나타난 위기 커뮤니케이션과 공중의 반응: 상황적 커뮤니케이션 이론과 이미지 회복 전략의 탐색적 적용」. ≪방송과 커뮤니케이션≫, 제19권 3호, 47~82쪽.

장애리·황성욱. 2012. 「정치인의 트위터 메시지 프레임 연구: 제18대 한나라당 민주당 국회의원 비교」. ≪광고학연구≫, 제23권 2호, 173~199쪽.

정세훈·염정윤·최인호·최수정·정민혜. 2017. 「국내 미디어 멀티태스킹 연구 현황 이용과 효과 연구를 중심으로」. ≪한국광고홍보학보≫, 제19권 1호, 102~135쪽.

좌보경·서필교·백혜진. 2014. 「금연정책 관련 온라인 뉴스와 댓글 유형의 내용 분석」. ≪홍보학연구≫, 제18권 3호, 13~43쪽.

최영·박성현. 2011. 「소셜미디어 이용 동기가 사회 자본에 미치는 영향」. ≪한국방송학보≫, 제25권 2호, 241~276쪽.

한정호 외. 2014. 『PR학 원론』. 서울: 커뮤니케이션북스.

황성욱. 2009a. "Cross-Cultural Comparison in Telepresence of South Korean and U. S. Online Military Strategic Communications." ≪스피치와 커뮤니케이션≫, 제12권, 7~36쪽.

_____. 2009b. "Diffusion of Innovation through Transportation into a Narrative World: Cornea Donation Broadcasting Campaign in South Korea." ≪사회과학논집≫, 제40권 1호, 65~91쪽.

Avery, E., R. Lariscy, E. Amador, T. Ickowitz, C. Primm abd A. Taylor. 2010. "Diffusion of Social Media among Public Relations Practitioners in Health Departments across Various Community Population Sizes." *Journal of Public Relations Research*, Vol.22, No.3, pp.336~358.

Broom, G. M., S. Casey and J. Ritchey. 2000. "Concepts and Theory of Organization Public Relationships." In J. A. Ledingham and S. D. Bruning(eds.), *Public Relations as Relationship Management: A Relational Approach to the Study and Practice of Public Relations*, pp.3~22. Mahwah, NJ: Lawrence Erlbaum Associates.

Cho, C. H. and H. J. Cheon. 2005. "Cross-Cultural Comparison of Interactivity on Corporate Web Sites." *Journal of Advertising*, Vol.34, No.2, pp.99~116.

Choi, Y. and Y.-H. Lin. 2009. "Consumer Responses to Mattel Product Recalls Posted on Online Bulletin Boards: Exploring Two Types of Emotion." *Journal of Public Relations Research*, Vol.21, No.2, pp.198~207.

Coombs, W. T. 1999. *On Going Crisis Communication: Planning, Managing, and Responding.*

Sage Publication.

_____. 2007. "Attribution Theory as a Guide for Post-Crisis Communication Research." *Public Relations Review*, Vol.33, pp.135~139.

Coombs, W. T. and J. Holladay. 1996. "Communication and Attributions in a Crisis: As Experimental Study in Crisis Communication." *Journal of Public Relations Research*, Vol.8, No.4, pp.279~295.

Coombs, W. T. and S. J. Holladay. 2003. "Reasoned Action in Crisis Communication: An Attribution Theory-Based Approach to Crisis Management." *Responding to Crisis: A Rhetorical Approach to Crisis Communication*, pp.95~115.

Entman, R. M. 1993. "Framing: Toward Clarification of a Fractured Paradigm." *Journal of Communication*, Vol.43, No.4, pp.51~58.

Eyrich, N., M. L. Padman and K. D. Sweetser. 2008. "PR Practitioners' Use of Social Media Tools and Communication Technology." *Public Relations Review*, Vol.34, No.4, pp.412~414.

Ferguson, M. A. 1984(August). "Building Theory in Public Relations: Interorganizational Relationships as a Public Relations Paradigm." Paper presented at the Association for Education in Journalism and Mass Communication Annual Convention, Gainesville, Florida.

Ghanem, S. 1997. "Filling in the Tapestry: The Second Level Agenda Setting." In M. E. McCombs, D. L. Shaw and D. H. Weaver(eds.), *Communication and Democracy: Exploring the Intellectual Frontiers in Agenda-Setting Theory*, pp.3~14. Mahwah, NJ: Lawrence Erlbaum Associates.

Goffman, A. 1974. *Frame Analysis: An Essay on the Organization of Experience*. Massachusetts: Harper & Row.

Heider, F. 1958. *The Psychology of Interpersonal Relations*. New York: Wiley.

Huang, Y. H. 1997. *Public Relations Strategies, Relational Outcomes, and Conflict Management Strategies*(Unpublished doctoral dissertation). University of Maryland, College Park.

Jo, S. and Y. Kim. 2003. "The Effect of Web Characteristics on Relationship Building." *Journal of Public Relations Research*, Vol.15, No.3, pp.199~223.

Katz, E. 1959. "Mass Communication Research and the Study of Popular Culture: An Editorial Note on a Possible Future for This Journal." *Studies in Public Communication*, 2, pp.1~6.

Katz, E., J. G. Blumler and M. Gurevitch. 1974. "Utilization of Mass Communication by the Individual." In J. G. Blumer and E. Katz(eds.), *The Uses of Mass Communications: Current Perspectives on Gratifications Research*, pp.19~32. Beverly Hills, CA: Sage.

Kelley, H. 1973. "The Processes of Causal Attribution." *American Psychologist*, Vol.28, No.2, pp.107~128.

Kelleher, T. and K. Sweetser. 2012. "Social Media Adoption Among University Communicators." *Journal of Public Relations Research*, Vol.24, No.2, pp.105~122.

Kent, M. L. and M. Taylor. 1998. "Building Dialogic Relationships Through the World Wide Web." *Public Relations Review*, Vol.24, No.3, pp.321~334.

_____. 2002. "Toward a Dialogic Theory of Public Relations." *Public Relations Review*, Vol.28,

No.1, pp.21~37.

Kent, M. L., M. Taylor and W. J. White. 2003. "The Relationship Between Web Site Design and Organizational Responsiveness to Stakeholders." *Public Relations Review*, Vol.29, No.1, pp.63~77.

Liberman, N., M. D. Sagristano and Y. Trope. 2002. "The Effect of Temporal Distance on Level of Mental Construal." *Journal of Experimental Social Psychology*, Vol.38, No.6, pp.523~534.

Liberman, N. and Y. Trope. 1998. "The Role of Feasibility and Desirability Considerations in Near and Distant Future Decisions: A Test of Temporal Construal Theory." *Journal of Personality and Social Psychology*, Vol.75, No.1, pp.5~18.

Nan, L. 1976. *Foundations of Social Research*. McGraw-Hill.

Pan, Z. and G. M. Kosicki. 1993. "Framing Analysis: An Approach to News Discourse." *Political Communication*, Vol.10, No.1, pp.59~79.

Rogers, E. 1983. *Diffusion of Innovations*, 3rd ed. New York: Free Press.

_____. 1995. *Diffusion of Innovations*, 4th ed. New York: Free Press.

_____. 2003. *Diffusion of Innovations*, 5th ed. New York: Free Press.

Seltzer, T. and M. A. Mitrook. 2007. "The Dialogic Potential of Weblogs in Relationship Building." *Public Relations Review*, Vol.33, No.2, pp.227~229.

Steuer, J. 1992. "Defining Virtual Reality: Dimensions Determining Telepresence." *Journal of Communication*, Vol.42, No.4, pp.73~93.

Sundar, S. S., S. Kalyanaraman and J. Brown. 2003. "Explicating Web Site Interactivity: Impression Formation Effects in Political Campaign Sites." *Communication Research*, Vol.30, No.1, pp.30~59.

Sung, K.-H. and S. Kim. 2014. "I Want to Be Your Friend: The Effects of Organizations' Interpersonal Approaches on Social Networking Sites." *Journal of Public Relations Research*, Vol.26, No.3, pp.235~255.

Sweetser, K. D. 2010. "A Losing Strategy: The Impact of Nondisclosure in Social Media on Relationships." *Journal of Public Relations Research*, Vol.22, No.3, pp.288~312.

Trope, Y. and N. Liberman. 2000. "Temporal Construal and Time-Dependent Changes in Preference." *Journal of Personality and Social Psychology*, Vol.79, No.6, pp.876~889.

Wakslak, C. J., Y. Trope, N. Liberman and R. Alony. 2006. "Seeing the Forest When Entry is Unlikely: Probability and the Mental Representation of Events." *Journal of Experimental Psychology: General*, Vol.135, No.4, pp.641~653.

Weiner, B. 1985. "An Attribution Theory of Achievement Motivation and Emotion." *Psychology Review*, Vol.92, No.4, pp.548~573.

제2장 디지털PR의 방법론적 전환

네그로폰테, 니컬러스(Nicholas Negroponte). 1995. 백욱인 옮김. 『디지털이다』. 박영률출판사.

Christakis, N. A. and J. H. Fowler. 2009. *Connected: The Surprising Power of Our Social Networks and How They Shape Our Lives*. Little, Brown Spark.

Dodds, P. S., K. D. Harris, I. M. Kloumann, C. A. Bliss and C. M. Danforth. 2011. "Temporal Patterns of Happiness and Information in a Global Social Network: Hedonometrics and Twitter." *PloS One*, Vol.6, No.12, e26752.

Doorley, J. and H. F. Garcia. 2010. *Reputation Management: The Key to Successful Public Relations and Corporate Communication*, 2nd edition. Routledge.

Harlow, Rex F. 1976. "Building a Public Relations Definition." *Public Relations Review*, Vol.2, No.4, pp.34~42.

Hutton, J. G. 1999. "The Definition, Dimensions, and Domain of Public Relations." *Public Relations Review*, Vol.25, No.2, pp.199~214.

Rogers, S. 2014. "Got a Case of the Mondays? You're Not Alone." Retrieved October 1st, 2019. https://blog.twitter.com/en_us/a/2014/got-a-case-of-the-mondays-youre-not-alone. html

Xu, W. W., J. Y. Park and H. W. Park. 2015. "The Networked Cultural Diffusion of Korean Wave." *Online Information Review*, Vol.39, No.1, pp.43~60.

Xu, W. W., J. Y. Park, J. Y. Kim and H. W. Park. 2016. "Networked Cultural Diffusion and Creation on YouTube: An Analysis of YouTube Memes." *Journal of Broadcasting & Electronic Media*, Vol.60, No.1, pp.104~122.

제3장 디지털 시대의 PR교육

김교일. n.d. "정보보호." https://terms.naver.com/entry.nhn?docId=2073338&cid=44414&categoryId =44414(검색일: 2019.9.16).

최준혁. 2019. 『데이터 기반 PR기획』. 파주: 한울.

Broom, G. M. and B. Sha. 2013. *Cutlip and Center's Effective Public Relations*, 11th ed. Upper Saddle River, NJ: Prentice-Hall.

Clarke, M. 2018. "Proven Methods to Build a Data-driven Public Relations Strategy." https:// glean.info/(검색일: 2019.9.16).

Shift Communications. 2016. "What is Data-driven PR, Part 1." *Public Relations Today*, 2016. 11. 7. http://www.publicrelationstoday.com(검색일: 2019.9.16).

제4장 디지털 시대의 미래 PR산업

김병희·이종혁. 2009. 「한국PR기업의 역사와 성공사례」. 파주: 나남.

김영욱·유선욱 외. 2018. 『디지털사회와 PR윤리』. 서울: 커뮤니케이션북스.

닐슨 코리안클릭. 2017. 2. "인구 비중."

대학내일 20대연구소. 2018. 5. "1934데이터클리핑서비스."

≪더스쿠프≫, 2018. 9. "미래권력 Z세대." 이준영 상명대 소비자주거학과 교수 인터뷰.

엠브레인. 2017. 10. "IBM기업가치연구소 조사(2017. 1)."

여론집중도조사위(문체부). 2018. 12. "2016~2018 뉴스 이용도집중도 조사."

이민주. 2010. 『(기업의 미래가 보이는) 대한민국 산업분석』. 부크홀릭.

통계청. 2016. 12. "2016년 추계인구."

≪패션저널≫, 2018. 11. "패션브랜드들의 Gen.Z 공략법."

≪한겨레≫, 2017. 4. 6. "뉴스 누가 공유했지? SNS에선 언론사보다 공유자 믿는다." 미국신문협회
보고서 인용.

≪한국경제≫, 2018. 5. 22. "640만 명의 디지털원주민, 미래 소비지도 바꾼다."

한국언론진흥재단. 2017. 4. "소셜미디어 이용자 조사."

＿＿＿. 2018. 5. "포털뉴스 서비스 및 댓글에 대한 인식."

현대경제연구원. 2018. 1. "세대별 인구변화 추이."

홍문기·최홍림 외. 2014. 『PR전문직의 리더쉽과 윤리의식』. 서울: 커뮤니케이션북스.

에델만디지털코리아. 2019. 6. "2020년, 풍요의 시대가 도래하는가." *Edelman Digital Korea Trends
Watch*, 제3호.

KISDI(정보통신정책연구원). 2019. 2. 15. *KISDI Premium Report*, 19-03호.

Prain & Rhee Analysis.

네이버시사상식사전. https://terms.naver.com/entry.nhn?docId=5668828&cid=43667&categoryId=
43667.

네이버지식사전. https://terms.naver.com/entry.nhn?docId=3596818&cid=42346&categoryId= 42346.

두산백과사전. https://terms.naver.com/entry.nhn?docId=1108593&cid=40942&categoryId=31868

제5장 디지털 기술과 PR

Daft, R. L. and R. H. Lengel. 1986. "Organizational Information Requirements, Media Richness
and Structural Design." *Management Science*, Vol.32, No.5, pp.554~571.

Daft, R. L., R. H. Lengel and L. K. Trevino. 1987. "Message Equivocality, Media Selection, and
Manager Performance: Implications for Information Systems." *MIS Quarterly*, Vol.11, No.3,
pp.355~366.

Gibson, J. J. 1979. *The Ecological Approach to Visual Perceptions.* Hills-dale, NJ: Erlbaum.

Greengard, S. 2015. *The Internet of Things.* Cambridge, MA: MIT press.

Jia, H., M. Wu, E. Jung, A. Shapiro and S. S. Sundar. 2013. "When the Tissue Box Says Bless
You: Using Speech to Build Socially Interactive Objects." in *CHI'13 Extended Abstracts on
Human Factors in Computing Systems*, pp.1635~1640. ACM.

Jung, E. H. and S. S. Sundar. 2016. "Senior Citizens on Facebook: How do They Interact and Why?" *Computers in Human Behavior*, Vol.61, pp.27~35.

Kang, H. and S. S. Sundar. 2016. "When Self is the Source: Effects of Media Customization on Message Processing." *Media Psychology*, Vol.19, No.4, pp.561~588.

Kiesler, S. and P. Hinds. 2004. "Introduction to This Special Issue on Human-Robot Interaction." *Human-Computer Interaction*, Vol.19, No.1-2, pp.1~8.

Kim, H., G. J. Kim, H. W. Park and R. E. Rice. 2007. "Configurations of Relationships in Different Media: FtF, E-mail, Instant Messenger, Mobile Phone, and SMS." *Journal of Computer-Mediated Communication*, Vol.12, No.4, pp.1183~1207.

Lancaster, S., D. C. Yen, A. H. Huang and S. Y. Hung. 2007. "The Selection of Instant Messaging or E-mail: College Students' Perspective for Computer Communication." *Information Management & Computer Security*, Vol.15, No.1, pp.5~22.

Lasi, H., P. Fettke, H. G. Kemper, T. Feld and M. Hoffmann. 2014. "Industry 4.0." *Business & Information Systems Engineering*, Vol.6, No.4, pp.239~242.

Lee, H. and H. Park. 2013. "Testing the Impact of Message Interactivity on Relationship Management and Organizational Reputation." *Journal of Public Relations Research*, Vol.25, No.2, pp.188~206.

Moon, Y. and C. Nass. 1996. "How "Real" Are Computer Personalities? Psychological Responses to Personality Types in Human-Computer Interaction." *Communication research*, Vol.23, No.6, pp.651~674.

Nass, C., Y. Moon and N. Green. 1997. "Are Machines Gender Neutral? Gender-Stereotypic Responses to Computers with Voices." *Journal of Applied Social Psychology*, Vol.27, No.10, pp.864~876.

Norman, D. A. 1988. *The Psychology of Everyday Things*. New York, NY: Basic Books.

Ong, S. K. and A. Y. C. Nee. 2004. *Virtual and Augmented Reality Applications in Manufacturing*. London, UK: Springer Verlag.

Russell, S. J. and P. Norvig. 2010. *Artificial Intelligence: A Modern Approach*. New Jersey: Pearson Education Inc.

Short, J., E. Williams and B. Christie. 1976. *The Social Psychology of Telecommunications*. Hoboken, NJ: John Wiley & Sons.

Smillie, G. A. 2002. *Analogue and Digital Communication Techniques*. Jordan Hill, Oxford: Newnes.

Suchman, L. 2007. *Human-Machine Communication Reconfigurations: Plans and Situated Actions*. New York: Cambridge University Press.

Sundar, S. S., E. H. Jung, T. F. Waddell and K. J. Kim. 2017. "Cheery Companions or Serious Assistants? Role and Demeanor Congruity as Predictors of Robot Attraction and Use Intentions among Senior Citizens." *International Journal of Human-Computer Studies*, Vol.97, pp.88~97.

Walther, J. B. 1996. "Computer-Mediated Communication: Impersonal, Interpersonal, and Hyperpersonal Interaction." *Communication Research*, Vol.23, No.1, pp.3~43.

_____. 2007. "Selective Self-Presentation in Computer-Mediated Communication: Hyperpersonal

Dimensions of Technology, Language and Cognition." *Computers in Human Behavior*, Vol.23, No.5, pp.2538~2557.

제6장 공중 상황이론의 진화와 디지털 공중 분류

김정남·박노일·김수정. 2014. 「공중 상황이론의 수정과 진화: 문제해결 상황이론을 중심으로」. ≪홍보학연구≫, 제18권 1호, 330~366쪽.

박노일. 2008. 「블로그 이용자의 뉴스미디어 신뢰도 연구: 기성 미디어 채널 비교 및 블로그 신뢰도 영향 요인을 중심으로」. ≪한국언론학보≫, 제52권 3호, 422~439쪽.

_____. 2010. 「상황이론의 블로거 공중 세분화 적용 연구」. ≪홍보학연구≫, 제14권 3호, 69~105쪽.

_____. 2018. 「공중의 개념 변화: 공중 상황이론과 세분화」. 『광고PR 커뮤니케이션 효과이론』. 파주: 한울.

박노일·오현정·정지연. 2017. 「PR 구성 체계 연구: OSPC모형 제안」. ≪한국언론학보≫, 제61권 3호, 283~310쪽.

배미경. 2003. 「온라인 공중: 개념, 특성, 공중 세분화에 관한 논의」. ≪홍보학연구≫, 제7권 2호, 213~247쪽.

윤희중·차희원. 1998. 「서베이 중심의 2차적 공중의 관여도와 정보 행동 및 매체선택행동에 관한 연구: 일차적 문헌연구를 바탕으로 한 2차적 연구」. ≪홍보학연구≫, 제2권 2호, 2~31쪽.

임종수. 2017. 「탈언론 미디어의 등장과 그 양식, 그리고 공공성: 알고리즘 미디어에 관한 비판적 소고」. ≪한국언론정보학보≫, 제86권 6호, 116~147쪽.

천명기·김정남. 2016. 「적극적 공중에 대한 이해와 공중 세분화 방법에 대한 연구: 문제해결 상황이론을 적용한 공중 세분화 방법론 제안」. ≪홍보학연구≫, 제20권 3호, 113~138쪽.

Aldoory, L. 2001. "Making Health Connections Meaningful for Women: Factors That Influence Involvement." *Journal of Public Relations Research*, Vol.13, No.2, pp.163~185.

Aldoory, L. and B. L. Sha. 2007. "The Situational Theory of Publics: Practical Applications, Methodological Challenges, and Theoretical Horizons." In E. L. Toth(ed.). *The Future of Excellence in Public Relations and Communication Management: Challenges for the Next Generation*. Mahwah, NJ: Erlbaum. pp.339~355.

Barabasi, A.-L. 2002. *Linked: The New Science of Networks*. Cambridge, MA: Perseus Pub.

Botan, C. H. and F. Soto. 1998. "A Semiotic Approach to the Internal Functioning of Publics: Implications for Strategic Communication and Public Relations." *Public Relations Review*, Vol.24, No.1, pp.21~44.

Coombs, W. T. 2015. *Ongoing Crisis Communication: Planning, Managing, and Responding*(4th ed.). Los Angeles, CA: Sage.

Cozier, Z. and D. F. Witmer. 2001. "The Development of a Structuration Analysis of New Publics in an Electronic Environment." In R. L. Heath(ed.), *Handbook of Public Relations*, pp.615~623.

Thousand Oaks, CA: Sage.

_____. 2003. "A Structurationist Perspective of Public Relations: A Metatheoretical Discussion of Boundary Spanning." Paper presented to the National Communication Association Convention, Public Relations Division, Miami Beach, FL.

Dewey, J. 1991. *The Public and Its Problems.* NY: Swallow Press/Ohio University Press Books.

Durham, F. 2005. "Public Relations as Structuration: A Prescriptive Critique of the StarLink Global Food Contamination Case." *Journal of Public Relations Research,* Vol. 17, No. 1, pp. 29~47.

Esman, M. J. 1972. "The Elements of Institution Building." In J. W. Eaton(ed.), *Institution Building and Development,* pp. 19~40. SAGE, Beverly Hills, CA.

Giddens, A. 1979. *Central Problems in Social Theory.* London, UK: MacMillan.

_____. 1984. *The Constitution of Society: Outline of the Theory of Structuration.* Cambridge, UK: Polity Press.

Gregory, A. 2010. *Planning and Managing Public Relations Campaigns.* UK: Kogan Page Publishers.

Grunig, J. E. 1966. "The Role of Information in Economic Decision Making." *Journalism Monographs,* Vol. 3, p. 51.

_____. 1978. "Defining Publics in Public Relations: The Case of a Suburban Hospital." *Journalism Quarterly,* Vol. 55, No. 1, pp. 109~124.

_____. 1997. "A Situational Theory of Publics: Conceptual History, Recent Challenges and New Research." In D. Moss, T. MacManus and D. Vercic(eds.). *Public Relations Research: An International Perspective,* pp. 3~46. London: International Thomson Business Press.

_____. 2009. "Paradigms of Global Public Relations in an Age of Digitalization." *PRism,* Vol. 6, No. 2, pp. 1~19.

Grunig, J. E. and F. C. Repper. 1992. "Strategic Management, Publics, and Issues." In J. E. Grunig(ed.). *Excellence in Public Relations and Communication Management,* pp. 117~158. Hillsdale, NJ: Lawrence Erlbaum Associates.

Grunig, J. E. and L. Childers. 1988. "Reconstruction of a Situational Theory of Communication: Internal and External Concepts as Identifiers of Publics for AIDS." Paper Presented at the Meeting of the Communication Theory and Methodology Division, Association for Education in Journalism and Mass Communication, Portland, OR.

Grunig, J. E. and T. Hunt. 1984. *Managing Public Relations.* New York: Holt, Rinehart and Winston.

Grunig, L. A., J. E. Grunig, and D. M. Dozier. 2002. *Excellence in Public Relations and Communication Management: A Study of Communication Management in Three Countries.* Mahwah, NJ: Lawrence Erlbaum Associates.

Hallahan. K. 2001. "The Dynamics of Issues Activation and Response: An Issues Processes Model." *Journal of Public Relations Research,* Vol. 13, No. 1, pp. 27~59.

Hong, H., H. Park, Y. Lee, and J. Park. 2012. "Public Segmentation and Government-Public Relationship Building: A Cluster Analysis of Publics in the United States and 19 European

Countries." *Journal of Public Relations Research,* Vol.24, No.1, pp.37~68.

IBM Watson Health. 2018. "Using Big Data in Key Opinion Leader Selection." https://www.ibm. com/downloads/cas/DBO1PJ13(검색일: 2019.9.22).

Internet Live Stats. 2014. "Internet users." http://www.internetlivestats.com/internet-users/(검색 일: 2019.9.22).

Kent, M. L., M. Taylor and W. J. White. 2003. "The Relationship between Web Site Design and Organizational Responsiveness to Stakeholders." *Public Relations Review,* Vol.29, No.1, pp.63~77.

Kim, J. N., M. Downie and H. Stefano. 2005. "Resolving Multicollinearity in Situational Theory of Publics: Conceptual Explication of Problem Recognition." Proceedings of the 8th International Public Relation Research Conference, Miami, FL.

Kim, J. N. and J. E. Grunig. 2011. "Problem Solving and Communicative Action: A Situational Theory of Problem Solving." *Journal of Communication,* Vol.61, No.1, pp.120~149.

Kim, J. N. and J. E. Grunig and L. Ni. 2010. "Reconceptualizing the Communicative Action of Publics: Acquisition, Selection, and Transmission of Information in Problematic Situations." *International Journal of Strategic Communication,* Vol.4, No.2, pp.126~154.

Kim, J. N., L. Ni and B.-L. Sha. 2008. "Breaking down the Stakeholder Environment: Explicating Approaches to the Segmentation of Publics for Public Relations Research." *Journalism & Mass Communication Quarterly,* Vol.85, No.4, pp.751~768.

Kruckeberg, D. and M. Vujnovic. 2010. "The Death of the Concept of Publics (Plural) in 21st Century Public Relations." *International Journal of Strategic Communication,* Vol.4, No.2, pp.117~125.

Newsom, D., J. Turk and D. Kruckeberg. 2012. *This is PR: The Realities of Public Relations* (11th ed.). Wadsworth, Boston, MA.

Park, N. and J. Y. Jeong. 2011. "Finding Publics within the Blogosphere: The Blogger Public Segmentation Model." *Asian Journal of Communication,* Vol.21, No.4, pp.389~408.

Plowman, K. D., R. I. Wakefield and B. Winchel. 2015. "Digital Publics: Tracking and Reaching them." *Public Relations Review,* Vol.41, No.2, pp.272~277.

Safko, L. and D. K. Brake. 2009. *The Social Media Bible.* New Jersey: John Wiley & Sons, Inc.

Sha, B.-L. and L. K. Lundy. 2005. "The Power of Theoretical Integration: Merging the Situational Theory of Publics with the Elaboration Likelihood Model." Proceedings of the 8th International Public Relation Research Conference, Miami, FL.

Sommerfeldt, E. J. 2011. "Activist Online Resource Mobilization: Relationship Building Features that Fulfill Resource Dependencies." *Public Relations Review,* Vol.37, No.4, pp.429~431.

_____. 2012. "The Dynamics of Activist Power Relationships: A Structurationist Exploration of the Segmentation of Activist Publics." *International Journal of Strategic Communication,* Vol.6, No.4, pp.269~286.

Vasquez, G. and M. Taylor. 2001. "Research Perspectives on 'The Public'." In R. L. Heath(ed.).

Handbook of Public Relations, pp.127~138. Thousand Oaks: Sage.

제7장 디지털PR 미디어/플랫폼

안주아 외. 2015. 『소셜 미디어 시대의 PR』. 서울: 커뮤니케이션북스.

Albanesius, Chloe. 2009. "More Americans Go to Facebook Than MySpace." PCMag.com, 2009.6. 16. https://www.pcmag.com/news/241432/more-americans-go-to-facebook-than- myspace.

Aslam, Salman. 2019. "Pinterest by the Numbers: Stats, Demographics & Fun Facts." *Omnicore*, 2019.9.3. https://www.omnicoreagency.com/pinterest-statistics/.

Barassi, V. and E. Treré. 2012. "Does Web 3.0 Come after Web 2.0? Deconstructing Theoretical Assumptions through Practice." *New Media & Society*, Vol.14, No.8, pp.1269~1285.

Boler, M. 2008. *Digital Media and Democracy: Tactics in Hard Times*. Massachusetts: MIT Press.

Bortree, D. S. and T. Seltzer. 2009. "Dialogic Strategies and Outcomes: An Analysis of Environmental Advocacy Groups' Facebook Profiles." *Public Relations Review*, Vol.35, No.3, pp.317~319.

Boyd, D. M. and N. B. Ellison. 2007. "Social Network Sites: Definition, History, and Scholarship." *Journal of Computer-Mediated Communication*, Vol.13, No.1, pp.210~230.

Breakenridge, D. K. 2008. *PR 2.0: New Media, New Tools, New Audiences*. New Jersey: FT Press.

Brunner, B. R. and C. A. Kickerson. 2019. *Cases in Public Relations: Translating Ethics into Action*. New York and Oxford: Oxford University Press.

Carson, Nicholas. 2012. "Inside Pinterest: An Overnight Success Four Years in the Making." *Business Insider*, 2012.5.1. https://www.businessinsider.com/inside-pinterest-an-overnight-success-four -years-in-the-making-2012-4?page=2.

Cashmore, Pete. 2006. "MySpace, America's Number One." Mashable, 2006.7.11. https://mashable. com/2006/07/11/myspace-americas-number-one/.

Castells, M. 2009. *Communication Power*. Oxford: Oxford University Press.

Cavanagh, M. F. 2019. "The Evolution of Social Media." In R. Luttrell(ed.). *Social Media: How to Engage, Share, and Connect*. Lanham, Boulder, New York and London: Rowman & Littlefield.

Clement, J. 2019. "Most Popular Social Networks Worldwide as of July 2019, Ranked by Number of Active Users (in Millions)." *Statista*, 2019.9.6. https://www.statista.com/statistics/272014/ global-social-networks-ranked-by-number-of-users/.

Constantinides, E. 2014. "Foundations of Social Media Marketing." *Procedia-Social and Behavioral Sciences*, Vol.148, pp.40~57.

Constantinides, E., C. L. Romero and M. A. G. Boria. 2008. "Social Media: a New Frontier for Retailers?" *European Retail Research*, Vol.22, pp.1~28.

Cornelissen, J. 2011. *Corporate Communication: A Guide to Theory and Practice*. London and

California: Sage.

Dadashzadeh, M., 2010. "Social Media in Government: From eGovernment to eGovernance." *Journal of Business & Economics Research*, Vol.8, No.11, pp.81~86.

Damásio, M. J., P. Dias and J. G. Andrade. 2012. "The PR Pyramid: Social Media and the New Role of Public Relations in Organizations." *Revista Internacional de Relaciones Públicas*, Vol.2, No.4, pp.11~30.

Davis, M. 2009. *The Fundamentals of Branding.* Lausanne: AVA Academia.

Dozier, D. M., L. A. Grunig and J. E. Grunig. 1995. *Manager's Guide to Excellence in Public Relations and Communication Management.* New Jersey: Lawrence Erlbaum Association, Inc.

Fuchs, C., W. Hofkirchner, M. Schafranek, C. Raffl, M. Sandoval and R. Bichler. 2010. "Theoretical Foundations of the Web: Cognition, Communication, and Co-operation: Towards an Understanding of Web 1.0, 2.0, 3.0." *Future Internet*, Vol.2, No.1, pp.41~59.

Funk, T. 2008. *Web 2.0 and Beyond: Understanding the New Online Business Models, Trends, and Technologies.* Connecticut: Praeger.

Gilpin, D. 2010. "Organizational Image Construction in a Fragmented Online Media Environment." *Journal of Public Relations Research*, Vol.22, No.3, pp.265~287.

Grunig, J. E. 1992. *Excellence in Public Relations and Communication Management.* New York: Routledge.

_____. 2009. "Paradigms of Global Public Relations in an Age of Digitalisation." *Prism*, Vol.6, No.2, pp.1~19.

Grunig, J. E. and T. T. Hunt. 1984. *Managing Public Relations.* New York: Holt, Rinehart and Winston.

Grunig, L. A., J. E. Grunig and D. M. Dozier. 2002. *Excellent Public Relations and Effective Organizations: A Study of Communication Management in Three Countries.* New Jersey: Lawrence Erlbaum Association, Inc.

Harris, D. 2008. *Web 2.0 Evolution into the Intelligent Web 3.0: 100 Most Asked Questions on Transformation, Ubiquitous Connectivity, Network Computing, Open Technologies, Open Identity, Distributed Databases and Intelligent Applications.* Newstead: Emereo Publishing.

Hazelton, V., J. Harrison-Rexrode and W. Keenan. 2008. "New Technologies in the Formation of Personal and Public Relations: Social Capital and Social Media." in S. Duhé(ed.). *New Media and Public Relations.* New York: Peter Lang.

Hon, L. C. and J. E. Grunig. 1999. *Guidelines for Measuring Relationships in Public Relations.* Florida: Institute for Public Relations.

Isaac, Mike and Sydney Ember. 2016. "For Election Day Influence, Twitter Ruled Social Media." *New York Times*, 2016.11.9. https://www.nytimes.com/2016/11/09/technology/for-election-day-chatter-twitter-ruled-social-media.html.

Kaplan, A. M. and M. Haenlein. 2010. "Users of the World, Unite! The Challenges and Opportunities of Social Media." *Business Horizons*, Vol.53, No.1, pp.59~68.

Kent, M. L. and M. Taylor. 1998. "Building Dialogic Relationships through the World Wide Web." *Public Relations Review*, Vol.24, No.3, pp.321~334.

_____. 2002. "Toward a Dialogic Theory of Public Relations." *Public Relations Review*, Vol.28, No.1, pp.21~37.

_____. 2016. "From Homo Economicus to Homo Dialogicus: Rethinking Social Media Use in CSR Communication." *Public Relations Review*, Vol.42, No.1, pp.60~67.

Kietzmann, J. H., K. Hermkens, I. P. McCarthy and B. S. Silvestre. 2011. "Social Media? Get Serious! Understanding the Functional Building Blocks of Social Media." *Business Horizons*, Vol.54, No.3, pp.241~251.

Kim, D., H. Chun, Y. Kwak and Y. Nam. 2014. "The Employment of Dialogic Principles in Website, Facebook, and Twitter Platforms of Environmental Nonprofit Organizations." *Social Science Computer Review*, Vol.32, No.5, pp.590~605.

Kim, Y. and S. Zhou. 2013. "Candidates' Strategic Use of Twitter in the 2012 Korean General Election Campaigns." *Asian Journal of Information and Communications*, Vol.5, No.2, pp.53~59.

Komodromos, M. 2014. "A study of PR Practitioners' Use of Social Media Tools in Cyprus." *Journal of Developmental Entrepreneurship*, Vol.19, No.2, pp.1~9.

Koulogeorge, Paul. 2019. "Approaching Public Relations in the Age of New Media." *Forbes*, 2019.4.10. https://www.forbes.com/sites/forbescommunicationscouncil/2019/04/10/approaching-public-relations-in-the-age-of-new-media/#5f38d3cf1c5b.

Ledingham, J. 2006. "Relationship Management: A General Theory of Public Relations." In C. Botan and V. Hazelton(eds.). *Public Relations Theory II*. New Jersey: Lawrence Erlbaum Association, Inc.

Lim, Y. J. 2017. "Decision to Use Either Snapchat or Instagram for Most Powerful Celebrities." *Research Journal of the Institute for Public Relations*, Vol.3, No.2, pp.1~16.

Lin, X., P. R. Spence, T. L. Sellnow and K. A. Lachlan. 2016. "Crisis Communication, Learning and Responding: Best Practices in Social Media." *Computers in Human Behavior*, Vol.65, pp.601~605.

Linke, A. and A. Zerfass. 2013. "Social Media Governance: Regulatory Frameworks for Successful Online Communications." *Journal of Communication Management*, Vol.17, No.3, pp.270~286.

Macnamara, J. 2010. "Public Relations and the Social: How Practitioners Are Using, or Abusing, Social Media." *Asia Pacific Public Relations Journal*, Vol.11, pp.21~39.

Macnamara, J. and A. Zerfass. 2012. "Social Media Communication in Organizations: The Challenges of Balancing Openness, Strategy, and Management." *International Journal of Strategic Communication*, Vol.6, No.4, pp.287~308.

McClure, J. 2007. "New Tools, New Rules & a New Role for PR." Unpublished public lecture (2007.2.26). S. I. Newhouse School of Public Communications, Syracuse University.

Merholz, P. 2005. "Web 2.0: It's Not about the Technology." https://www.peterme.com/archives/000560.html(검색일: 2019.9.10).

Murphy, P. 1991. "The Limits of Symmetry: A Game Theory Approach to Symmetric and Asymmetric Public Relations." In L. A. Grunig and J. E. Grunig(eds.). *Public Relations Research Annual*. New Jersey: Lawrence Erlbaum Association, Inc.

Musser, J. and T. O'Reilly. 2006. *Web 2.0 Principles and Best Practices*. California: O'Reilly Media.

Naik, U. and D. Shivalingaiah. 2008. "Comparative Study of Web 1.0, Web 2.0 and Web 3.0." Paper presented at the 6th International CALIBER(Convention on Automation of Libraries in Education and Research Institutions). http://www.ftsm.ukm.my/ss/Book/Comparative%20Study.pdf(검색일: 2019.9.10).

O'Reilly, T. 2005. "What is Web 2.0: Design Patterns and Business Models for the Next Generation of Software." Oreilly.com, 2005.9.30. https://www.oreilly.com/pub/a/web2/archive/what-is-web-20.html

_____. 2007. "What is Web 2.0: Design Patterns and Business Models for the Next Generation of Software." *Communications & Strategies*, Vol.1, pp.17~37.

Postman, J. 2008. *SocialCorp: Social Media Goes Corporate*. Berkeley: New Riders.

Public Relations Society of America(PRSA). 2015. "Ethical Standards Advisory ESA-20." https://www.prsa.org/wp-content/uploads/2016/10/Ethics-and-Social-Media.pdf.

Rybalko, S. and T. Seltzer. 2010. "Dialogic Communication in 140 Characters or Less: How Fortune 500 Companies Engage Stakeholders Using Twitter." *Public Relations Review*, Vol.36, No.4, pp.336~341.

Seltzer, T. and M. A. Mitrook. 2007. "The Dialogic Potential of Weblogs in Relationship Building." *Public Relations Review*, Vol.33, No.2, pp.227~229.

Tasner, M. 2010. *Marketing in the Moment: the Practical Guide to Using Web 3.0 Marketing to Reach Your Customers First*. New Jersey: Pearson Education, Inc.

Taylor, M. and M. L. Kent. 2014. "Dialogic Engagement: Clarifying Foundational Concepts." *Journal of Public Relations Research*, Vol.26, No.5, pp.384~398.

Waters, R. D. and J. Y. Jamal. 2011. "Tweet, Tweet, Tweet: A Content Analysis of Nonprofit Organizations' Twitter Updates." *Public Relations Review*, Vol.37, No.3, pp.321~324.

Waters, R. D., R. R. Canfield, J. M. Foster and E. E. Hardy. 2011. "Applying the Dialogic Theory to Social Networking Sites: Examining How University Health Centers Convey Health Messages on Facebook." *Journal of Social Marketing*, Vol.1, No.3, pp.211~227.

Watson, M. 2009. *Scripting Intelligence: Web 3.0 Information Gathering and Processing*. New York: Apress.

Wright, D. K. and M. D. Hinson. 2009. "An Updated Look at the Impact of Social Media on Public Relations Practice." *Public Relations Journal*, Vol.3, No.2, pp.1~27.

권태홍. 2019. "아모레퍼시픽에게 고객은 'Know-Why'." ≪씨앤씨뉴스≫, 2019.4.16. https://www.cncnews.co.kr/ mobile/article.html?no=4695.

김은영. 2019. "트랜스젠더 모델 내세운 질레트 … 유통업계 '다양성' 화두." ≪조선일보≫, 2019.6.7. http://biz.chosun.com/site/data/html_dir/2019/06/06/2019060601493.html.

전영선. 2017. "'고령화는 문제 아닌 기회' 유한킴벌리 시니어 경제 실험." ≪중앙일보≫, 2017.10.17. https://news.joins.com/article/22020999.

해피빈. 2019. https://happybean.naver.com/(검색일: 2019.9.15).

현대자동차. 2019. "아이오닉 롱기스트런." https://www.ioniqrun.com/festival/index.php(검색일: 2019.9.15).

Ahmad, I. 2018. "The Influencer Marketing Revolution." *Social Media Today*, 2018.2.16. https://www.socialmediatoday.com/news/the-influencer-marketing-revolution-infographic/517146/

Alcañiz, E. B., R. C. Cáceres and R. C. Pérez. 2010. "Alliances between Brands and Social Causes: The Influence of Company Credibility on Social Responsibility Image. *Journal of Business Ethics*, Vol.96, No.2, pp.169~186.

Angus, A. and G. Westbrook. 2019. "Top 10 Global Consumer Trends 2019." *Euromonitor International*. http://www.ift.org/~/media/Food%20Technology/Weekly/012319_NutriScience HiresLelah/Euromonitor_2019GlobalTrends.pdf.

Arc'teryx. 2019. "Community Events." Arcteryx: http://community-events.arcteryx.com/(검색일: 2019.9.15).

Ashley, C. and T. Tuten. 2015. "Creative Strategies in Social Media Marketing: An Exploratory Study of Branded Social Content and Consumer Engagement." *Psychology & Marketing*, Vol.32, No.1, pp.15~27.

Beer, J. 2018. "How REI is Keeping the #OptOutside Magic Alive on Black Friday." *Fast Company*, 2018.11.22. https://www.fastcompany.com/90271139/how-rei-is-keeping-the-optoutside-magic-alive-on-black-friday.

Bevilacqua, J. 2018. "Why Brands Need to Utilize Influencer Marketing in 2018." *St. Joseph Communications*, 2018.4.3. https://stjoseph.com/insight/influencer-marketing-2018-info graphic/.

Bigné, E., R. Currás-Pérez and J. Aldás-Manzano. 2012. "Dual Nature of Cause-Brand Fit: Influence on Corporate Social Responsibility Consumer Perception." *European Journal of Marketing*, Vol.46, No.3/4, pp.575~594.

Brito, C. 2019. "Nike's Colin Kaepernick Ad is Nominated for an Emmy." *CBS News*, 2019.7.18. https://www.cbsnews.com/news/colin-kaepernick-nike-emmy-award-nomination-nfl-advertising-just-do-it-campaign-2019-07-18/.

Brodie, R. J., A. Ilic, B. Juric and L. Hollebeek. 2013. "Consumer Engagement in a Virtual Brand Community: An Exploratory Analysis." *Journal of Business Research*, Vol.66, No.1, pp.105~114.

Cone Communication. 2017. "2017 Cone Gen Z CSR Study: How to Speak Z." http://www.cone comm.com/research-blog/2017-genz-csr-study(검색일: 2019.9.15).

Cox, T. 2018. "How Social Media is Transforming PR and the Consumer-Business Relationship." *Clutch*, 2018.11.1. https://clutch.co/pr-firms/resources/how-social-media-transforming-pr-con sumer-business-relationship.

Crain, A. 2018. "What happens When You Reach a Million Instagram Followers." *The Wall Street Journal*, 2018.1.10. https://www.wsj.com/articles/now-you-too-can-get-1-million-instagram-followers- 1515599740.

De Veirman, M., V. Cauberghe and L. Hudders. 2017. "Marketing through Instagram Influencers: The Impact of Number of Followers and Product Divergence on Brand Attitude." *International Journal of Advertising*, Vol.36, No.5, pp.798~828.

Deci, E. L. and R. M. Ryan. 1985. "The General Causality Orientations Scale: Self-determination in Personality." *Journal of Research in Personality*, Vol.19, No.2, pp.109~134.

Desjardins, J. 2019 "Why Big Data Keeps Getting Bigger." *Visual Capitalist*, 2019.7.16. https://www.visualcapitalist.com/big-data-keeps-getting-bigger/.

Dhanesh, G. S. and G. Duthler. 2019. "Relationship Management through Social Media Influencers: Effects of Followers' Awareness of Paid Endorsement." *Public Relations Review*, Vol.45, No.3. doi: https://doi.org/10.1016/j.pubrev.2019.03.002.

Dove. 2016. "The Evolution Video: The Use of Airbrushing and Photoshop in the Media"(2016.1.11). https://www.dove.com/uk/dove-self-esteem-project/help-for-parents/media-and-celebrities/the-evolution-video.html.

Edelman. 2019. "2019 Edelman Trust Barometer." https://www.edelman.com/trust-barometer(검색일: 2019.9.15).

Ellen, P. S., D. J. Webb and L. A. Mohr. 2006. "Building Corporate Associations: Consumer Attributions for Corporate Social Responsible Programs. *Journal of the Academy of Marketing Science*, Vol.34, No.2, pp.147~157.

Essner, D. 2019. "Best of Silver Anvil Winner: Michelin Hits the Pavement to Promote Tire Safety." *Strategies & Tactics*, 2019.8.1. https://apps.prsa.org/StrategiesTactics/Articles/view/12581/1172/Best_of_Silver_Anvil_Winner_Michelin_Hits_the_Pave#.XbIeuJNKgq8.

Forehand, M. R. and S. Grier. 2003. "When is Honesty the Best Policy? The Effect of Stated Company Intent on Consumer Skepticism." *Journal of Consumer Psychology*, Vol.13, No.3, pp.349~356.

Freberg, K. 2019. *Social Media for Strategic Communication: Creative Strategies and Research-based Applications*. Thousand Oak, CA: Sage.

Freberg, K., K. Graham, K. McGaughey and L. A. Freberg. 2011. "Who Are the Social Media Influencers? A Study of Public Perceptions of Personality." *Public Relations Review*, Vol.37,

No.1, pp.90~92.

Füller, J., H. MüHlbacher, K. Matzler and G. Jawecki. 2009. "Consumer Empowerment through Internet-based Co-creation." *Journal of Management Information Systems*, Vol.26, No.3, pp.71~102.

Gottbrecht, L. 2016. "The Three Types of Influencers All Marketers Should Know." *Mavrck*, 2016. 10.18. https://www.mavrck.co/the-three-types-of-influencers-all-marketers-should-know-infographic/.

Hollebeek, L. 2011. "Exploring Customer Brand Engagement: Definition and Themes." *Journal of Strategic Marketing*, Vol.19, No.7, pp.555~573.

Hovland, C. I. and W. Weiss. 1951. "The Influence of Source Credibility on Communication Effectiveness." *Public Opinion Quarterly*, Vol.15, No.4, pp.635~650.

Hovland, C. I., I. K. Janis and H. H. Kelley. 1953. *Communication and Persuasion*. New Haven, CT: Yale University Press.

Hughes, C., V. Swaminathan and G. Brooks. 2019. "Driving Brand Engagement through Online Social Influencers: An Empirical Investigation of Sponsored Blogging Campaigns." *Journal of Marketing*. doi: https://doi.org/10.1177/0022242919854374.

Kim, K. and S. J. Ahn. 2017. "Rewards that Undermine Customer Loyalty? A Motivational Approach to Loyalty Programs." *Psychology & Marketing*, Vol.34, No.9. pp.842~852.

Kumar, P., T. Meng and S. Kabiraj. 2019. "Effect of Crowdsourcing on Consumer Brand Perceptions and Behavioral Intentions." *Business Perspectives and Research*, Vol.7, No.1, pp.42~58.

Lego. 2019. "Lego Ideas." https://ideas.lego.com/(검색일: 2019.9.15).

Lou, C. and S. Yuan. 2019. "Influencer Marketing: How Message Value and Credibility Affect Consumer Trust of Branded Content on Social Media." *Journal of Interactive Advertising*, Vol.19, No.1, pp.58~73.

McGuire, W. J. 1985. "Attitudes and Attitude Change." in G. Lindzey and E. Aronson(eds.). *The Handbook of Social Psychology*. New York: Random House.

Michelin. 2018a. "4 in 10 Teens are Driving on Unsafe Tires, according to New Survey." *Michelin Newsroom*, 2018.3.8. https://michelinmedia.com/pages/blog/detail/article/c0/a728/.

_____. 2018b. "Michelin Teams with Vans to Create Limited-edition Classics to Help Improve Teen Driving Safety."(2018.5.7). https://michelinmedia.com/pages/blog/detail/article/c0/a728/(검색일: 2019.10.24).

_____. 2019. "Michelin's 'Teens Prove Their #Streettread' Program Wins 'Best in Show' at 2019 Silver Anvil Awards." *Michelin Newsroom*, 2019.6.10. https://michelinmedia.com/pages/blog/detail/article/c0/a864/

Neff, J. 2014. "P&G's Always Aims to Change What It Means to Be 'Like A Girl'." *Ad Age*, 2014.6. 26. https://adage.com/article/cmo-strategy/p-g-s-change-meaning-a-girl/293895.

OC&C. 2019. "A Generation without Borders: Embracing Generation Z." https://www.occstrategy.com/media/1806/a-generation-without-borders.pdf(검색일: 2019. 9. 15).

Parker, K., N. Graf and R. Igielnik. 2019. "Generation Z Looks a Lot Like Millennials on Key Social and Political Issues." *Pew Research*, 2019.1.17. https://www.pewsocialtrends.org/2019/01/17/generation-z-looks-a-lot-like-millennials-on-key-social-and-political-issues/.

Peterson, H. 2019. "Walmart will Bar Shoppers from Openly Carrying Guns in Its Stores and Stop Selling Some Ammunition in Response to 2 Deadly Shootings." *Business Insider*, 2019.9.3. https://www.businessinsider.com/walmart-bans-open-carry-guns-stops-selling-some-ammunition-2019-9.

Ruiz de Maya, S., R. Lardín-Zambudio and I. López-López. 2016. "I Will Do It If I Enjoy It! The Moderating Effect of Seeking Sensory Pleasure When Exposed to Participatory CSR Campaigns." *Frontiers in Psychology*, Vol.6. doi: 10.3389/fpsyg.2015.01940.

Ryan, R. M. and E. L. Deci. 2000. "Self-determination Theory and the Facilitation of Intrinsic Motivation, Social Development, and Well-being." *American Psychologist*, Vol.55, No.1, pp. 68~78.

Salfino, C. 2019. "Why It's Imperative to Connect with Gen Z on Social, Sustainability Issues." *Sourcing Journal*, 2019.3.7. https://sourcingjournal.com/topics/lifestyle-monitor/gen-z-social-sustainability-issues-142403/.

Siegel, R. 2018. "Two Black Men Arrested at Stargucks Settle with Philadelphia for $1 each." *The Washington Post*, 2018.5.3. https://beta.washingtonpost.com/news/business/wp/2018/05/02/african-american-men-arrested-at-starbucks-reach-1-settlement-with-the-city-secure-promise-for-200000-grant-program-for-young-entrepreneurs/.

SK. 2019. "사회적 가치." https://www.sk.co.kr/ko/together/programs.jsp(검색일: 2019.9.15).

Sprout Social. 2019. "#BrandsGetReal: Championing Change in the Age of Social Media." https://sproutsocial.com/insights/data/championing-change-in-the-age-of-social-media/(검색일: 2019. 9.15).

Statista. 2019. "Global Digital Population as of July 2019 (in Millions)." https://www.statista.com/statistics/617136/digital-population-worldwide/(검색일: 2019.9.15).

Swant, M. 2016. "Twitter Says Users Now Trust Influencers Nearly as Much as Their Friends." *Adweek.*, 2016.5.10. https://www.adweek.com/digital/twitter-says-users-now-trust-influencers-nearly-much-their-friends-171367/.

The Walt Disney Company. 2018. "The Walt Disney Company and Make-A-Wish Invite Fans to 'Share Your Ears' to Help Grant Wishes in Celebration of 90 Years of Mickey Mouse"(2018.11. 4). https://www.thewaltdisneycompany.com/the-walt-disney-company-and-make-a-wish-invite-fans-to-share-your-ears-to-help-grant-wishes-in-celebration-of-90-years-of-mickey-mouse/

UserGems. 2017. "How to Identify the Right Influencers, Micro-influencers and Advocates for Your Product?" *UserGems Blog*, 2017.10.19. https://medium.com/usergems/how-to-identify-the-right-influencers-micro-influencers-and-advocates-for-your-product-921da21cc67d.

von Weltzien Høivik, H. and D. Shankar. 2010. "Corporate Social Responsibility(CSR): A Participatory Approach to Implementing CSR in a Cluster." *SNF Report*, No.28/10.

We Are Social. 2019. "Digital in 2019." https://wearesocial.com/global-digital-report-2019(검색일: 2019.9.15).

Xiao, M., R. Wang and S. Chan-Olmsted. 2018. "Factors Affecting YouTube Influencer Marketing Credibility: A Heuristic-Systematic Model." *Journal of Media Business Studies*, Vol.15, No.3, pp.188~213.

Yodel G. 2017. "What is Influencer Marketing?" *Huffpost*, 2017.12.6. https://www.huffpost.com/entry/what-is-influcner-marketing_b_10778128.

Yoon, Y., Z. Gurhan-Canli and N. Schwarz. 2006. "The Effect of Corporate Social Responsibility (CSR) Activities on Companies with Bad Reputations." *Journal of Consumer Psychology*, Vol.16, No.4, pp.377~390.

제9장 디지털 공공PR

김찬아. 2006. 「비영리조직 소명과 기금조성활동 메시지의 의미와 유형에 관한 연구: 사회서비스 비영리조직을 중심으로」. ≪한국언론학보≫, 제50권 3호, 205~230쪽.

박동숙·전경란. 2002. 「디지털 시대의 이야기하기: 상호작용성과 수용자 관여」. ≪방송통신연구≫, 통권 제54호, 37~64쪽.

백혜진·이혜규. 2013. 『헬스커뮤니케이션의메시지·수용자·미디어전략』. 서울: 커뮤니케이션북스.

신호창·이두원. 2002. 『행정 PR 원론: 이론과 전략』. 이화여자대학교 출판부.

유승희·차희원. 2019. 「SNS의 특성과 대화커뮤니케이션이 정부신뢰 및 정책지지에 미치는 영향: 정책 유형별 비교를 중심으로」. ≪광고학연구≫, 제30권 2호, 105~132쪽.

이태준·김병준. 2015. 「정책PR 분야에서 소셜 빅데이터 어낼리틱스 활용가능성 연구」. ≪홍보학연구≫, 제19권 1호, 355~384쪽.

차희원·김수진. 2018. 「한국 정부-국민 간 정책소통지수 개발 연구: 정책유형별 비교를 중심으로」. ≪광고학연구≫, 제29권 3호, 57~90쪽.

황성욱·조윤용. 2014. 「문화를 활용한 정부의 공공 캠페인 확산 전략: 2004~2013 공익광고 내용분석 및 전문가 인터뷰를 중심으로」. ≪홍보학연구≫, 제18권 3호, 241~273쪽.

Atkin, C. 2001. "Theory and Principles of Media Health Campaigns." In *Public Communication Campaigns*, Vol.3, pp.49~67. Thousand Oaks, CA: Sage.

Bandura, A. 1989. "Human Agency in Social Cognitive Theory." *American Psychologist*, Vol.44, No.9, p.1175.

Bertot, J. C., P. T. Jaeger, S. Munson and T. Glaisyer. 2010. "Social Media Technology and Government Transparency." *Computer*, Vol.43, Issue 11, pp.53~59.

Broom, G. M. 2009. *Cutlip and Center's Effective Public Relations*. New Jersey: Pearson Education Limited.

Brug, J., M. Campbell, and P. van Assema. 1999. "The Application and Impact of Computer-generated Personalized Nutrition Education: A Review of the Literature." *Patient Education and Counseling*, Vol.36, No.2, pp.145~156.

Clark, Jessica and Pat Aufderheide. 2009. "Public Media 2.0: Dynamic, Engaged Publics." School of Communication, American University, Center for Social Media. Retrieved October 28, 2009. http://www.centerforsocialmedia.org/resources/publications/public_media_2_0_dynamic_engaged_publics/.

Coffman, J. 2002. *Public Communication Campaign Evaluation*. Communications Consortium Media Center, Washington, DC.

Cotterrell, R. 1999. "Transparency, Mass Media, Ideology and Community." *Journal for Cultural Research*, Vol.3, No.4, pp.414~426.

Cutlip, S. M., A. H. Center and G. M. Broom. 2000. *Effective Public Relations*(8th ed.). Englewood Cliffs, NJ: Prentice Hall.

Dewdney, A. and P. Ride. 2006. *The Digital Media Handbook*. Routledge.

Dixon, B. E. 2010. "Towards E-Government 2.0: An Assessment of Where E-Government 2.0 Is and Where It Is Headed." *Public Administration & Management*, Vol.15, No.2, pp.418~454.

Dungan-Seaver, D. 1999. *Afterschool Programs: An Analysis of Research about Characteristics of Effectiveness*. Produced for the McKnight Foundation. Retrieved March, 16, 2003.

Fairbanks, J., K. D. Plowman and B. L. Rawlins. 2007. "Transparency in Government Communication." *Journal of Public Affairs: An International Journal*, Vol.7, No.1, pp.23~37.

Fishbein, M., and I. Ajzen. 1975. *Intention and Behavior: An Introduction to Theory and Research*. Addison-Wesley, Reading, MA.

Galloway, C. 2005. "Cyber-PR and 'dynamic touch'." *Public Relations Review*, Vol.31, No.4, pp.572~577.

Graham, M. and E. Avery. 2013. "Government Public Relations and Social Media: An Analysis of the Perceptions and Trends of Social Media Use at the Local Government Level." *Public Relations Journal*, Vol.7, No.4, pp.1~21.

Grunig, J. E. and M. Jaatinen. 1999. "Strategic, Symmetrical Public Relations in Government: From Pluralism to Societal Corporatism. *Journal of Communication Management*, Vol.3, No.3, pp.218~234.

Grunig, L. A., J. E. Grunig and D. M. Dozier. 2002. *Excellence in Public Relations and Communication Management: A Study of Communication Management in Three Countries*. Mahwah, NJ: Lawrence Erlbaum Associates.

Hallahan, K. 2003. *A Model for Assessing Web Sites as Tools in Building Organizational-Public Relationships*. In Paper presented to the Public Relations, Division at the Annual Meeting of the International Communication Association San Diego, CA, May 2003.

Harris, J. A., K. S. McKenzie and R. W. Rentfro. 2011. "Performance Reporting: Assessing Citizen Access to Performance Measures on State Government Websites. *Journal of Public Budgeting, Accounting & Financial Management*, Vol.23, No.1, pp.117~138.

Heeter, C. 1989. "Implications of New Interactive Technologies for Conceptualizing Communication." *Media Use in the Information Age: Emerging Patterns of Adoption and Consumer Use*, pp.217~235.

Heise, J. A. 1985. "Toward Closing the Confidence Gap: An Alternative Approach to Communication between Public and Government."*Public Administration Quarterly*, pp.196~217.

Henry, G. T. and M. Rivera. 1998. *Public Information Campaigns and Changing Behaviors*. In Meeting of the Association for Public Policy Analysis and Management, New York.

Himelboim, I., G. J. Golan, B. B. Moon and R. J. Suto. 2014. "A Social Networks Approach to Public Relations on Twitter: Social Mediators and Mediated Public Relations." *Journal of Public Relations Research*, Vol.26, No.4, pp.359~379.

Holtz, S. 1999. *Public Relations on the Net*. American Management Association, New York: NY.

Hon, L. C. and J. E. Grunig. 1999. *Guidelines for Measuring Relationships in Public Relations*. Gainesville, FL: Institute for Public Relations.

Janz, N. K. and M. H. Becker. 1984. "The Health Belief Model: A Decade Later." *Health Education Quarterly*, Vol.11, No.1, pp.1~47.

Kelleher, T. 2009. "Conversational Voice, Communicated Commitment, and Public Relations Outcomes in Interactive Online Communication." *Journal of Communication*, Vol.59, No.1, pp.172~188.

Kent, M. L. and M. Taylor. 1998. "Building Dialogic Relationships through the World Wide Web." *Public Relations Review*, Vol.24, No.3, pp.321~334.

_____. 2002. "Toward a Dialogic Theory of Public Relations." *Public Relations Review*, Vol.28, No.1, pp.21~37.

Kent, M. L., M. Taylor and W. White. 2003. "The Relationship between Web Site Design and Organizational Responsiveness to Stakeholders." *Public Relations Review*, Vol.29, pp.66~77.

Kotler, P. 1984. "Social Marketing of Health Behavior." *Marketing Health Behavior*, pp.23~39. Springer, Boston, MA.

Lapinski, M. K., and K. Witte. 1998. "Health Communication Campaigns." In L. D. Jackson and B. K. Duffy(eds.). *Health Communication Research: A Guide to Developments and Directions*, pp.139~161. Westport, CT: Greenwood Press.

Ledingham, J. A. 2000. "Guidelines to Building and Maintaining Organization-Public Relationships." *Public Relations Quarterly*, Vol.45, No.3, pp.44~47.

Liu, B. F. and J. S. Horsley. 2007. "The Government Communication Decision Wheel: Toward a Public Relations Model for the Public Sector. *Journal of Public Relations Research*, Vol.19, No.4, 377~393.

Lombard, M. and J. Snyder-Duch. 2001. "Interactive Advertising and Presence: A Framework." *Journal of Interactive Advertising*, Vol.1, No.2, pp.56~65.

McGuire, W. J. 1984. "Public Communication as a Strategy for Inducing Health-promoting Behavioral Change." *Preventive Medicine*, Vol.13, pp.299~319.

McMillan, S. J. and J. S. Hwang. 2002. Measures of Perceived Interactivity: An Exploration of the Role of Direction of Communication, User Control, and Time in Shaping Perceptions of Interactivity." *Journal of Advertising*, Vol.31, No.3, pp.29~42.

Newsom, D., J. Turk and D. Kruckeberg. 2012. Cengage Advantage Books: *This is PR: The Realities of Public Relations*. Cengage Learning.

Pavlik, J. V. 1996. *New Media Technology: Cultural and Commercial Perspectives*. Allyn & Bacon.

Petty, R. E. and J. T. Cacioppo. 1986. "The Elaboration Likelihood Model of Persuasion. In *Communication and Persuasion*, pp.1~24. Springer, New York, NY.

Prochaska, J. O. and C. C. DiClemente. 1983. "Stages and Processes of Self-change of Smoking: Toward an Integrative Model of Change." *Journal of Consulting and Clinical Psychology*, Vol.51, No.3, p.390.

Prochaska, J. O., C. C. DiClemente, W. F. Velicer and J. S. Rossi. 1992. "Criticisms and Concerns of the Transtheoretical Model in Light of Recent Research." *British Journal of Addiction*, Vol.87, No.6, pp.825~828.

Rawlins, B. 2008. "Give the Emperor a Mirror: Toward Developing a Stakeholder Measurement of Organizational Transparency. *Journal of Public Relations Research*, Vol.21, No.1, pp.71~99.

Rice, R. E. and C. K. Atkin. 2009. "Public Communication Campaigns: Theoretical Principles and Practical Applications." In *Media Effects*, pp.452~484. Routledge.

Rogers, E. M. 1995. "Diffusion of Innovations: Modifications of a Model for Telecommunications." In *Die Diffusion von Innovationen in der Telekommunikation*, pp.25~38. Springer, Berlin, Heidelberg.

_____. 2010. *Diffusion of Innovations*. Simon and Schuster.

Rogers, E. M. and F. F. Shoemaker. 1971. *Communication of Innovations: A Cross-Cultural Approach*. New York: Free Press.

Rogers, E. M. and J. D. Storey. 1987. "Communication Campaigns." In C. R. Berger and S. H. Chaffee(eds.). *Handbook of Communication Science*, pp.817~846. Thousand Oaks, CA, US: Sage Publications, Inc.

Rosenstock, I. M. 1974. "Historical Origins of the Health Belief Model." *Health Education Monographs*, Vol.2, No.4, pp.328~335.

Slater, M. D. 1999. "Integrating Application of Media Effects, Persuasion and Behavior Change Theories to Communication Campaigns: A Stages-of-change Framework." *Health Communication*, Vol.11, No.4, pp.335~354.

Smith, B. G. 2010. "Socially Distributing Public Relations: Twitter, Haiti, and Interactivity in Social Media. *Public Relations Review,* Vol.36, No.4, pp.329~335.

Sundar, S. S., S. Kalyanaraman and J. Brown. 2003. "Explicating Web Site Interactivity: Impression Formation Effects in Political Campaign Sites." *Communication Research*, Vol.30, No.1, pp.30~59.

Taylor, M., M. L. Kent and W. J. White. 2001. "How Activist Organizations Are Using the Internet

Van Dijk, J. A. 2006. "Digital Divide Research, Achievements and Shortcomings." *Poetics*, Vol.34, No.4-5, pp.221~235.

Walther, J. B., G. Gay and J. T. Hancock. 2005. "How Do Communication and Technology Researchers Study the Internet?" *Communication and Technology*, Vol.55, pp.632~657.

Weiss, J. A. and M. Tschirhart. 1994. "Public Information Campaigns as Policy Instruments." *Journal of Policy Analysis and Management*, Vol.13, No.1, pp.82~119.

Yang, S. U., M. Kang and H. Cha. 2015. "A Study on Dialogic Communication, Trust, and Distrust: Testing a Scale for Measuring Organization-Public Dialogic Communication(OPDC)." *Journal of Public Relations Research*, Vol.27, No.2, pp.175~192.

Know Your Lemons 홈페이지. https://knowyourlemons.com/.
Man Therapy 홈페이지. https://www.mantherapy.org/.
Smokey Bear 트위터. https://twitter.com/smokey_bear.

제10장 디지털 위기PR

강미혜. 2014. "모바일 메신저발 '신종 찌라시' 정보력·확산력↑." ≪더피알≫, 2014.8.4. http://www.the-pr.co.kr/news/articleView.html?idxno=11468.

강신우. 2019. "[인터뷰] '보이콧재팬' 로고제작자 '한목소리 내는 데 도움됐으면'." ≪서울경제신문≫, 2019.7.19. https://www.sedaily.com/NewsVIew/1VLR7ANDGK.

김도균. 2019. "[Pick] '가지 않습니다, 사지 않습니다' … 일제 불매운동 확산." 〈SBS TV〉, 2019.7.4. https://news.sbs.co.kr/news/endPage.do?news_id=N1005338472

김인경. 2018. "韓 유튜브 사용시간 전 세대 1위, '50대↑'." ≪블로터≫, 2018.5.14. http://www.bloter.net/archives/339870.

김장열. 2018. 「위기커뮤니케이션에 대한 윤리적 접근」. 『디지털사회와 PR윤리』, 345~390쪽. 서울: 커뮤니케이션북스.

도일, 패트릭(Patrick Doyle). 2009. "Domino's Present Responds to Prank Video(도미노피자 CEO 사과 동영상)"(2009.4.18). https://www.youtube.com/watch?v=dem6eA7-A2I&feature= youtu.be.

류난영. 2018. "아스피린이 암 예방 효과? … 무턱대고 먹으면 위험." ≪뉴시스≫, 2018.5.18. http://www.newsis.com/view/?id=NISX20180517_0000311538.

박성훈. 2019. "저커버그인데 저커버그 아니다 … 美 대선 비상 걸리게 한 영상." ≪중앙일보≫, 2019.9.15. https://mnews.joins.com/article/23577185#home.

박원익. 2019. "가짜 뉴스 유통 경로 1위 유튜브 꼽아 … 확증 편향 강화 우려도." ≪조선비즈≫, 2019.8.21. http://biz.chosun.com/site/data/html_dir/2019/08/21/2019082102621.html.

방송통신위원회. 2016. "방송통신위원회 가이드라인입니다."(2016.6.13). https://kcc.go.kr/user.do?mode=view&page=A02030700&dc=K02030500&boardId=1099&cp=1&boardSeq=42517&fb

clid=IwAR0tVgSbJrZCXgJLNui5sD_dyT716CjeQ2VeF8b5LGOtURp6CSxYiNqHJBk.

안선혜. 2017. "유나이티드 항공, 지금 주가 걱정할 때가 아니다." ≪더피알≫, 2017.4.13. http://www.the-pr.co.kr/news/articleView.html?idxno=17223.

_____. 2019. "기업 뉴스룸, 더 이상 뉴스거리가 아니다." ≪더피알≫, 2019.8.26. http://www.the-pr.co.kr/news/articleView.html?idxno=43229.

안정훈. 2018. "가짜 뉴스 확산 속도 '진짜'보다 6배 빨랐다." ≪매일경제≫, 2018.3.9. https://www.mk.co.kr/news/world/view/2018/03/156656/.

안해준. 2019. "승차 공유 이슈, '소비자 행동주의' 부추긴다." ≪더피알≫, 2019.8.20. http://www.the-pr.co.kr/news/articleView.html?idxno=43199.

오원석. 2017. "19대 대선, 비방·가짜뉴스 550% 증가 … 총선은 990%." ≪중앙일보≫. 2017.10.19. https://news.joins.com/article/22030518.

유재웅. 2015. 『위기관리의 이해』. 서울: 커뮤니케이션북스.

유혜영. 2018. "정말 트럼프는 가짜 뉴스 덕분에 당선된 걸까?" ≪시사인≫, 2018.5.9. https://www.sisain.co.kr/news/articleView.html?idxno=31758.

윤형준. 2014. "고개만 숙이면 사과 끝? 판 갈아치울 액션 없으면 공염불." ≪조선일보 위클리비즈≫, 2014.5.10. http://weeklybiz.chosun.com/site/data/html_dir/2014/05/09/2014050902355.html.

이상우. 2019. "유튜브와 허위정보." 유튜브와 정치편향성, 그리고 저널리즘의 위기 세미나. 한국방송학회, 2019.8.21. http://www.kabs.or.kr/store/board/download.php?id=Notice&no=2448&div=0.

정미경. 2006. "올해의 인물 YOU 당신입니다, 타임誌 선정." ≪동아일보≫, 2006.12.18. http://www.donga.com/news/article/all/20061218/8386152/1.

조기원. 2016. "옥스포드 사전, 올해의 단어로 '탈진실(post-truth)' 선정." ≪한겨레≫, 2016.11.16. http://www.hani.co.kr/arti/international/international_general/770519.html

조선닷컴앤티타이저. 2019. "한국인이 가장 오래 사용하는 앱은 '유튜브' … 4월 총 사용시간 388억 분." http://app.chosun.com/site/data/img_dir/2019/05/14/2019051480095_0.jpg

조선일보 온라인뉴스팀. 2017. "'흑역사'에 떠는 연예인·운동선수, 온라인 '잊혀질 권리' 이용 늘어." ≪조선일보≫, 2017.6.27. http://it.chosun.com/site/data/html_dir/2017/06/27/2017062785012.html.

최홍규. 2019. "유튜브 추천콘텐츠와 확증 편향." 유튜브와 정치편향성, 그리고 저널리즘의 위기 세미나. 한국방송학회, 2019.8.21. http://www.kabs.or.kr/store/board/download.php?id=Notice&no=2448&div=0

한국언론진흥재단. 2017. 보도자료: ≪미디어이슈≫ 제3권 3호, "일반 국민들의 '가짜 뉴스'에 대한 인식." http://www.kpf.or.kr/site/kpf/ex/board/View.do?cbIdx=246&bcIdx=18288.

황규락. 2019. "AI가 만든 가짜 트럼프 영상 … 내년 대선 앞두고 미국 '비상'." 〈채널A〉, 2019.9.15. http://www.ichannela.com/news/main/news_detailPage.do?publishId=000000166369.

Ahmed, T. 2017. "Watch: Jimmy Kimmel Roasts United Airlines with Parody Commercial after Horrific Passenger Incident." *Newsweek*, 2017.4.12. https://www.newsweek.com/jimmy-kimmel-united-airlines-spoof-582782.

Dietrich, G. 2018. "PR Pros Must Embrace the PESO Model." 2018.1.4. https://spinsucks.com/

wp-content/uploads/2016/09/PESO-Model-WM_CR2BlogSize.jpg.

Garman, E. n.a. "Titan Growth." https://www.titangrowth.com/what-is-earned-owned-paid-media-the-difference-explained/.

Grossman, L. 2006. "You—Yes, You—Are TIME's Person of the Year." *Time*, 2006.12.25. http://content.time.com/time/magazine/article/0,9171,1570810,00.html.

Kim, J., and K. Yoo. 2017. "Going Nuts over Nuts: The Korean Air Ramp Return Crisis." In A. George, and K. Kwansah-Aidoo(eds.). *Culture and Crisis Communication: Transboundary Cases from Nonwestern Perspectives*, pp.225~239, Hoboken, NJ: John Wiley & Sons.

Kimmel, Jimmy. 2017. "Jimmy Kimmel creates HILARIOUS parody of United Airlines incident." YouTube, 2017.4.12. https://www.youtube.com/watch?v=Cchp444ontk.

Oxford Dictionaries. 2016. "World of the Year 2016 is ⋯." https://languages.oup.com/word-of-the-year/word-of-the-year-2016.

Vosoughi, S., D. Roy and S. Aral. 2018. "The Spread of True and False News Online." *Science*, 359 (6380), 2018.3.9. https://www.media.mit.edu/publications/thespread-of-true-and-false-news-online/.

Waxman, O. 2016. "It's Been 10 Years Since You Were Named TIME's Person of the Year." *Time*, 2016.12.7. https://time.com/4586842/person-of-the-year-2006-2016/.

찾아보기

지은이 (가나다순)

김석 (제4장)　　　프레인앤리 연구소장이다. 연세대학교 행정학과를 졸업하고 동 대
　　　　　　　　　　학원에서 행정학 석사학위를 취득했다. 2009년 프레인글로벌에 입
　　　　　　　　　　사하여 서울 G20정상회의 국내 홍보, 세종학당 브랜드개발 등을 진
　　　　　　　　　　행했으며 2014년부터 프레인글로벌의 컨설팅 전문 자회사인 프레
　　　　　　　　　　인앤리를 이끌고 있다. 공공부문 PR컨설팅, PI(Personal Identity)
　　　　　　　　　　등 리서치베이스의 커뮤니케이션 컨설팅 프로젝트를 주로 수행했으
　　　　　　　　　　며 유관학회와도 매년 공동연구를 진행한다. 최근 프레인글로벌의
　　　　　　　　　　고객만족도조사, PCG(Prain Consulting Group) Award 개선 방안
　　　　　　　　　　등 프레인그룹 관계사들의 커뮤니케이션 경쟁력 강화를 위한 역할
　　　　　　　　　　에 주력하고 있다.

김수진 (제9장)　　이화여자대학교 커뮤니케이션·미디어학부 연구교수이다. 이화여
　　　　　　　　　　자대학교 신문방송학과를 졸업하고, 동 대학원에서 언론학 석사학
　　　　　　　　　　위와 박사학위를 취득했다. 소더비즈, 미국육류수출협회에서 근무
　　　　　　　　　　했고 ㈜레인보우커뮤니케이션 수석연구원을 지냈다. 현재 한국PR
　　　　　　　　　　학회의 연구이사로 활동 중이다. 주요 논문으로 「정서의 관계적 테
　　　　　　　　　　마를 바탕으로 한 한국의 건강위험 커뮤니케이션 모델 개발 연구」
　　　　　　　　　　(2019), "The Influence of Chronic and Temporary Accessibility on
　　　　　　　　　　Trust and Policy Support"(2019) 등이 있다.

김여진 (제7장)　　코네티컷주립대학교 커뮤니케이션학과 조교수이다. 고려대학교 불
　　　　　　　　　　어불문학과, 언론학과를 졸업하고, 동 대학원에서 언론학 석사학위
　　　　　　　　　　를, 미국 앨라배마대학교에서 커뮤니케이션학 박사학위를 취득했
　　　　　　　　　　다. 현재 *Journal of Practical Research in Advertising and Public*
　　　　　　　　　　Relations, *Journal of Media and Communication Studies*,
　　　　　　　　　　*International Journal of Psychology & Behavior Analysis*의 편집
　　　　　　　　　　위원으로 활동하고 있다. 국내외 저널에 디지털미디어와 정치, 헬
　　　　　　　　　　스, 교육, 스포츠 등 다양한 맥락에서의 조직-공중 관계와 관련된 다
　　　　　　　　　　수의 논문을 등재했고, 30여 편의 논문을 국내외 학술지에 발표했
　　　　　　　　　　다. 주요 저서로 *Communication, Digital Media, and Popular*
　　　　　　　　　　Culture in Korea: Contemporary Research and Future Prospects
　　　　　　　　　　(공저, 2018) 등이 있다.

김장열 (제10장)　　콜로라도주립대학교 저널리즘·미디어커뮤니케이션학과 교수이다.
　　　　　　　　　　서강대학교에서 PR 전공으로 석사학위를, 플로리다대학교에서 매

스커뮤니케이션학으로 박사학위를 취득했다. 한국인 최초의 미국 PR협회 인증 PR전문가(APR)이며, 2016년에 미국PR협회 펠로 (Fellow PRSA)로 선정되었다. 식품의약품안전처 소비자위해예방국장을 역임했으며, PR회사인 코콤포터노벨리의 설립자이기도 하다. 주요 연구 분야는 쟁점·위기커뮤니케이션, 공공외교, 헬스커뮤니케이션, PR윤리, CSR 등이다. *Journal of Public Relations Research*, *Public Relations Review*, *Asian Journal of Communication* 외 주요 학술지에 다수의 논문을 발표했으며, 그 밖에 참여한 여러 저역서가 있다.

김장현 (제2장)

성균관대학교 인터랙션사이언스학과 교수이자, 데이터사이언스, AI 융합, 컬처앤테크놀로지 전공을 관할하는 글로벌융합학부장이다. 연세대학교 경제학과를 졸업하고, 동 대학원에서 신문방송학과 석사학위를, 미국 뉴욕주립대학교 버펄로에서 커뮤니케이션 박사학위를 취득했다. 크롤링을 통해 얻은 데이터를 데이터사이언스 관점에서 분석하는 연구를 주로 한다. 미국 하와이대학교 교수, DGIST 교수 등을 역임하고 다수의 권위 있는 영문 저널에 논문을 게재한 바 있다.

박노일 (제6장)

차의과학대학교 의료홍보미디어학과 교수이며, 헬스커뮤니케이션 연구소 원장으로 재직 중이다. 해군사관학교를 졸업하고, 연세대학교와 서강대학교 대학원에서 언론학 석사학위를, 연세대학교 대학원에서 언론(PR)학 전공 박사학위를 취득했으며, 미국 미주리대학교에서 박사 후 과정을 마쳤다. 국방부 대변인실에서 PR실무를 담당했고, 한국방송학회 총무이사, 한국헬스커뮤니케이션학회 기획이사를 역임했다. 현재 한국PR학회 PR과 테크놀로지 연구회장이다. 주요 저서로 『PR학 원론』(공저, 2014), 『한국의 PR연구 20년』(공저, 2016), 『광고PR 커뮤니케이션 효과이론』(공저, 2018) 등이 있다.

이선영 (제8장)

메릴랜드대학교 커뮤니케이션학과 조교수이다. 이화여자대학교 언론홍보영상학과를 졸업하고, 미국 조지아대학교에서 매스커뮤니케이션 석사학위를, 노스캐롤라이나대학교에서 매스커뮤니케이션 박사학위를 취득했다. 메릴랜드대학교에 근무하기 전 미국 텍사스테크대학교 홍보학과에서 조교수로 근무했다. 주요 연구 분야는 뉴미디어 및 비주얼 전략을 통한 사회공헌 활동 및 위기관리 커뮤니케이션이다. 20편 이상의 논저가 있다.

정은화 (제5장)   싱가포르국립대학교 커뮤니케이션·뉴미디어학과 조교수이다. 국민대학교 언론정보학부 및 동 대학원 석사과정을 졸업하고, 미국 플로리다대학교와 펜실베이니아주립대학교에서 매스커뮤니케이션 석사학위와 박사학위를 취득했다. 주요 관심 분야는 뉴미디어의 이용과 그에 따른 사회심리학적 효과이며, 관련 논문이 *New Media & Society*, *Journal of Broadcasting & Electronic Media*, *Computers in Human Behavior* 등에 게재되었다.

정지연 (제6장)   홍익대학교 광고홍보학부 교수이다. 연세대학교를 졸업하고, 동 대학원에서 언론학 석사학위와 미국 시러큐스대학교 뉴하우스 스쿨(New House School)에서 PR학 석사학위를, 미국 미주리대학교 저널리즘 스쿨에서 저널리즘 박사학위(PR 전공)를 취득했다. 우리나라 최초의 PR전문회사인 커뮤니케이션즈 코리아에서 PR실무자로 근무했다. 주요 저서로 『PR학 원론』(공저, 2014), 『한국의 PR연구 20년』(공저, 2016) 등이 있다.

최준혁 (제3장)   순천향대학교 미디어커뮤니케이션학과 교수이다. 연세대학교를 졸업하고 보스턴대학교(Boston University)와 서울대학교에서 PR로 석사학위와 박사학위를 각각 취득했다. 1998년부터 2013년까지 민간기업과 공공기관에 PR컨설팅을 제공했다. 주요 저서로 『데이터 기반 PR기획』, 『반기업 정서와 커뮤니케이션』(공저) 등이 있다.

하진홍 (제5장)   대구대학교 미디어커뮤니케이션학과 부교수이다. 한양대학교 신문방송학과를 졸업하고 오리콤, 금강기획, MBC애드컴 등에서 AE로 재직했다. 이후 미국 플로리다대학교와 노스캐롤라이나대학교 채플힐에서 매스커뮤니케이션학 석사학위와 박사학위를 취득했다. PR 및 광고와 관련한 위기커뮤니케이션 분야에서 ≪홍보학연구≫, ≪광고연구≫, *Public Relations Review*, *Journal of Public Relations Research* 등 국내외 저널에 다수의 논문을 게재했다.

황성욱 (제1장)   부산대학교 미디어커뮤니케이션학과 교수이며, 동 대학교 사회과학대학 부학장으로 재직하고 있다. 부산대학교 사회과학대학 행정학과를 졸업했고, 미주리대학교에서 언론학 석사학위(PR 전공)와 박사학위(PR 전공)를 취득했다. 제일기획 PR팀의 삼성그룹 해외PR 담당 AE로 근무했다. 주요 저서로 『PR학 원론』(공저, 2014), 『정책 PR론』(공저, 2015)이 있으며, 그 밖에 다수의 연구논문을 국내외 학술지에 게재했다.

한울아카데미 2197

디지털PR 이론과 실제

지은이 김석, 김수진, 김여진, 김장열, 김장현, 박노일, 이선영, 정은화, 정지연, 최준혁, 하진홍, 황성욱
펴낸이 김종수 ᅵ **펴낸곳** 한울엠플러스(주) ᅵ **책임편집** 최규선

초판 1쇄 인쇄 2019년 11월 15일 ᅵ **초판 1쇄 발행** 2019년 11월 29일

주소 10881 경기도 파주시 광인사길 153 한울시소빌딩 3층
전화 031-955-0655 ᅵ **팩스** 031-955-0656 ᅵ **홈페이지** www.hanulmplus.kr
등록번호 제406-2015-000143호

ISBN 978-89-460-7197-1 93320 (양장)
    978-89-460-6833-9 93320 (부선)

※ 책값은 겉표지에 표시되어 있습니다.